So finden Sie die richtigen Mitarbeiter

Renate Ibelgaufts ist als geschäftsführende Gesellschafterin bei der Personalberatung Dr. Heimeier & Partner tätig. Sie verfügt über eine 18-jährige Erfahrung in der Personalauswahl.

Renate Ibelgaufts

So finden Sie die richtigen Mitarbeiter

Grundregeln der erfolgreichen Personalauswahl

Campus Verlag
Frankfurt/New York

Bibliografische Information der Deutschen Bibliothek

Die Deutsche Bibliothek verzeichnet diese Publikation in der Deutschen Nationalbibliografie. Detaillierte bibliografische Daten sind im Internet über http://dnb.ddb.de abrufbar
ISBN 3-593-37317-3

Umschlaggestaltung: Guido Klütsch, Köln
Umschlagmotiv: The Image Bank, München
Satz: Fotosatz L. Huhn, Maintal-Bischofsheim
Druck und Bindung: Druckhaus Beltz, Hemsbach
Gedruckt auf säurefreiem und chlorfrei gebleichtem Papier.

Inhalt

Einleitung

Sie haben erst vor kurzem eine leitende Position übernommen und stehen nun zum ersten Mal vor der Aufgabe, für Ihr Team oder Ihre Abteilung einen oder mehrere neue Mitarbeiter einzustellen? Sie kennen das Auswahl- und Einstellungsverfahren bisher nur aus der Position des Bewerbers, müssen nun aber als junge Führungskraft selbst eine Stellenanzeige formulieren, schriftliche Bewerbungen sichten und Vorstellungsgespräche führen? – dann ist dieses Buch das richtige für Sie!

Dass Ihre neue Position mit Personalverantwortung verbunden sein würde, war Ihnen klar, und Sie haben sich im Führen und Leiten Ihrer Mitarbeiter bereits bewährt. Doch nun kommt eine weitere neue Aufgabe auf Sie zu: die Mitarbeiterauswahl. Wie findet man »den Richtigen« für eine zu besetzende Position? Wie kann man die Eignung der Bewerber aus den Unterlagen herauslesen? Welche Regeln gilt es im Auswahlprozess einzuhalten? Welche Fehler sollte man unbedingt vermeiden? Wie verhält man sich in der Zusammenarbeit mit der Personalabteilung? Auf diese und viele weitere Fragen gibt Ihnen dieses Buch praxisorientierte Antworten!

Erfahrungsgemäß haben junge Führungskräfte kaum konkretes, »verstandenes« Wissen für den Umgang mit ihrer Rolle. Führen, so ein leider immer noch gängiges Vorurteil, kann man nicht lehren, sondern nur in der Praxis erlernen. Doch lässt sich im verantwortungsvollen Umgang mit Menschen tatsächlich das Prinzip des »Trial and Error« einsetzen?

Zur Personalauswahl gehören Beurteilungen von und Gespräche mit Bewerbern, die von außen in ein Unternehmen kommen, ebenso wie der Umgang mit internen Kandidaten für Beförderungen, Versetzungen oder für Sonderaufgaben. Wenn es an Erfahrung mangelt, wird der »Nasenfaktor«, der Instinkt, zu Hilfe genommen. Eine so getroffene Personalentscheidung muss aber nicht immer glücklich enden, ist für das Umfeld nicht transparent und beschert unter Umständen jedem externen und/oder internen Neuen einen besonders schweren Start. Und je kleiner das Unternehmen ist, desto geringer ist oft der Anteil der Fachunterstützung, den neue Führungskräfte im eigenen Hause erhalten können.

Selbst erst vor kurzem befördert, mit einem Sonderauftrag betraut oder der Erste, der einen neuen Unternehmensbereich aufbauen soll, sind neue Führungskräfte häufig mit ihren Führungsaufgaben überfordert. Dies aber demjenigen anzuvertrauen, der sie für die Beförderung vorgeschlagen hat, käme der eigenen Demontage gleich. Auch die Personalabteilung des Unternehmens wird nicht immer um Hilfe gebeten, weil der Prophet im eigenen Lande nicht viel gilt oder weil die Vertrauensbasis nicht ausgeprägt ist.

Dieses Buch, dessen Inhalte bereits in manchen unternehmensinternen Seminaren mit jungen Führungskräften erprobt wurden, will ohne erhobenen Zeigefinger praktisch unter die Arme greifen und den »geheimnisvollen« Prozess der Mitarbeiterauswahl etwas transparenter und damit »verstehbarer« machen. Alle Schritte sollen praktisch nachvollziehbar sein, mit dem nötigen Hintergrundwissen unterfüttert werden, sodass der direkten Umsetzung in die Praxis nichts mehr im Wege steht.

Kapitel 1

Basis: ein aussagefähiges Anforderungsprofil

Eine wichtige Voraussetzung für die erfolgreiche Bewerberauswahl ist das Erstellen eines aussagekräftigen Anforderungsprofils: Welche Kriterien muss der Kandidat in fachlicher und in persönlicher Hinsicht unbedingt erfüllen, welche wären wünschenswert, aber nicht zwingend? Ein solches Anforderungsprofil leistet auch wertvolle Hilfe beim Verfassen der Stellenanzeige.

In der Regel fangen die ersten Probleme bereits mit dem Erarbeiten dieses stellenadäquaten Anforderungsprofils an. Die häufigsten Ursachen sind:

- Die internen oder externen Dienstleister (Personalabteilung, Personalberater), die mit einem Anforderungsprofil die Personalbeschaffung in Angriff nehmen sollen, verfügen häufig nicht über das erforderliche Detailwissen und die nötigen Beurteilungskriterien, um gegebenenfalls warnen oder korrigieren zu können.
- Sie als Führungskraft haben eine sehr konkrete Vorstellung ihres zukünftigen Mitarbeiters, weil Sie jemanden ersetzen müssen oder weil mit dem neuen Menschen alles besser werden soll.
- Oder Sie sind auf Mitarbeiter oder nachgeordnete Führungskräfte angewiesen, die das Anforderungsprofil liefern oder zumindest qualifiziert vorbereiten, weil Ihnen selbst die konkrete Praxisnähe fehlt.

In allen diesen Fällen ist die schwierigste Aufgabe eine realistische Einschätzung und präzise Unterscheidung zwischen so genannten »Muss«-Kriterien einerseits und wünschenswerten, aber nicht entscheidenden Eigenschaften. Bei diesem persönlich gefärbten »Wunschzettel« wird immer wieder ignoriert, dass man einen Menschen anstellt und keine Spezialmaschine einkauft, die nach Kundenwunsch gefertigt wird. Das heißt aber auch, dass es gewisse Kombinationen von menschlichen und fachlichen Eigenschaften gibt, die sich in der Regel gegenseitig ausschließen.

Aus der Praxis

Ein konkretes Beispiel liefern die »Pedanten«. Stellen Sie sich eine Tätigkeit in der Innenrevision eines großen Unternehmens vor. In der Geschäftsleitung wird man über diese Art der Pedanterie, die meist mit Gründlichkeit, Sorgfalt und »altmodischer« Korrektheit einhergeht, sehr froh sein und sie zu schätzen wissen. Das wird sogar dann gelten, wenn Innenrevisoren den Kontakt mit anderen Kollegen über das Berufsleben hinaus nicht unbedingt suchen würden, da nun einmal die Grenzen zwischen berufsbezogenen Eigenschaften und Persönlichkeitsprofil fließend sind. Von einem solchen Menschen würde auch niemand übermäßige Kreativität erwarten, allenfalls vielleicht im Aufspüren eines Buchungsfehlers oder von unterschlagenen Geldern. Mit anderen Worten: Man schätzt das mit Pedanterie nun einmal verbundene Verhaltensmuster, alles sehr genau zu nehmen, und nimmt damit verbundene Eigenschaften billigend in Kauf.

In diesem Zusammenhang sei als Denkanstoß und kleiner fachlicher Diskurs darauf hingewiesen, dass Menschen meist aufgrund ihrer Persönlichkeit konkrete Fähigkeiten und Neigungen haben, die ihrerseits in der Regel die Berufswahl maßgeblich beeinflussen. Diese Wahl von Ausbildungsberuf und/oder Studium wird allenfalls durch die Arbeitsmarktchancen beeinflusst. Oftmals rächt sich aber eine nur auf die Berufschancen ausgerichtete Berufswahl, indem die Noten aufgrund mangelnder Eignung beziehungsweise mangelnden Interesses zu wünschen übrig lassen. Das zu erwartende Mittelmaß beeinträchtigt dann erst recht die Berufsaussichten. Wird jedoch die Ausbildung nach Neigung und Fähigkeiten ausgewählt, findet während dieser Ausbildung zwangsläufig allein schon wegen des weit größeren Engagements in der Sache eine weitere Prägung in eine bestimmte Richtung statt, die dann im späteren Berufsleben nochmals vertieft wird.

Aus der Praxis

Nehmen Sie beispielsweise den introvertierten Zahlenkünstler, der ein Mathematik- oder Informatikstudium gewählt hat. Er ist mit Menschen zusammen, die ebenso denken und sich am liebsten mit Zahlen und dem PC befassen. Entsprechend klappt die Verständigung mit Gleichgesinnten sehr gut; andererseits werden sich diese Menschen mit jemandem, der sich mit Vertrieb, Marketing oder Werbung auseinander setzt, schwer tun und im schlimmsten Fall dessen Eigenschaften und Verhaltensweisen ablehnen. Sie kennen sicherlich die Kommentare über die so genannten »Staubsaugervertreter«. Nach seinem Ausbildungsabschluss wird sich ein Informatiker voraussichtlich auf Positionen bewerben, die ihm auch weiterhin die überwiegende Kommunikation mit dem Computer und weniger die mit Menschen ermöglichen. Ist er dann noch einige Jahre in einem solchen Einsatzgebiet tätig gewesen, wird wohl kaum jemand aus ihm einen eloquenten und präsentationsstarken Mitarbeiter machen können. Kritisch wird es, wenn der Zahlenkünstler ausschließlich aufgrund fachlicher Kompetenz in eine Führungsaufgabe befördert wird.

Die Stellenbeschreibung: Hilfestellung und Leitfaden

Es gibt gute und weniger gute Stellenbeschreibungen und hier sind große Aufmerksamkeit und gleichzeitig Vorsicht geboten.

Da gibt es beispielsweise die Stellenbeschreibung, die schon immer in irgendeinem Ordner der Personalabteilung und in der Fachabteilung schlummert. Sie ist – insbesondere bei längerer Betriebszugehörigkeit des letzten Stelleninhabers – entweder nie überarbeitet oder allenfalls mit einigen handschriftlichen Notizen und Zusätzen versehen worden, beispielsweise, als dieser Stelleninhaber eine Gehaltserhöhung bekam, die mit anderen Anforderungen einherging, und das Ganze »passend gemacht werden musste«.

In vielen Unternehmen gab es noch nie eine Stellenbeschreibung, begründet damit, dass man ohnehin Menschen einstelle und man sich eben an dem orientieren müsse, was der jeweilige Markt hergebe und was man letztlich bekommen könne. Bei kleineren Firmen wird oft betont, dass man keinen Spezialisten einstellen könne, weil hier jeder mit anfassen müsse. Dies ist eine Ansicht und Vorgehensweise, die zu wenig Rücksicht auf die Notwendigkeit konkreter und wichtiger Vorgaben nimmt und bei denen es zugunsten der Aufgabenbewältigung auch keinerlei Kompromisse bei der Personalauswahl geben darf. Und schließlich gibt es auch die Firmen, die heutige Möglichkeiten nutzen, indem sie interne Stellenbeschreibungen als eine Art Grundlage speichern und Aufgabeninhalte regelmäßig fortschreiben.

Inzwischen geht der Trend in vielen beruflichen Bereichen und Abteilungen weg von einzelnen Stellenbeschreibungen und hin zu einem Katalog von Zielen, die von einer kleinen Gruppe von Mitarbeitern zu erreichen sind. Eine solche Vorgehensweise hat durchaus ihre Vorzüge. Sie ist jedoch nur dann sinnvoll, wenn es sich um eine einigermaßen homogene Gruppe handelt, die gemeinsam an Projekten arbeitet. Es funktioniert nicht, wenn die so genannte Teamarbeit auf dem Papier steht; sie muss wirklich gelebt werden und sich beispielsweise auch in darauf abgestimmten Vergütungsmodalitäten widerspiegeln.

Was macht man nun aus dem Vorhandenen und einigen zusätzlichen Erkenntnissen? Wie stellt man sicher, dass eine Aufgabenbeschreibung eine Chance darstellt? Die Chance nämlich, über eine Stelle gründlich nachzudenken und eine vorhandene Stellenbeschreibung anlässlich der Neubesetzung auf den Prüfstand zu stellen und nicht zuletzt die einzelnen Angaben wieder einmal zu hinterfragen. An der Stellen- oder Aufgabenbeschreibung sollte ein Vorgesetzter systematisch und – wie es so schön heißt – zunächst einmal ohne Ansehen der Person erarbeiten, welche Aufgaben auch im Kontext der Kollegen anstehen und welche Anforderungen dabei zu stellen sind. Beim Erarbeiten der Stellenbeschreibung hilft Ihnen das Formular auf Seite 17.

Erste Anlaufstelle: die Personalabteilung

Bei den ersten Schritten zur eigenen Personalrekrutierung denkt jede junge Führungskraft mit Sicherheit sofort darüber nach, wer in dieser Situation am besten und vor allem qualifiziert helfen kann. Dabei dürfte auch – wenn auch mit Sicherheit unausgesprochen – eine Rolle spielen, wo man am ehesten zugeben darf, dass man in dieser Thematik noch unerfahren ist. Da die Vertreter der Personalabteilung genau dafür da sind, kann man sicherlich davon ausgehen, dass sie bereits Erfahrungen gemacht haben und Defizite auch bei gestandenen Führungskräften im Hause gewöhnt sind. Am allerwenigsten »ehrenrührig« ist diese Bitte um Unterstützung, wenn man selbst kurze Zeit zuvor als junge Führungskraft eingestellt wurde mit dem Hinweis, man solle sich die vorhandenen Mitarbeiter einige Monate anschauen, und man sei befugt, Ergänzungen vorzunehmen oder gar den einen oder anderen Mitarbeiter auszutauschen.

Eine solche Ausgangssituation, die auch der Personalreferent oder bei kleineren Unternehmen der Personalverantwortliche kennt, ist dann eine ideale Basis für eine Diskussion über gezielte Personalbeschaffung: Wer, warum und mit welchem fachlichen und persönlichen Hintergrund kommt infrage? Es ist immer sinnvoll, die womöglich langjährige Vertrautheit eines Personalleiters für eine echte Diskussion im Vorfeld zu nutzen, nicht zuletzt, um die eigene Einschätzung der Mitarbeiter in diesem Gespräch prüfen zu können. Damit wird auch die Basis dafür geschaffen, dass ein Personalreferent sich in seiner Arbeit und im Bemühen um eine gute Personalstruktur ernst genommen und bestätigt fühlt. Man sollte in dieser Funktion niemanden nur als Lieferanten von geeigneten Formularen für die Personalanforderung an sich und das Anforderungsprofil im Besonderen »missbrauchen« und sich damit um wichtige spätere Hilfestellungen bringen. Diese Hilfe beginnt schon damit, dass auf Sachbearbeiterebene der Betriebsrat gefragt werden und eine Stellenausschreibung in der Regel zunächst intern veröffentlicht werden muss. Auch wenn man eine Trennung und den nachfolgenden Ersatz eines Mitarbeiters für unabdingbar hält, ist man auf die konstruktive Unterstützung und manchmal fantasievolle »Auslegung« der Personalabteilung angewiesen. Schließlich muss der Personalreferent auch seinen Part bei der Aushandlung eines Aufhebungsvertrages oder einer Abfindung beitragen.

Der Personalreferent ist qualifizierter Diskussionspartner für wichtige Faktoren eines qualifizierten und aussagefähigen Profils. Bereiten Sie sich auf ein Gespräch gut vor. Dazu dienen die nachfolgenden Ausführungen. Denn ein Personaler, den man in seiner Funktion ernst nimmt, ist eher bereit, Ihnen bei der nötigen Sortierung zu helfen, und wird Ihnen dann nicht nur das übliche Formular in die Hand drücken. Unter diesen Voraussetzungen wird man dann auch schon einmal aufgefordert, seine Vorstellungen ungeordnet zu äußern. Durch präzise und routinierte Fragestellungen wird man zu einer geeigneten »Arbeitsaussage« geführt oder die Umsetzung in das Formular wird sogar übernommen. Auf Seite 17 sehen Sie, wie ein solches Formular aussehen könnte.

Das Differenzieren zwischen »Muss«- und »Wünschenswert«-Kriterien

Jeder Vorgesetzte hat für seine Mitarbeiter eine Vielzahl von Wünschen, weil er beispielsweise einen Mitarbeiter ganz besonders schätzt und ihn am liebsten »klonen« würde, oder weil der derzeitige Stelleninhaber – salopp gesprochen – nicht gerade der ganz große Wurf war und man nun einiges anders haben und machen möchte. Beide Ausgangssituationen sind nur allzu gut nachvollziehbar. Trotzdem ist, bei allen meist sehr konkreten Vorstellungen davon, welcher Mensch am besten passen würde, wenigstens im ersten Schritt ein gewisses Maß an Analytik zu bevorzugen. Je prä-

Stellenbeschreibung

Position: ____

____

____

Zielsetzung der Position: ____

____

____

____

____

Aufgaben: ____

____

____

____

____

____

____

Vorbildung/fachliche Anforderungen: ____

____

____

____

____

Persönlichkeit/Eigenschaftsprofil: ____

____

____

____

____

ziser man weiß, was man will, desto ungefährlicher – weil bewusster – sind anschließend die Kompromisse.

Es ist nichts dagegen einzuwenden, dass zunächst alle Aspekte einer idealen Stellenbesetzung zusammengetragen werden. Anschließend muss man diese Sammlung diszipliniert in Kriterien und Anforderungen zerlegen: Welche Anforderungen sind für die erfolgreiche Bewältigung der Position unabdingbar erforderlich, und welche sind zwar sinnvoll und für den Kandidaten hilfreich, beeinträchtigen den Erfolg der Arbeit aber nicht maßgeblich oder sind zumindest für eine bestimmte Zeit verzichtbar.

Besonders dic »Muss«-Kriterien sind dahingehend zu präzisieren, welche Fähigkeiten, Fachkenntnisse, welchen Umfang und welche Art der praktischen Erfahrung und Persönlichkeitseigenschaften vom ersten Arbeitstag an gegeben sein müssen, weil das Tagesgeschäft es erfordert oder weil es niemanden in der Abteilung/der Gruppe gibt, der hier aushelfen oder mit Wissen unterstützen kann. Dabei ist besonders wichtig, ob man mit einem neuen Mitarbeiter ein bestimmtes Fachwissen erst einkaufen will, weil beispielsweise ein neues Geschäftsfeld aufgebaut werden muss. Vergleichbares gilt natürlich auch für die Persönlichkeitseigenschaften und die Fähigkeiten.

Zunächst einige kurze Erläuterungen zu den vier verschiedenen Kategorien, auf die sich die beschriebene Konkretisierung beziehen sollte:

Mit den *Fachkenntnissen* sind konkrete Qualifikationen – zum Beispiel ein Studienabschluss, Marketingwissen oder auch die Fortbildung zum Schweißfachingenieur gemeint –, die man entweder durch Aus- und Fortbildung erlernen kann oder die sich durch die Praxis nach einem bestimmten Zeitraum ergeben, weil ein Bewerber für mehrere Monate oder Jahre eine bestimmte Aufgabenstellung mit bestimmten Anforderungen erfolgreich wahrgenommen hat.

Der Übergang zur *Berufserfahrung* ist in gewisser Weise fließend, da hiermit sowohl der quantitative als auch der qualitative Aspekt gemeint ist. Hier wird unterschieden zwischen Berufserfahrung insgesamt und so genannter »einschlägiger« Berufserfahrung, also in der Praxis bezogen auf eine konkret vergleichbare

Position, sofern sie tatsächlich vergleichbar ist. Man kann beispielsweise zu dem Ergebnis kommen, dass für die zu besetzende Position ein Minimum von vier Berufsjahren gegeben sein muss, dass aber nur etwa zwei Jahre Führungserfahrung benötigt oder dass nur ein kleinerer Anteil Branchenerfahrung oder sogar überhaupt keine konkrete Branchenerfahrung benötigt werden.

Hinzu kommen dann die *Fähigkeiten* wie beispielsweise handwerkliches Geschick oder die Befähigung, schwierige Zusammenhänge verständlich zu erklären. Fähigkeiten haben etwas mit Grundbegabungen zu tun, die zwar trainiert, das heißt ausgebildet werden können – denken Sie an musikalische Begabung –, die aber fast nie von Grund auf erlernbar sind. Daher passiert es auch immer wieder, dass manche Menschen von einzelnen Fähigkeiten gar nichts wissen, weil sie sie nie bewusst trainiert haben. Entdeckt werden sie dann, weil plötzlich eine Situation entsprechende Anforderungen stellt oder weil einem Vorgesetzten, der seine Mitarbeiter wirklich betreut, diese »Begabungen« in der Zusammenarbeit aufgefallen sind, und der dann entsprechend motiviert, dies intensiver zu nutzen.

Neben den Fähigkeiten stehen – wiederum im fließenden Übergang – die *Persönlichkeitseigenschaften* wie Perfektionismus, Flexibilität, souveräner Umgang mit Komplexität oder gutes Zuhören. Dabei kann man meistens kaum zwischen generellen, das heißt durchgängig spürbaren Eigenschaften, und berufsbezogenen Eigenschaften trennen. Allenfalls werden sie in einem bestimmten beruflichen Einsatzgebiet stärker gefordert als im Privatleben. Nicht selten bedingen sich einzelne Fähigkeiten und Charakter-/Persönlichkeitseigenschaften gegenseitig.

Das Anforderungsprofil wird also in diese vier Bereiche unterteilt. Dabei ist stets kritisch zu analysieren: Welche Kriterien muss ein Bewerber erfüllen, weil er sofort benötigt wird, und was wäre wünschenswert, wobei ein Defizit aber nicht unbedingt die erfolgreiche Stellenbesetzung gefährdet, zumindest nicht in den ersten Wochen oder Monaten. Ein besonders gutes Beispiel dafür: Brauchen wir jemanden, der ein abgeschlossenes Studium mit einer bestimmten Spezialisierung nachweisen kann, oder geht es uns um ein ganz konkretes Fachwissen, das der neue Mitarbeiter genauso gut durch die Praxis und/oder durch zusätzliche Fortbildung erlangt haben kann? Oder die immer wieder geforderten Englischkenntnisse, die möglichst noch verhandlungssicher sein sollen. Sicherlich gilt Englisch in der heutigen Zeit kaum noch als Fremdsprache und gehört schon fast zur Allgemeinbildung, andererseits gibt es nach wie vor eine Vielzahl von Aufgabenstellungen, wo sehr gute Sprachkenntnisse überhaupt nicht benötigt werden. Schließlich muss man sich als Arbeitgeber beziehungsweise Vorgesetzter auch die Frage stellen: Frustriere ich nicht jemanden mit ausgezeichneten Sprachkenntnissen – in welcher Fremdsprache auch immer –, wenn ich sie zwar dankend zur Kenntnis nehme und in der Personalakte dokumentiere, aber überhaupt keine oder nur sehr selten Gelegenheit gebe, diese Sprachkenntnisse anzuwenden? Manche Arbeitgeber wollen sich einfach nur einem allgemeinen Trend nicht verschließen oder Sprachkenntnisse »auf Vorrat« im Hause haben, können aber überhaupt kein internationales Umfeld bieten. Bei bestimmten Positionen, zum Beispiel der eines Länderreferenten im Export, darf es keine Diskussion darüber geben, dass Sprachkenntnisse »unabdingbar« erforderlich sind. Zu großzügig bewilligte Anlaufzeiten, weil ein Mensch so sympathisch ist und so gut ins Team passen würde, würden sich in diesem Fall bald rächen.

Passgenauigkeit: Position und Aufgabenstellung – Kollegen – Unternehmen

Um die Komplexität der Überlegungen, die anzustellen sind, bevor eine Position im Unternehmen erfolgreich besetzt werden kann, noch ein wenig zu erhöhen, soll noch ein anderes Spannungsfeld betrachtet werden:

Die gesuchte Person im Hinblick auf

- Aufgabe und Position,
- auf Unternehmen – Stichwort Corporate Culture – und Kollegen/Mitarbeiterstamm insgesamt, also sozusagen die Makrobetrachtung, und

- den jeweiligen Vorgesetzten und die eigenen Mitarbeiter und/ oder Teamkollegen als eine Art Mikrokosmos.

Von jedem neuen Mitarbeiter wird unausgesprochen erwartet, dass er sich in ein bestehendes Umfeld aus Menschen, Traditionen und Spielregeln einfügt. Diese Aussage gilt sogar für den neuen Mitarbeiter, der mit der Absicht eingestellt wurde, »frischen Wind und neue Ideen ins Unternehmen zu bringen«. Meist handelt es sich dabei um eine Vorgabe der Führungsebene, die mit dem operativen Geschäft wenig zu tun hat und meist sehr diffus Veränderungen anmahnt. So paradox das klingen mag: Gerade diejenigen sind im Endeffekt die erfolgreichsten Veränderer, die sich am besten auf einen bestehenden Personenkreis und eine immer irgendwie spürbare Unternehmensphilosophie einzustellen vermögen. Sind sie dann als »Member of the Team« anerkannt und akzeptiert, können notwendige und sinnvolle Veränderungen meist sehr viel leichter und reibungsloser eingebracht werden. Im Übrigen ist es auch eine wichtige Überlegung im Vorfeld, ob man bewusst das »Kontrastprogramm« einstellt – was nur wenige starke Vorgesetzte realisieren und aushalten –, oder ob man letztlich mehr erreichen und bewegen kann, wenn ein neuer Mitarbeiter zumindest vordergründig nahtlos ins bestehende Team passt.

Insbesondere zur Konkretisierung der so genannten »weichen« Faktoren in einem Anforderungsprofil – ob jemand beispielsweise in ausreichendem Maße kommunikativ ist – gehört im Vorfeld einige Disziplin. Da meistens mehrere Leute mitreden sollen oder müssen, sind hier die unterschiedlichen Ansichten bereits vorprogrammiert. Nicht selten ist dann der Personalleiter derjenige, der Schiedsrichter spielen muss, vor allem dann, wenn er selbst bereits einige Zeit in diesem Unternehmen tätig ist und daher dessen Kultur gut beurteilen kann. In jedem Falle fließen alle drei Dimensionen – ob klar artikuliert oder unausgesprochen – in das Anforderungsprofil ein, werden aber selten schriftlich festgehalten. In den nächsten Kapiteln folgen die Konkretisierung und praktische Umsetzung der angesprochenen Faktoren.

Das fachliche Anforderungsprofil: Qualifikationen, Fertigkeiten, Berufspraxis

Das fachliche Anforderungsprofil hat vorrangig mit theoretischen Kenntnissen zu tun, die in die Praxis umgesetzt werden:

- *schulische Qualifikation:* Art des Schulabschlusses, gewählte Schwerpunkte beziehungsweise Leistungskurse,
- gewünschter *Ausbildungsabschluss*: ein konkreter Ausbildungsberuf oder ein Studium, das theoretisch oder praxisorientiert und mit oder ohne eine gewisse Spezialisierung ausgerichtet sein kann,
- offizielle *Zusatzqualifikationen* – wichtig beispielsweise für einige technische Funktionen oder als Ersatz für ein Studium,
- Umfang und Art der *praktischen Erfahrung* insgesamt,
- weitere Spezifizierungen: konkrete *Branchenerfahrung* (Umfang), Festlegung, welche verwandten Branchen infrage kämen,
- Erfahrung in einer ganz bestimmten *Position*, beispielsweise in einer Führungsfunktion, Bewältigung spezieller Aufgabenstellungen, zum Beispiel in einer Aufbauphase.
- Ausdruck konkreter *Fertigkeiten (und Fähigkeiten)*: Qualitäten als Organisator, der selbst mithilft und Mitarbeiter gut motivieren kann, damit sie trotz besonders hohen Arbeitsanfalls noch gerne zur Arbeit kommen.

Aus der Praxis

Nehmen wir das konkrete Beispiel eines Leiters im Rechnungswesen eines mittelständischen Unternehmens. Hier könnte der Stelleninhaber sowohl Betriebswirt einer Fachhochschule sein (weil gerade Mittelständler lieber die praktische Studienvariante sehen), der etwa drei bis vier Jahre Praxis hinter sich gebracht hat und vielleicht seit knapp zwei Jahren Führungsverantwortung für ein kleines Team von Mitarbeitern trägt. Auch denkbar wäre ein Industriekaufmann, der dafür zwei Jahre länger in der Praxis tätig gewesen ist und zusätzlich berufsbegleitend die qualitativ sehr anspruchsvolle Fortbildung zum Bilanzbuchhalter absolviert hat. Selbstverständlich braucht dann auch der »Praktiker« Führungserfahrung, aber er wird sich voraussichtlich den Respekt seiner zukünftigen Mitarbeiter über die fachliche Ebene verschaffen können, während der Hochschulabsolvent ein wenig mehr theoretisches Rüstzeug mitbringt, dafür in seiner Position aber voraussichtlich auch andere Schwerpunkte setzen wird.

Welcher Bewerber letztlich die bessere Stellenbesetzung darstellt, hängt dann oft sehr stark von seiner Persönlichkeit ab, ob er gegebenenfalls besser zur Gruppe passt oder ob man im Unternehmen das strategische Ziel verfolgt, mit jeder Neueinstellung das Qualifikationsniveau des Mitarbeiterstammes generell anzuheben, wofür es gute Gründe geben kann.

Im Übrigen möchte ich davor warnen, grundsätzlich immer die Besten mit der höchsten Qualifikation haben zu wollen, die dann anschließend kurzfristig das Unternehmen aus Enttäuschung darüber verlassen, dass sie ihre Fähigkeiten – siehe auch das Thema Sprachkenntnisse – gar nicht richtig anwenden können. Einige Hochqualifizierte stoßen nicht selten aufgrund ihrer Ansprüche in Verbindung mit mehr oder weniger konkreten Versprechungen bei ihrer Weiterentwicklung so rasch an die Grenzen eines Unternehmens, dass es sie rasch wieder verliert. Manche Arbeitgeber wären mit den Zweit- oder Drittbesten wesentlich besser bedient, da sie unter Umständen mangels weiterer Alternativen mit noch größerem Engagement die ihnen gebotene Chance ergreifen. Dies gilt beispielsweise auch für Mitarbeiter mit nicht mehr »arbeitsmarktkonformem« Alter. Führt man sich vor Augen, dass ein 52-Jähriger noch mehr als zehn Berufsjahre vor sich hat und aufgrund seines Alters normalerweise nicht mehr wechseln kann, erreicht ein Arbeitgeber weit mehr Kontinuität als mit der Einstellung eines dynamischen und extrem ehrgeizigen »Youngsters«, dem man permanent das Gehalt erhöhen und neue »Herausforderungen« anbieten muss, damit er nicht nach spätestens drei Jahren das Unternehmen wieder verlässt. Das folgende Musterformular kann Ihnen als Grundlage für ein ausführliches Anforderungsprofil dienen.

Bewerberprofil

	umfassend	begrenzt	keine
Berufspraxis insgesamt (Jahre)			
Berufsweg-Planung			
Vertriebserfahrung im – Außendienst (Jahre) – Innendienst (Jahre)			
Nachweisbare Vertriebserfolge			
Marketingkenntnisse			
Marktkenntnisse			
Produktkenntnisse			
EDV-Anwendungskenntnisse			
Administrationserfahrung			
Personalverantwortung			
Zusatzqualifikation			
Fremdsprachen			

Umsatzvorgaben: ______________________________

Bemerkungen: ______________________________

____

____

____

____

____

Persönlichkeitsprofil: Fähigkeiten und Eigenschaften

Das Persönlichkeitsprofil setzt sich zusammen aus den Komponenten *Fähigkeiten* und *Eigenschaften.* Beides gehört zusammen, zumindest sind die Grenzen fließend, denn beides bedingt einander. Typische, das heißt im Zusammenhang mit Personalauswahl immer wieder genannte Eigenschaften sind beispielsweise: persönliche Flexibilität, Dynamik, Eigeninitiative, Belastbarkeit auch im Umgang mit der heute geforderten Komplexität, kommunikative Fähigkeiten, Kreativität im Zusammenhang mit Problemlösungen, mit unterschiedlichsten Gesprächspartnern umgehen zu können, hohes Engagement und Begeisterungsfähigkeit für eine Sache, zielorientiertes Arbeiten, die Fähigkeit delegieren zu können, ohne sich ständig einzumischen, manchmal Perfektionismus oder Diplomatie, Verhandlungsgeschick, Durchsetzungsvermögen – um nur einige zu nennen. Doch gerade weil es so sehr viel Wünschenswertes gibt, muss daran für bindende Vorgaben mit ganz besonders viel Sorgfalt herangegangen werden.

Zu dieser Sorgfalt gehört, dass man sich darüber klar sein muss, dass Charaktereigenschaften wie auf einer Geraden angeordnet sind, das heißt: Ist eine Eigenschaft vorhanden, kann mit sehr hoher Wahrscheinlichkeit auf eine andere geschlossen werden. In gleicher Weise gibt es Profile und einzelne Eigenschaften, die sich in der Regel gegenseitig ausschließen. Oder es handelt sich um Eigenschaftskonstellationen, die nur ganz selten anzutreffen sind, am ehesten bei denjenigen Menschen, die zwei verschiedene Begabungsbereiche haben und die deshalb manchmal bei der Berufswahl schon Schwierigkeiten mit der richtigen Entscheidung hatten. Um diesen komplizierten Sachverhalt etwas verständlicher zu machen, hier ein konkretes Beispiel.

Aus der Praxis

Jemand, der kreativ und/oder künstlerisch begabt ist, wird allenfalls in diesem Anspruch perfektionistisch sein, aber wahrscheinlich in seinem Büro nicht unbedingt die Bleistifte nach Größe sortieren oder extrem ordentlich sein, weil er sich so vielleicht in seiner Spontaneität behindert fühlen könnte. Jemand, der sich, Produkte oder Dienstleistungen gut verkaufen kann und gerne mit Menschen umgeht, wird aller Wahrscheinlichkeit mehr daran und an den damit verbundenen, unmittelbaren Erfolgen interessiert sein, als mit Begeisterung am Schreibtisch zu sitzen und Ergebnisberichte über seine Kundenbesuche zu schreiben. Andererseits muss ein Leiter im Rechnungswesen sehr genau und pedantisch sein und wird durch seine Neigung zu diesem Beruf – die ja zu seiner Ausbildungs- und/oder Studienwahl geführt hat und die sich durch Inhalte und den Kontakt mit anderen Studenten weiter ausgebildet hat – voraussichtlich gerne administrative Aufgaben übernehmen, weil sie systemimmanent zu diesem Beruf gehören. Dafür wird man diesem Mitarbeiter aber in einer internen Beurteilung möglicherweise einmal bescheinigen müssen, dass er abgesehen vom Kontakt zu seinen eigenen Mitarbeitern im Ganzen zu wenig kontaktfreudig ist.

Schließlich gibt es die bereits erwähnten »ambivalenten« Typen. Das sind Menschen, die zwei (oder sogar mehr) ausgeprägte Begabungs- und Neigungsbereiche haben: beispielsweise ein Individuum, aus dem genauso gut ein Musiker wie ein Marketing-Fachmann geworden wäre. Bei diesen eher seltenen Exemplaren sind dann die in eine Richtung gehenden Eigenschaften jeweils multivariant in sich geschlossen. Diese Menschen können sich deshalb natürlich auf ein weit größeres Spektrum an Anforderungen einstellen, auf unterschiedliche Positionen bewerben und mit diesen beiden Begabungsbereichen in gewisser Weise »jonglieren«, zumal sie meistens bemüht sind, die beruflich nicht genutzten Eigenschaften und Fähigkeiten durch ein Hobby oder auch eine Nebentätigkeit »auf dem Laufenden« zu halten. Für die Personalauswahl bedeutet das: Da solche Menschen mit dieser Begabungsvielfalt rein statistisch gesehen seltener vorkommen, muss man sie länger und mit mehr Aufwand suchen und dann auch entsprechend einsetzen und vor allem »nutzen« können. Ein Arbeitgeber übernimmt solchen Ausnahmeerscheinungen gegenüber eine große Verantwortung. Nun mag es einzelne Positionen geben, wo man nicht ohne Vielfalt auskommen kann; die meisten Stellen sind durch Bewerber mit verwandten Anforderungskriterien richtig besetzt.

Aus der Praxis

Nehmen wir doch einfach einmal eine konkrete Personalanforderung und halten uns vor Augen, wie ein Bewerbungsgespräch normalerweise abläuft:

Der Vertriebsleiter einer Firma, die Software-Lösungen entwickelt und vertreibt, benötigt dringend – wie immer »vorgestern« – einen weiteren Außendienstler, weil entweder jemand gekündigt hat oder weil in einer Region so viel Kundenpotenzial vorhanden ist, dass der bisherige Vertriebsbeauftragte für dieses Gebiet es allein nicht mehr schaffen kann und der Firma Aufträge zu entgehen drohen. Der Vertriebsleiter wird sich daraufhin an den Personalleiter des Hauses wenden und ihn auffordern, etwas zu unternehmen – immer natürlich unter der Voraussetzung, dass die Planstelle für eine Festanstellung vorhanden ist und genehmigt wird. Der Personalleiter wird dann die Führungskraft um ein kurzes Stellenprofil bitten oder sich an der Basis für die Einstellung der übrigen Vertriebsbeauftragten orientieren und an dem, was sich in seinen Unterlagen oder in der Personalakte der vorhandenen Vertriebsangestellten befindet. Darüber hinaus wird er aber sicherlich das persönliche Gespräch mit der Führungskraft suchen. Das sieht dann in aller Regel so aus, dass der Vertriebsleiter dem Personalleiter oder auch einem eingeschalteten Personalberater alles das nennen wird, was ihm zu diesem Thema einfällt. Und das könnte sich dann so anhören:

Mein neuer Außendienstler muss

- gewandt im Auftreten sein,
- kommunikativ sein und schlüssig argumentieren können,
- Netzwerkkenntnisse haben,
- ehrgeizig, erfolgsorientiert sein und verkaufen wollen.
- Dieses Mal muss es unbedingt jemand sein, der komplizierte Sachverhalte verständlich erläutern kann.

- Er sollte bestimmte Branchenerfahrung mitbringen, weil wir uns diese Zielgruppe stärker erschließen wollen,
- mindestens drei Jahre Ähnliches erfolgreich verkauft haben und
- abschlusssicher sein.
- Er darf hinsichtlich der Arbeitszeit nicht auf die Uhr schauen und sollte entsprechend engagiert und belastbar sein,
- muss einschlägiges Produkt-Know-how besitzen,
- Informatiker mit Schwerpunkt Wirtschaftsinformatik sein,
- wegen der Verhandlungspartner mindestens Mitte 30 Jahre alt sein,
- darf administrative Notwendigkeiten nicht ablehnen und Vertriebscontrolling sollte kein Fremdwort sein,
- muss ins bestehende Team passen
- sollte daran gewöhnt sein, mit Zielen geführt zu werden,
- sollte die Möglichkeiten der Datenverarbeitung für PC-Präsentationen überzeugend nutzen können.
- Fünf Jahre Berufserfahrung sollte er nach dem Studium mindestens haben,
- eventuell würde auch ein Praktiker mit mehr Berufserfahrung ausreichen.
- ...

Da eine solche Darstellungsweise, also alles aufzuzählen, was einem bei diesem Thema so durch den Kopf geht und was man dann spontan und damit unsortiert äußert, der Normalfall ist, müssen die Aussagen danach sorgfältig in Kategorien eingeteilt werden. Eine besonders sinnvolle Sortierhilfe in dem gewünschten Sinne sind natürlich Formulare der Personalabteilung, die mit ihren Vorgaben gleichzeitig zur Disziplin erziehen.

Wesentliche Rahmenbedingungen

Unter Rahmenbedingungen versteht man Faktoren, die eine Stellenbesetzung unmittelbar beeinflussen oder das Gelingen für einen Neuen gegebenenfalls regelrecht gefährden können. Meistens kann man sie im betrieblichen Ablauf nicht verhindern, aber man kann und muss rund um die Vorstellungsgespräche den/die Kandidaten der engsten Wahl darüber informieren und damit bestimmte Probleme von Vornherein minimieren und sich dadurch korrekt und fair verhalten.

Zu solchen problematischen Ausgangssituationen gehört beispielsweise, wenn sich ein anderer Mitarbeiter Hoffnung auf die zu besetzende Vakanz gemacht hat oder im Unternehmen womöglich generell Unmut darüber herrscht, dass bestimmte Vakanzen grundsätzlich von außen besetzt werden. Im ersten Fall kann es wichtig sein, dass der neue Mitarbeiter demjenigen, der die Stelle gerne eingenommen hätte, seine fachliche »Spielwiese« nicht streitig macht. Hier kann es Wunder wirken, wenn dieser Mitarbeiter sich weiterhin wichtig fühlen darf. Oder die Mitarbeiterstruktur macht es erforderlich, dass der fachlich in jeder Hinsicht überlegene »Überflieger« eingestellt wird, damit vom ersten Tag an Akzeptanz erreicht wird.

Das Rechenzentrum, für das ein Leiter oder sein Stellvertreter gesucht wird, stellt Outsourcing-Überlegungen an und überprüft deshalb, ob der neue Kollege über genügend Fachwissen verfügt, damit er zu einem späteren Zeitpunkt auch in einem anderen Bereich des Unternehmens einsetzbar ist – und ob er eine solche Versetzung dann auch mittragen würde.

Vielleicht ist der neue Mitarbeiter bereits der vierte »Anlauf«, weil die Vorgänger aufgrund der problematischen Mitarbeiterstruktur jeweils nach kurzer Zeit das Handtuch geworfen haben. Oder der nächst höhere Vorgesetzte ist ein Choleriker und da dieser aufgrund seines Wissens wichtig für das Unternehmen ist, muss für die Vakanz jemand gefunden werden, der mit einem solchen Menschen umzugehen versteht. Oder es muss eine Altersnachfolge für den jetzigen Stelleninhaber geregelt werden. Es muss ein Nachfolger gesucht werden, der selbst noch ein wenig Zeit für die Übernahme benötigt und der nicht vor Ungeduld gleich am Stuhl des Noch-Stelleninhabers zu sägen beginnt. Gleichzeitig bedeutet das dann auch, dass man auf Kenntnisse oder Fähigkeiten zunächst verzichten kann, sofern das Potenzial dafür erkennbar ist.

Oder, oder ... Die Liste ließe sich noch mit einer Vielzahl weiterer Beispiele, die direkt aus dem beruflichen Alltag kommen, erweitern. Daran wird deutlich, welche Auswirkungen die jeweilige Ausgangssituation auf das daraus resultierende konkrete Anforderungsprofil haben muss. Es bedarf auch sicherlich keiner weiteren Erläuterung, dass jeder Neue ohne Lobby und Insiderwissen in einer neuen Funktion und im fremden Umfeld auch bei noch so guten Qualitäten scheitern kann.

Ein weiterer immer heftig und oft kontrovers diskutierter Punkt ist das Alter. Eine sicher festzulegende »Zahl« ist in diesem Zusammenhang eigentlich nur die Altersuntergrenze für eine Position, die sich aus dem geforderten Umfang der Berufspraxis und/oder der Akzeptanz der Kollegen beziehungsweise der Kunden ergibt: Wenn es beispielsweise um eine Altersnachfolge geht, ergibt sich ein Höchstalter, denn es ist sicherlich niemandem klarzumachen, dass ein 63-Jähriger durch einen 54-Jährigen ersetzt werden soll. Altersvorgaben sollten nach meiner festen Überzeugung immer nur dann gemacht werden, wenn die speziellen Rahmenbedingungen dies tatsächlich erforderlich machen. Jeder, der mit Personalauswahl und Menschenführung zu tun hat, weiß im Grunde, dass das nominelle Lebensalter über die Fähigkeiten und die Eigenschaften eines Menschen wenig bis gar nichts aussagt: Es gibt unbewegliche und vergreiste 38-Jährige, für die Sicherheit bis zur Rente alles bedeutet und allen Innovationen und sogar Versetzungen gegenüber aufgeschlossene 50-Jährige – gerade die können mit ihrer größeren Lebens- und Berufserfahrung einen wichtigen ruhenden Pol in einem Umfeld von »Jungvolk« sein.

Schließlich haben auch noch die folgenden Aspekte große Auswirkungen auf das Auswahlverfahren:

- Handelt es sich um eine reine Nachfolgeregelung für eine in jeder Hinsicht etablierte Position? Soll ein neuer Mitarbeiter das vorhandene Aufgabengebiet möglichst nach einer durch den derzeitigen Stelleninhaber selbst durchgeführten Übergabe mehr oder weniger genauso fortführen wie bisher? Dann kann und muss man sich hinsichtlich des Anforderungsprofils an bisherigen Inhalten orientieren.

- Ist der derzeitige Mitarbeiter quantitativ und/oder qualitativ überfordert? Dann geht es primär um eine Entlastung und/oder fachliche Ergänzung. Hier richtet sich das Anforderungsprofil sehr stark nach der vorhandenen Person, vor allem, weil es dann auch schnell bei der Abgrenzung der Aufgaben zu Konflikten kommen kann. Daher sollte sie dann auch in die Erarbeitung des Anforderungsprofils mit eingebunden werden.
- Oder ist es eine neu geschaffene Position, bei der einerseits ein bestimmtes fachliches Know-how eingekauft werden muss, andererseits aber auch neu darüber nachgedacht werden kann, was tatsächlich benötigt wird? Hier kommt der Input meist von verschiedenen Seiten und Personen, und es wird Koordinierungsarbeit erforderlich werden.
- Wie sieht die konkrete organisatorische Einbindung aus? Gibt es hier Möglichkeiten der Flexibilität? Könnte man sich hier nach einem Kandidaten richten, den man gerne vertraglich verpflichten möchte, der aber in seiner beruflichen Laufbahn schon weiter fortgeschritten ist als eigentlich gewünscht? Wäre man für den idealen Kandidaten sogar zu einer gewissen Umstrukturierung bereit?
- Wie wird die finanzielle Seite behandelt? Gibt es ausgeprägte Gehaltsstrukturen im Unternehmen, die in jedem Falle berücksichtigt werden müssen? Kann man hier in einer bestimmten Bandbreite flexibel sein, ohne dass sich anschließend die vorhandenen Mitarbeiter ungerecht behandelt fühlen? Merke: Es gibt Naturgesetze, und zu denen gehört, dass Gehälter immer publik werden. Man weiß zwar selten wie, aber es ist einfach so.

Alle diese Punkte, die keinen Anspruch auf Vollständigkeit erheben, können gravierende Auswirkungen auf die Personalauswahl haben. Sie müssen unbedingt im Vorfeld diskutiert werden und werden als »Linienführung« für das gesamte Auswahlverfahren berücksichtigt. Dies beginnt bei den schriftlichen Unterlagen: Wer wird überhaupt eingeladen?

Formulare aus der Personalabteilung

Wie bei der beschriebenen Komplexität nicht anders zu erwarten, bilden Formulare für die Personalanforderung die verschiedenen Aspekte inhaltlich nur unzureichend ab. Was ist zu tun? Die fachlichen Kriterien werden meistens sehr gut und umfassend dargestellt und bei der jeweiligen Personalanforderung der Fachabteilung abgefragt – sofern nicht immer wieder aus der alten Stellenbeschreibung abgeschrieben wird. Gerade das ist bei den ständigen beruflichen Veränderungsprozessen der heutigen Zeit ein besonders gefährlicher und weit reichender Fehler. Die Fachabteilung, die den neuen Mitarbeiter sucht, wird von der Personalabteilung meistens als der uneingeschränkte Experte angesehen. Selten wird die Personalabteilung korrigierend einschreiten. Bei den »Persönlichkeitseigenschaften« gibt es zwar meist genügend freie Zeilen, aber hier wird leider sehr häufig abgeschrieben, oder man wiederholt die gängigen Formulierungen und Begriffe. Schließlich sucht jeder Vorgesetzte grundsätzlich flexible, dynamische und kommunikative Mitarbeiter.

Es gibt hier mehrere Möglichkeiten: Eine langfristige und sehr engagierte Lösung besteht sicherlich darin, das Formular zu ändern und weitere Rubriken aufzunehmen, wie beispielsweise die zuletzt genannten besonderen Rahmenbedingungen. Darüber hinaus könnten die fachlichen Vorgaben und das Eigenschaftsprofil mit einigen weiteren Ergänzungen versehen werden. Hierzu müssen sich auch die Kollegen Gedanken machen, die aber für solche »Mehrarbeit« nicht immer ansprechbar sind.

Lohnt es sich nicht, das vorhandene Formular zu verändern oder zu ergänzen oder ist ein solches Formular in Ihrem Unternehmen gar nicht erst vorhanden, dann haben Sie möglicherweise die Chance, als Pionier tätig zu werden und ein für Ihre Firma maßgeschneidertes Produkt zu entwickeln. Oder Sie setzen Sich mit dem Personalreferenten zusammen und erarbeiten gemeinsam ein differenziertes Anforderungsprofil.

Checkliste: Anforderungsprofil

- ✓ Prüfen Sie eine eventuell bereits vorhandene Stellenbeschreibung: Taugt sie als Basis für das Anforderungsprofil?
- ✓ Listen Sie die »Muss«- und die »Wünschenswert«-Kriterien in Bezug auf den potenziellen Bewerber auf.
- ✓ Strukturieren Sie anschließend Ihre Liste in zwei Bereiche: fachliches Anforderungsprofil und Persönlichkeitsprofil.
- ✓ Entwickeln Sie dann auf dieser Basis Ihr ganz persönliches Bewerberprofilformular zum Ankreuzen. Mithilfe dieser Checkliste fällt es Ihnen später leichter, die eingegangenen Bewerbungsunterlagen zu sichten.

Kapitel 2
Möglichkeiten der Personalbeschaffung

Die Vielfalt der Medien eröffnet heutzutage diverse Möglichkeiten, Interessenten auf Vakanzen in einem Unternehmen aufmerksam zu machen. Neben der Insertion in Printmedien bietet sich dafür auch die Anzeige auf der Homepage oder in Internet-Jobbörsen an. Fachkräfte, die eine neue Stelle suchen, bieten ihre Dienste wiederum in Zeitungen und auch im Internet an. Schließlich sind Headhunter ständig auf der Suche nach verheißungsvollen Kontakten, um die richtigen Mitarbeiter mit den richtigen Unternehmen ins Geschäft zu bringen.

Die ansprechende Stellenanzeige

Der Anzeigentext kann und muss – sofern er vom Anforderungsprofil her erstellt wird – ein präzises Bild der Stelle sein, die besetzt werden soll. Er muss gleichzeitig eine ehrliche und überzeugende Visitenkarte für ein Unternehmen darstellen. Die meisten Firmen versuchen leider den Eindruck zu erwecken, sie seien »die Größten und Erfolgreichsten«. Es ist immer wieder erstaunlich zu lesen, wie viele »Marktführer« es gibt – und dass sie deshalb nur den »dynamischsten und qualifiziertesten« Mitarbeiter brauchen können. Der Informationsgehalt für die tatsächliche Aufgabenstellung bleibt aber nicht selten sehr gering und die Ansprüche an die hoffnungsvollen Bewerber und potenziellen Kandidaten werden vielfach überzogen dargestellt. Selbstverständlich sollte sein, dass man die tatsächlichen Rahmenbedingungen und Anforderungen nennt und gleichzeitig korrekt ausweist, worauf man warum keinesfalls verzichten kann, über welche Kenntnisse man mit sich reden lässt und ob eine gewisse Anlaufzeit eingeräumt werden kann. Diese Präzisierung bringt in der Regel den Vorteil, dass man sich nicht durch einen Riesenstapel von Bewerbungsmappen durcharbeiten muss, von denen die meisten Bewerber nicht geeignet sind. Auch die Kosten für Zeit und Porto sind nicht zu unterschätzen. Jedem, der mit Personalauswahl, ob in der ersten Runde oder den weiteren, befasst ist, macht es viel mehr Vergnügen, zwischen im Prinzip geeigneten Kandidaten – wenn auch sicherlich mit unterschiedlichen Schwerpunkten – auswählen zu können. Dann freut man sich auch auf das persönliche Kennenlernen, was wiederum die Gesprächsatmosphäre von vornherein positiver gestaltet, weil man dann über die normale Höflichkeit hinausgeht.

Zwar gibt es normalerweise bei der Anzeigengestaltung eine »optische« Visitenkarte eines Unternehmens, aber die bezieht sich in der Regel auf den Aufbau und die Reihenfolge der einzelnen Absätze und natürlich auf die Darstellung des Unternehmens. Die Inhalte der einzelnen Abschnitte sind, insbesondere für Aufgabenbeschreibung und Anforderungsprofil, frei gestaltbar und die Führungskraft, die mit oder ohne Hilfe eines Formulars die Rohdaten geliefert hat, sollte es sich nicht nehmen lassen, den Anzeigentext der internen oder externen Dienstleister nochmals in Augenschein zu nehmen. Darüber hinaus ist auch zu berücksichtigen, wie viel man zwischen den Zeilen unterbringen kann, um die speziellen Rahmenbedingungen einer Aufgabe zu beleuchten.

Anzeigentexte sollten unter vier Gesichtspunkten erstellt und sorgfältig analysiert werden:

- Generelle Aufmachung (Werbeeffekt) und Art der Ansprache bezogen auf die gewünschte Zielgruppe,
- Art der Selbstdarstellung des Unternehmens (Corporate Identity/Corporate Culture) und des Fachbereiches/der Abteilung,
- bewusste Aussagen »zwischen den Zeilen« als wesentliche Zusatzinformationen,

- Unterscheidung von unabdingbaren und wünschenswerten Voraussetzungen des Bewerbers.

Aufmachung

Einige Anzeigen sind so konservativ formuliert, dass es beim Lesen bereits »staubt«, andere dagegen wirken regelrecht peppig und lösen beim Leser stellenweise Schmunzeln aus. Zwischen diesen beiden Extremen liegt viel Spielraum: Die optische und sprachliche Selbstdarstellung eines Unternehmens verrät in jedem Fall eine ganze Menge über die Unternehmenskultur, die zu besetzende Position und vor allem über die konkrete Zielgruppe, die man ansprechen möchte. Folglich können Bewerber durchaus herauslesen, ob sie in ein eher konservatives Umfeld kommen würden – in der Auswirkung nicht unwichtig für die »richtige« Anzugsordnung der Kandidaten im Vorstellungsgespräch –, ob ein Unternehmen vorrangig junge Mitarbeiter und damit Nachwuchskräfte ansprechen möchte und wie man sich bezogen auf die ausführlich beschriebenen Fachkenntnisse, Erfahrungen, Fertigkeiten, Fähigkeiten und Eigenschaften die Bewältigung des Aufgabengebietes vorstellt.

Selbstdarstellung des Unternehmens

Die Anzeigen sollten eine gewisse Ähnlichkeit mit den Aussagen in Image-Broschüren oder Geschäftsberichten und nicht zuletzt mit der Homepage im Internet aufweisen. Für Kandidaten wirken diejenigen Firmen, die nicht nur von ihren grenzenlosen Erfolgen reden, sondern auch einmal mit einem Satz auf zu bewältigende Probleme eingehen, ungleich viel vertrauenerweckender und sympathischer als diejenigen, die sich für die Größten halten oder nach außen hin zumindest so tun. Dieses »Selbstbewusstsein« wirkt immer dann ganz besonders lächerlich und peinlich, wenn ein Unternehmen seit Wochen mit kritischen Kommentaren zur finanziellen Schieflage, strategischen Fehlentscheidungen, schlechten Börsenkursen oder wegen hoher Fluktuation Thema der Wirtschaftspresse ist. Zum wesentlichen, und für einen zukünftigen Kollegen gefährlichen Teil der Selbstdarstellung gehört auch das, was dem zukünftigen Mitarbeiter unter »Wir bieten« in Aussicht gestellt wird und was vielfach nur entfernte Ähnlichkeit mit der Realität hat. Viele Firmen haben gute Kandidaten und vor allem spätere Mitarbeiter auf diese Weise – durch nicht eingehaltene Versprechungen und damit verbundene Enttäuschung – nach sehr kurzer Zeit schon wieder verloren.

Wichtiges zwischen den Zeilen

Vieles, was man nicht unbedingt offen ansprechen möchte, weil es sich zu negativ anhören oder weil es abschreckend wirken könnte, sollte wenigstens »indirekt« angesprochen werden, sodass später niemand sagen kann, man habe ihn nicht darauf hingewiesen. Dazu kann beispielsweise gehören: Eine mehr oder weniger ausgeprägte »Schieflage« eines Unternehmens, die man mit »umfassenden Restrukturierungen« oder mit »sehr starkem Wettbewerb« umschreibt. Vergleichbares gilt auch für nicht gerade werbewirksame Rahmenbedingungen einer bestimmten Position oder Abteilung. Hohe Fluktuation kann als »sehr dynamisches Arbeitsumfeld« beschrieben und die typische Situation eines »Mädchen für alles« in einer Aufbauphase als »Wunsch nach einem Einzelkämpfer mit Bereitschaft zur Detailarbeit« verkauft werden. Soll jemandem Routinetätigkeit abgenommen werden, kann von »Zuarbeit«, »Assistentenfunktion« oder »enger Kooperation« gesprochen werden.

Wünschenswerte und unabdingbare Voraussetzungen

Da Unternehmen naturgemäß zunächst versuchen, den besten beziehungsweise idealen Mitarbeiter zu gewinnen, werden leider oft Maximalforderungen artikuliert. Unternehmen mit einem bekannten Namen und guten Image scheinen es sich schuldig zu sein, nur

»Olympiasieger« zu beschäftigen. Manchmal hängt das auch mit dem innerbetrieblichen Problem zusammen, dass die Personalabteilung für die Ausschreibung aus der jeweiligen Fachabteilung keine gut vorbereiteten Unterlagen, also kein sauberes Anforderungsprofil, erhalten hat und daher vorsichtshalber eine große Bandbreite an Qualifikationen, Kenntnissen und vor allem Eigenschaften in die Anzeige setzt. Ein Anforderungsprofil dagegen, das klar und unmissverständlich definiert, auf welche fachlichen oder persönlichen Voraussetzungen die Fachabteilung in keinem Fall verzichten kann, erfordert eine Menge Zeit und Disziplin, die oft nicht aufgebracht wird. Das wiederum schlägt sich dann zwangsläufig in der Anzeigenformulierung nieder.

Aus der Praxis

Für »Muss«- oder – negativ ausgedrückt – »Ausschluss«-Kriterien gibt es bestimmte, immer wiederkehrende Formulierungen:

- sind absolut erforderlich,
- setzen wir voraus/müssen wir voraussetzen,
- sind für die Position von entscheidender Bedeutung/unverzichtbar/erforderlich,
- müssen Ihnen vertraut sein,
- sind unabdingbar,
- Voraussetzung ist/sind,
- selbstverständlich haben Sie,
- sollten Sie bereits unter Beweis gestellt haben,
- halten wir für wesentlich,
- sollten Sie nachweisliche Erfolge erzielt haben,
- sind zwingende Voraussetzung,
- dürfen für Sie kein Problem darstellen,
- müssen gegeben/vorhanden sein,
- sollten Sie gewohnt sein/bringen Sie mit,
- halten wir für selbstverständlich,
- erwarten wir,
- verfügen Sie über mindestens ...,

- kommen nur Bewerber mit ... in Betracht,
- wenn ... auf Sie zutrifft,/wenn Sie über ... verfügen,
- mit ... erfüllen Sie weitere Voraussetzungen.

Ein vergleichbares Vokabular gibt es für die wünschenswerten Attribute und Erfahrungen, wozu besonders häufig einschlägige Branchenerfahrungen gehören:

- sind wünschenswert, aber nicht Bedingung,
- würden wir es begrüßen/würden wir uns freuen, wenn Sie,
- sollten nach Möglichkeit vorhanden sein/sollten Sie schon mitbringen,
- wären für uns von besonderem Interesse,
- sollten Sie aufgeschlossen sein für,
- idealerweise verfügen Sie über/haben Sie,
- wären von Vorteil,
- sollte Ihnen Freude machen,
- würden Ihnen den Einstieg erleichtern,
- wünschen wir uns/ist erwünscht,
- würden wir auch ... eine Chance geben,
- sind nicht unbedingt Voraussetzung.

Wenn auch das Formulieren von Anzeigen nicht immer ganz leicht und vor allem auch nicht jedermanns Sache ist, können mit etwas Aufwand und Sorgfalt eine ganze Reihe von Anforderungen über die zu besetzende Position und die damit verbundenen Aufgaben als klare Botschaft vermittelt werden, sofern sie in sich stimmig sind. Aussagen, die plausibel sind und sich auch mit dem Erfahrungshintergrund der angesprochenen Zielgruppe decken, werden dann von Bewerbern auch entsprechend ernst genommen. Zu solchen in sich konsistenten Bedingungen zählen beispielsweise der Umfang der Berufserfahrung, wenn eine Führungsposition zu besetzen ist, oder spezielle Fachkenntnisse, weil ein neuer Geschäftsbereich aufzubauen ist, oder ein bestimmtes Alter, wenn ein Key Account Manager für Verhandlungen auf oberen Ebenen gesucht wird, oder verhandlungssichere Fremdsprachenkenntnisse, weil ständige Besuche in ausländischen Niederlassungen zum Tagesgeschäft gehören. Um die Bedeutung der Sprachkenntnisse in einem internationalen oder in zwei ausgewählten Ländern zu unterstreichen, kann die gesamte Anzeige in Einzelfällen in der jeweiligen Fremdsprache abgefasst werden.

Die kommentierten Beispiele auf Seite 41 ff. zeigen sehr überzeugend, welche Gestaltungsmöglichkeiten man bei einer Anzeige hat.

Schließlich können und sollen diese Ausführungen und Vorüberlegungen zum Anzeigentext dazu motivieren, als noch Ungeübter in Sachen Personalauswahl genau in dieser Phase ganz pragmatisch eine schriftliche Grundlage für die nachfolgende Bearbeitung eines Bewerbungsstapels zu entwickeln. Es muss ein Formular werden, das neben wichtigen Aspekten, die von einem geeigneten Bewerber für die Besetzung genau dieser Vakanz zu erwarten sind, auch ein qualitatives Bewertungsraster enthält, in dem die Punkte später beim Durchsehen der Bewerbungen nur angekreuzt werden müssen. Diese konkrete Hilfe zwingt sogar erfahrene Führungskräfte zur Disziplin und führt vor allem zu konkreten und deutlich objektiveren Ergebnissen.

Die Regeln für Anzeigentexte gelten mit geringen Abweichungen für alle Insertionswege: Tageszeitung (regional oder überregional), Fachzeitschrift und auch die Internetveröffentlichung über Jobbörsen. Im Internet spielt die Länge des Textes normalerweise weder unter Kosten- noch unter Platz-Gesichtspunkten eine Rolle. Hat man also viel zu sagen oder zu erläutern, tut man sich mit der Internetveröffentlichung leichter. Ein weiterer Vorteil besteht darin, dass die Ausschreibung deutlich länger präsent bleibt und damit die Chance besteht, von Gelegenheitssurfern an Freunde und Bekannte per Mail weitergeleitet zu werden. Mit anderen Worten: Die Möglichkeit der Ansprache ist außergewöhnlich groß. Schließlich sind Internet-Jobbörsen auch ein sehr sinnvoller Weg, wenn für eine Stellenbesetzung Feiertage oder Ferienzeiten genutzt werden müssen, weil vielleicht zum Jahresende ein wichtiger Mitarbeiter gekündigt hat. Eine Anzeige in einer Zeitung wäre dann eine Fehlinvestition. Gerade an solchen typischen Familien-Feiertagen tagt oft der Familienrat, wenn es um eventuelle berufliche Veränderungen geht. Dann wird nicht selten das Internet dafür genutzt, um »etwas zu tun«. Es kommt leider auch vor, dass jemand noch vor Weihnachten die Kündi-

Anspruchsvolles IT-Management

Wir sind ein im Großraum Frankfurt ansässiges Dienstleistungsunternehmen im Bereich des bargeldlosen Zahlungsverkehrs, dessen Basis herausragendes Know how bei DV-gestützten Systemen darstellt. Unsere IT-Landschaft ist wegen der komplexen Anforderungen hinsichtlich Technik, Systemarchitektur und absoluter Zuverlässigkeit sehr heterogen, unterliegt ständigen Optimierungen und ist fachlich dementsprechend anspruchsvoll. Dies betrifft in ganz besonderem Maße unsere operative Führungsebene in der Anwendungsentwicklung. Führung bedeutet hier People-Management und gleichzeitig Fachberater für die Kollegen sein. Zur Entlastung des Ressortleiters suchen wir zwei führungserfahrene IT-Generalisten, männlich oder weiblich, als

Teamleiter/in im Transaction Processing

Der jeweilige Teamleiter soll mehrere verschiedene Systeme in einer breiten IT-Landschaft betreuen und führt 15 Mitarbeiter verschiedenster Nationalitäten, ihrerseits selbstbewusste IT-Spezialisten in verschiedensten ausgeprägten Fachlaufbahnen, die große Verantwortung für unternehmenskritische Systeme im hoch sensiblen Geschäft mit Automatisierungen und Geldtransaktionen tragen. Da die Entscheidung für diese Führungsebene erst kürzlich gefallen ist, sind noch strukturelle und konzeptionelle Vorschläge erwünscht, und der Ressortleiter freut sich auf einen Sparringspartner für fachliche und strategische Diskussionen.

Wir möchten mit einigen Jahren Führungserfahrung ausgestattete echte „Team-Leader" auf dem Gebiet der Software-/Anwendungsentwicklung ansprechen, die sich aufgrund früherer vielfältiger Aufgabenstellungen - möglichst in der Verantwortung für unternehmenskritische Prozesse - zu IT-Generalisten entwickelt haben und daher gut mit der Komplexität verschiedenster Anforderungen und Konsequenzen von Entscheidungen umgehen können. Erfahrung im Realtime-Geschäft und/oder mit Tandem-Rechnern sowie im Umgang mit Unix und Java würden den Einstieg erleichtern. Sie sollten trotz Ihrer Erfahrung immer noch engagiert, ehrgeizig und technisch neugierig geblieben sein und die Rolle des Primus inter Pares so überzeugend einnehmen können, dass auch die Akzeptanz durch hervorragende Softwareentwickler kein Thema ist. Tugenden wie absolute Zuverlässigkeit in Aussagen und Taten, hohe (Qualitäts)Ansprüche vorrangig an sich selbst, Bereitschaft zur Übernahme von Verantwortung und nicht zuletzt offene Kommunikation einschließlich Ehrlichkeit geben und aushalten würden gut zu unserer Arbeitsweise und den Prinzipien unseres Hauses passen.

Sollten Sie bevorzugt mit Menschen arbeiten wollen, die auch außerhalb von Bits und Bytes ein intellektuelles Gespräch zu schätzen wissen, könnten Sie sich in dieser Aufgabe wohlfühlen.

Herausforderung im internationalen Bankgeschäft

Wir sind ein namhaftes deutsches Bankinstitut mit Sitz in Nordrhein-Westfalen. Stetes Wachstum und konsequente Ausrichtung des Produktangebotes auf die Kundenbedürfnisse sichern nachhaltig den Unternehmenserfolg sowohl im Firmen- als auch im Privatkundengeschäft. Im Zuge des weiteren Kompetenzausbaus in unserer Rechtsabteilung
suchen wir zum sofortigen Eintritt eine/n

Referent/in Rechtsfragen
– internationale Kredite, Anleihen und Swapverträge –

In dieser Position befassen Sie sich schwerpunktmäßig mit der rechtlichen Prüfung und der Vertragsgestaltung von internationalen Krediten, Anleihen, Finanzderivaten (insbesondere Swapverträgen) und Finanzinnovationen.

Neben Ihrer Ausbildung als Volljurist/in (Prädikatsexamina) erwarten wir ein ausgeprägtes wirtschaftliches
Verständnis sowie sehr gute Kenntnisse und mehrjährige Berufserfahrung im internationalen Bankgeschäft.
Verhandlungssichere englische Sprachkenntnisse in Wort und Schrift und die Beherrschung der

MS-Office-Standardanwendungen runden Ihr Profil ab.

Wenn Sie sich mit Ihrem Erfahrungshintergrund in dieser Position wiedererkennen und sich in Ihren beruflichen Ambitionen angesprochen fühlen, freuen wir uns über Ihre Kontaktaufnahme.

Kommentar zur Anzeige: Teamleiter/in Transaction Processing

In diesem Beispiel wird das inserierende Unternehmen ausführlich vorgestellt. Es wird deutlich darauf hingewiesen, dass es sich um eine neu geschaffene Position handelt und deshalb noch keine vollständige Aufgabenbeschreibung vorliegt. Neuen Mitarbeitern wird in Aussicht gestellt, an der Ausgestaltung dieser Position teilzuhaben. Umfassend sind auch die Angaben zur Arbeitsatmosphäre im Unternehmen. Die Betonung einer gewünschten menschlichen Passgenauigkeit zum Unternehmen macht deutlich, dass in diesem Bereich wohl keine Kompromisse eingegangen werden.

Alles in allem eine Anzeige, bei der man merkt, dass sich die Verfasser mit der tatsächlichen Situation auseinandergesetzt haben. Außerdem fällt wohltuend auf, dass auf nichtssagende Plattitüden und Floskeln verzichtet wurde.

Kommentar zur Anzeige: Referent/in Rechtsfragen

Ganz im Gegensatz dazu steht diese Anzeige. Die Angaben zum Unternehmen und zu dem Aufgabengebiet sind sehr oberflächlich gehalten. Statt konkreter Informationen werden dem Interessenten hier fast nur Floskeln geboten.

gung erhalten hat und nun, um die Familie zu beruhigen, bei der eigenen Jobsuche keine Zeit verlieren will.

Geht es dagegen um eine Anzeige in einem Printmedium, dann ist die Wahl der Veröffentlichung wichtig: Ist die Anzeige in der regionalen Tageszeitung sinnvoller und kostengünstiger als eine überregionale Veröffentlichung, etwa in der Süddeutschen Zeitung oder der Frankfurter Allgemeinen Zeitung? Bei der richtigen Wahl spielt die Hierarchieebene von Mitarbeitern eine wichtige Rolle. Bei der Suche nach einer Sekretärin, bei Sachbearbeitern oder Mitarbeitern für die Produktion ist die Wahrscheinlichkeit regionaler Mobilität geringer als bei anderen Stelleninhabern. Also macht in diesen Fällen eine überregionale und deutlich teurere Insertion wenig Sinn. Andererseits können Führungskräfte allein schon durch eine Publikation in der F.A.Z. von der Bedeutung der ausgeschriebenen Position überzeugt werden.

Die Suche nach bestimmten Fachkräften wie zum Beispiel Juristen ist unter Umständen besser in einer Fachzeitschrift aufgehoben. Dabei muss berücksichtigt werden, dass man damit zwar zielgenau am Arbeitsplatz ansprechen kann, weil die konkrete Fachzeitschrift bei einer Anwaltspraxis oder in einer Rechtsabteilung eines Unternehmens zur Pflichtlektüre gehört, dass der Rücklauf aber immer länger als bei einer Tageszeitung dauert. Nach etwa zwei Wochen treffen kaum Bewerbungen ein, weil der Umlauf der Fachzeitschrift von Schreibtisch zu Schreibtisch oft einen Monat dauert.

Checkliste: Stellenanzeige

- ✓ Kennzeichnen Sie auf Ihrem Formular diejenigen Kriterien, die in die Anzeige einfließen sollen.
- ✓ Beherzigen Sie die Prämisse, präzise und klar zu formulieren.
- ✓ Richten Sie sich in Sachen Gliederung nach den Empfehlungen.
- ✓ Zum Schluss sollte eine kritische Endkontrolle des Anzeigenentwurfs erfolgen (gegebenenfalls unter Einbeziehung des Personalreferenten).

Eine Anzeige auf der eigenen Homepage

Die Ausschreibung offener Vakanzen auf der Homepage ist für die meisten Unternehmen inzwischen weitgehend selbstverständlich. Allerdings findet man in vielen Fällen, besonders bei größeren Firmen mit entsprechend zahlreichen Vakanzen, nur Kurzbeschreibungen, sodass es sich zwar um eine sehr kostensparende Variante handelt, die aber meist keine detaillierte Gestaltung erlaubt. Daher ist hier die Abwägung erforderlich, ob eine solche Aktivität zunächst ausreicht, weil die Neubesetzung einer bestimmten Vakanz zum Beispiel nicht allzu eilig ist. Bei den wenigen Firmen, die eine ernst zu nehmende Personalplanung betreiben, mag das für den Anfang ausreichen, um – sofern man mit den Rückmeldungen von geeigneten Bewerbern Glück hat – die ganz erheblichen Kosten der Personalbeschaffung zu reduzieren.

Gerade Ihnen als jüngerer Führungskraft wird ein solcher Weitblick in der Personalbeschaffung – also rechtzeitig den Bedarf anzumelden, damit Alternativen überhaupt eine Rolle spielen können – besondere Pluspunkte bringen. Schließlich sollte man die Veröffentlichung der Vakanz auf der Homepage, sofern das die Personalabteilung nicht automatisch macht, eigentlich grundsätzlich als wichtige flankierende Maßnahme einbeziehen. Auch die »Glücksfälle« der Personalbeschaffung ereignen sich im wirklichen Leben so wie beim Lottospiel: »Wer nicht Lotto spielt, hat schon verloren«. Trotzdem sollten Sie gerade bei einer Kurzfassung des Textes und der Aussagen besonders darauf achten, dass Sie den Text selbst erstellen oder zumindest prüfen, damit die wirklich wichtigen und »unabdingbaren« Anforderungen und Voraussetzungen auch die geeigneten Empfänger erreichen.

Die Beantwortung von Stellengesuchen

In vielen Personalabteilungen befasst sich ein Sachbearbeiter regelmäßig mit den Stellengesuchen und wertet sie systematisch aus. Zwangsläufig stehen aber zunächst die akut zu besetzenden Vakanzen im Vordergrund; Personalverantwortliche mit Weitblick, die überblicken, wer wann das Unternehmen aus Altersgründen verlässt oder wo demnächst ein Fachmann oder eine Fachfrau für den Aufbau eines neuen Geschäftsfeldes benötigt wird, lassen aber durchaus auch schon einmal – beispielsweise nach Branchenkenntnissen – etwas allgemeiner daraufhin analysieren, ob sich nicht in dem einen oder anderen Fall eine Einladung und ein Vorstellungsgespräch lohnen könnte. Die derzeitige Arbeitsmarktlage zwingt Unternehmen leider nicht mehr unbedingt dazu, besonders rasch zu reagieren.

Die Beantwortung von Stellengesuchen bietet vor allem deshalb eine sehr konkrete Möglichkeit der Personalbeschaffung, weil die Inserierenden entweder bereits ihren Arbeitsplatz verloren haben und damit kurzfristig verfügbar sind oder gute Gründe für einen Wechsel haben. Somit entfällt die bei anderen Wegen der Personalsuche bis zuletzt kritische Frage, ob der Kandidat denn tatsächlich zusagt. Man hat es hier also in den seltensten Fällen mit Menschen zu tun, die ihren Marktwert testen wollen und aus anderen Gründen dann schließlich absagen. Außerdem sollte man nicht unterschätzen, welchen außerordentlichen Motivationsschub man jemandem geben kann, wenn er eine Chance erhält, zu zeigen, was in ihm steckt.

Die mehr oder weniger regelmäßige Analyse von Stellengesuchen ist in den meisten Fällen Sache einer gut organisierten Personalabteilung, die sich als Dienstleister für die Fachabteilungen versteht. Trotzdem kann es nicht schaden, wenn eine Fach-Führungskraft einen Anstoß gibt und dies am besten auf der Basis eigener Auswertungen, und wenn unter Umständen in einigen Punkten das Anforderungsprofil durchaus flexibel gehandhabt werden kann.

Wichtig ist, dass es mindestens zwei gut getextete Anschreiben gibt, denen auch eine Aufgabenbeschreibung der zu besetzenden Vakanz beigefügt wird. Zum einen wird damit deutlich, dass das Unternehmen sich Gedanken zur »Passgenauigkeit« gemacht hat und dass es um ein reales Angebot geht. Wird ein persönliches Gespräch gewünscht, sollte entweder ein individueller Text geschrieben werden oder man stellt einfach das Unternehmen in den Vordergrund: »Sollten Sie in unserem Unternehmen einen Sie interessierenden potenziellen Arbeitgeber sehen können, dann würden wir Sie gerne kennen lernen, auch wenn wir zum jetzigen Zeitpunkt noch keine konkrete Aufgabenstellung für Sie haben. Vielleicht ergeben sich im Gespräch mit Ihnen dafür Anhaltspunkte. Lassen Sie uns bitte wissen, ob Sie an einer Einladung interessiert sind.«

Selbstverständlich gibt es viele andere Möglichkeiten, eigene Wünsche zum Ausdruck zu bringen. Ich möchte Ihnen nur die Empfehlung geben, sich einmal mit der Personalabteilung über dieses Thema zu unterhalten und die Schreiben zeigen zu lassen. Wenn Sie es diplomatisch anfangen, wird man sicher nichts dagegen haben, wenn Sie einen Vorschlag machen.

Die Analyse von unaufgeforderten Bewerbungen

Je problematischer die Arbeitsmarktsituation, desto mehr unaufgeforderte oder »Blind«-Bewerbungen erhalten vor allem Unternehmen, deren Geschäftstätigkeit und Produkt- beziehungsweise Dienstleistungspalette einer breiteren Öffentlichkeit bekannt ist. Diese Aussage gilt in besonderem Maße, seitdem man nicht mehr umfangreiche Mappen anfertigen und zur Post bringen muss, sondern sich einfach durch Tastendruck bewirbt. Dieser elektronische Weg ist für Firmen vor allem deshalb einfacher, weil sie nicht für teures Geld Unterlagen zurücksenden müssen. Bei elektronischer Übermittlung hat man außerdem die Chance, mit wenig Zeitaufwand zu reagieren und im Zweifelsfall oder bei Nichtbedarf einfach die Bewerbung zu löschen. Zwar bitten inzwischen immer mehr Bewerber explizit darum, den Erhalt der Bewerbung per Mail zu bestätigen, aber dies ist natürlich bei einer unaufgeforderten Bewerbung nicht ganz so schnell und vor allem pedantisch zu handhaben wie bei einer Bewerbung auf eine konkrete Vakanz.

Unaufgeforderte Bewerbungen gehen im Unternehmen unterschiedliche Wege. Nicht alle sind an die Personalabteilung adressiert, weil natürlich Bewerber wissen, dass sie dort in einen großen mehr oder weniger anonymen Topf kommen. Hinzu kommt aus Bewerbersicht, dass ein Personalreferent, wenn er nicht gerade sehr enge Kontakte zu den ihm anvertrauten Fachabteilungen pflegt, leider nicht unbedingt immer über zukünftige Vakanzen Bescheid weiß. Vielfach ist es ja so, dass man – und dies natürlich in besonderem Maße als Führungskraft – beim Lesen eines Lebenslaufes erst auf Ideen kommt oder man sich erinnert, dass demnächst diese oder jene personelle Veränderung ins Haus steht. Oder man schlägt sich bereits seit längerem mit bestimmten fachlichen Defiziten in der Abteilung herum, und der vorliegende Bewerber hat nun zufälligerweise genau die fehlenden Kenntnisse und Fertigkeiten anzubieten. Daher ist es gut, dass viele Bewerber sich zuvor darüber informieren, zu welcher Abteilung ihre Unterlagen am besten passen könnten. Den Namen des Marketingleiters zum Beispiel zu recherchieren, ist in der Regel nicht schwer – vielfach werden die Verantwortlichen für bestimmte Fachabteilungen mit Bild und Namen und sogar mit der Telefon-Durchwahl auf der Homepage veröffentlicht.

Da man denjenigen Bewerbern, die sich nun ganz gezielt an Sie als Führungskraft wenden, zumindest eine sorgfältige Vorbereitung nicht absprechen kann, lohnt sich meines Erachtens die Mühe, sich wenigstens einige Minuten für die Prüfung der Unterlagen Zeit zu nehmen. Dabei gibt es im Gegensatz zur Beantwortung von Stellengesuchen erfahrungsgemäß weit mehr potenzielle »Volltreffer« oder zumindest gute »Näherungswerte« bei der Passgenauigkeit. Die Personalabteilung kann Ihnen danach dann wieder einen Teil der Arbeit – Anschreiben, eventuelles erstes Interview – abnehmen. Finden Sie die Bewerbung jedoch aus irgendwelchen Gründen besonders attraktiv – sei es, dass Sie der Brief unmittelbar anspricht, sei es, dass derjenige oder diejenige erkennbar viel Aufwand in die Recherche und Informationsbeschaffung gesteckt hat oder dass Sie Fachkenntnisse entdecken, nach denen Sie schon lange suchen –, dann lohnt sich die Zeit für ein abendliches Telefon-Interview. Dabei erfahren Sie, wie ernst die Bewerbung gemeint ist. Muss der Bewerber sehr intensiv in seiner Erinnerung und/oder auf seinem Schreibtisch kramen, bis er weiß, worum es überhaupt geht und wer Sie sind? Oder ist die spontane Freude am anderen Ende der Leitung groß? Dann mag sich der Aufwand im Vorfeld gelohnt haben, wenn der Gesprächspartner auch in diesem persönlichen Gespräch das hält, was er vorher versprochen oder behauptet hat.

Ein typischer »Gießkannen-Bewerber«, der so lange an seinem Anschreiben gefeilt hat, bis es so unverbindlich ist, dass es auf alle Lebenslagen, Firmen und Stellen passt, darf allerdings keine Chance haben. Einige Bewerber, die entweder der deutschen Sprache nicht ausreichend mächtig sind oder für die mit ihren englischen Sprachkenntnissen auch eine Auslandstätigkeit infrage käme, gehen sogar so weit, nur englischsprachige Bewerbungsschreiben zu verschicken, um keine zwei Varianten formulieren zu müssen. Das ist dann schlicht indiskutabel und sollte ignoriert werden.

Die Kooperation mit einem Personalberater

Die Kooperation mit einem Berater wird längst nicht mehr nur bei den obersten und oberen Führungsebenen praktiziert, sondern zunehmend auch bei bestimmten Spezialisten. Häufig sind Spezialisten über die klassischen Wege nicht zu bekommen. Dann wird die so genannte Direktansprache oder Headhunting erforderlich, die Zusammenarbeit mit einem Personalberater kann natürlich auch noch andere Auslöser und Gründe haben:

- Es gibt keinen Personalleiter/Personalreferenten im Hause und anderen Führungskräften fehlt die Zeit oder das erforderliche Know-how, um sich um ein komplettes Personalauswahlverfahren zu kümmern.
- Es besteht erheblicher Zeitdruck, da überraschend jemand gekündigt hat und das Kandidaten-Netzwerk eines Personalberaters genutzt werden soll.
- Der Stelleninhaber einer Schlüsselfunktion muss aufgrund von Vertrauensverlust und/oder Minderleistung ersetzt werden; man kann es sich aber nicht leisten, die Position in der Zwischenzeit unbesetzt zu lassen. Es muss daher vertraulich gesucht werden.
- Es ist zwar im Unternehmen bekannt, dass eine Vakanz besteht, man möchte aber nicht durch eine offene Suche Unruhe unter der Belegschaft hervorrufen oder interne Bewerbungen von Kollegen erhalten, denen man dann absagen muss, bevor ein neuer Stelleninhaber seine Tätigkeit aufnimmt.
- Eine Nachfolgeregelung für einen hochkarätigen Spezialisten wird vorbereitet, und der externe Dienstleister soll den Markt systematisch absuchen.
- Die Wettbewerber eines Unternehmens sollen nach Möglichkeit nicht erfahren, dass ein bestimmter, für das Unternehmen wichtiger Stelleninhaber gekündigt hat und dass es offensichtlich in den eigenen Reihen keinen geeigneten Nachfolger gibt.
- Eine Führungskraft beziehungsweise ein Unternehmer traut sich die Personalentscheidung für eine sehr wichtige Position nicht zu und möchte die langjährige Beurteilungskompetenz und trainierte Menschenkenntnis eines erfahrenen Beraters in Anspruch nehmen.

Dass man dann bei der Auswahl »seines« Beraters sehr vorsichtig sein muss, da sich bedauerlicherweise in dieser Branche eine Vielzahl von grauen bis schwarzen Schafen betätigt, muss nicht besonders betont werden. Man ist immer wieder überrascht, wie wenig Personalberater von Unternehmensvertretern überprüft werden.

Ein Personalberater kann die gesamte Palette der mit der Personalauswahl verbundenen Einzelaktivitäten übernehmen, wird aber auf Wunsch auch nur Teilleistungen erbringen, um ein Unternehmen in seiner Arbeit zu unterstützen.

Der normale Ablauf eines kompletten Suchauftrages sieht folgendermaßen aus: Der Berater hört bei der Beschreibung des anfangs meist noch ungeordneten Anforderungsprofils zu und übernimmt insoweit die Rolle eines Personalleiters und »Sparringpartners«. Hier beginnt unter Umständen bereits die aktive Hilfestellung, weil ein erfahrener Berater darauf hinweisen kann, dass womöglich unrealistische Vorstellungen bestehen oder dass gegensätzliche Charaktereigenschaften in ein Profil gepackt werden. Er gibt Hinweise darauf, welcher Ausbildungshintergrund für die Stellenbesetzung am besten geeignet wäre, welche »Marktpreise« für einen solchen Kandidaten gezahlt werden oder ob ein variabler Gehaltsanteil durchsetzbar sein wird. Es können dann gegebenenfalls schon zu Beginn notwendige Abstriche im Anforderungsprofil erarbeitet werden. Der Berater wird dann ein schriftliches Profil entwerfen, vielleicht einen Anzeigentext formulieren und zur Abstimmung vorlegen. Dieser Vorgang bietet eine hervorragende Möglichkeit zu überprüfen, ob das Anliegen überhaupt richtig verstanden worden ist. Der projektführende Berater wird sich in einer Anzeige mit Namen und Telefonnummer als Ansprechpartner zur Verfügung stellen, um vorab Auskünfte zu geben und interessierte und interessante Kandidaten zu motivieren, ihre Bewerbung einzureichen. Wird nach Diskussionen beschlossen, dass es eine Direktansprache (Headhunting) geben soll, dann muss die Liste der Zielfirmen, in denen eine solche Person zu finden sein könnte, erstellt und natürlich abgestimmt werden.

In beiden Fällen wird der Berater die ersten Vorstellungsgespräche führen und die Kandidaten der engsten Wahl – die ihm geeignet erscheinen, die Vakanz kompetent zu füllen – dem Auftraggeber gemeinsam mit einem Vertreter der Personalabteilung vorstellen. Diese Runde – in der Regel in Ihrem Hause – sollte auch vom Berater begleitet werden, damit der Kontakt zum Kandidaten gehalten werden kann. Ein nicht ganz unwesentlicher Aspekt ist dabei, dass viele Informationen bereits über den Berater an den Kandidaten weitergegeben wurden. Das ist einerseits eine zeitliche Entlastung für das nachfolgende Gespräch; gleichzeitig kann man überprüfen, was der Kandidat behalten hat, was er aus diesem Wissen gemacht und ob er es nicht zuletzt über den Internet-Auftritt sogar vertieft hat. Auch unangenehme Informationen – dass es einem Unternehmen nicht so gut geht, dass die Personalstruktur überaltert oder das Ausbildungsniveau zu niedrig ist – kann der Berater bereits übernehmen und einen Kandidaten so auf ein Gespräch vorbereiten.

Zwischen Erstkontakt und Gespräch liegt die Erstellung eines möglichst aussagefähigen Kandidatenberichtes, der in seinen Aussagen erkennbar über den tabellarischen Lebenslauf hinausgehen muss. Wichtig ist dabei, dass der Berater eine klare persönliche Meinung artikuliert, weil er unter anderem oder auch vor allem für seine Einschätzung bezahlt wird. Die immer gleiche Mischung von Fallbeispielen, die einem Kandidaten selbstverständlich »Dynamik, gutes Aussehen und breite fachliche Kompetenz« bescheinigen, kann ein nicht gerade niedriges Honorar für eine nicht erfolgsabhängige Suche nicht rechtfertigen. Lassen Sie sich vor Erteilung eines Auftrages beispielsweise anonymisierte Kandidatenberichte vorlegen, weil sie sehr viel über die Arbeitsweise eines Personalberaters aussagen und weil man in der Regel sofort erkennen kann, ob hier bewährte »Textbausteine« – unter Umständen sogar von einer Assistentin, die den Kandidaten gar nicht zu Gesicht bekommen hat – mit einigen individuellen Sätzen aneinandergereiht wurden.

Auch die Betreuung eines Kandidaten, der auf eine Entscheidung länger warten muss als geplant oder dessen Irritation eruiert und als Vorbereitung auf ein weiteres Gespräch weitergegeben wird, kann eine echte Entlastung darstellen. Selbstverständlich sind auch Teil-Dienstleistungen denkbar, die dazu beitragen, sich im Vorfeld eines eventuellen zukünftigen umfangreicheren Auftrages besser kennen zu lernen. Teilleistungen sind während einer laufenden und für beide Seiten zufrieden stellenden Zusammenarbeit für den Berater eine gute Möglichkeit, seine Flexibilität und Bereitschaft zur Kundenbindung unter Beweis zu stellen. Unter Umständen erhalten Sie von einem Berater, der Ihr Unternehmen bereits längere Zeit kennt, auch einmal das Service-Angebot, sich bei einer selbst durchgeführten Suche die letzten zwei oder drei Kandidaten der engsten Wahl anzusehen und dann ein objektives und professionelles Urteil abzugeben. So können Sie die Erfahrung eines guten Beraters nutzen, wenn die Übertragung des gesamten Auftrages nicht möglich sein sollte.

Hochschulmarketing als langfristige Maßnahme

Die Personalbeschaffung an Hochschulen ist vor allem in Zeiten der schwierigen Suche nach jungen »Hochkarätern« entstanden und befindet sich derzeit auf dem Rückzug. Auch das Hofieren von jungen, gut ausgebildeten Akademikern, das früher maßlos übertrieben wurde und in vielen Fällen zu deutlichen Charaktermängeln geführt hat, wird heute kaum noch betrieben.

Hochschulmarketing – das heißt vor allem den Kontakt zu Absolventen zu suchen, ihnen Themen für Diplomarbeiten anzubieten, von denen beide Seiten profitieren – hat schon immer vorrangig etwas mit vernünftiger und echter Personalplanung zu tun gehabt. Wenn ein Unternehmen mit langer Tradition beispielsweise beabsichtigt, nach und nach das Qualifikationsniveau seiner Belegschaft zu erhöhen, dann ist Hochschulmarketing auch deshalb ideal, weil in einer Belegschaft mit überwiegend langjähriger Betriebszugehörigkeit oft hervorragend ausgebildete Quereinsteiger mit solider Berufserfahrung weniger Chancen haben als junge Kollegen, die zwar ein deutliches »Mehr« an Ausbildung mitbringen, von denen aber jeder weiß, dass sie noch eine Menge in der Praxis lernen müssen. Sie werden naturgemäß von den Etablierten weniger als Bedrohung empfunden, und man ist weit eher bereit, die nunmehr womöglich erstmals vorhandenen Spezialkenntnisse – ob es das verhandlungssichere Englisch ist, die Kenntnis ganz bestimmter technischer Innovationen oder der versiertere Umgang mit der IT – im Sinne der gemeinsamen Ziele zu nutzen. Achtet man dann noch auf die Passgenauigkeit der Persönlichkeit zur jeweiligen Unternehmenskultur, die man sehr gut an der praktischen

Bearbeitung der Diplomarbeit überprüfen kann, können sich die regelmäßigen Kontakte zu einer oder mehreren Hochschulen leicht auszahlen. Tritt ein Unternehmen als Sponsor auf – damit meine ich nicht Millionenbeträge, sondern vielleicht die Finanzierung eines Laborgerätes – , dann hat man zwangsläufig auch rasch enge Kontakte zu Professoren, die einem Interessierten sehr gute Studenten gerne benennen werden. Überhaupt sind Kontakte zu Hochschuldozenten sinnvoll. Mit einem überschaubarem Aufwand kann hier die Basis für eine lange und für beide Seiten sinnvolle »Freundschaft« gelegt werden.

»War for Talents« – der richtige Weg?

Die Suche nach hochkarätigen Hochschulabsolventen, möglichst noch mit Zusatzqualifikationen und Auslandsaufenthalten, die für nicht mehr vertretbare Gehälter eingestellt werden, ist in fast allen Unternehmen zurückgegangen. Auch die Zeiten, als Accenture oder Boston Consulting nach Nizza zu einem persönlichen Kennenlernen der Besten der Besten mit anschließendem Segeltörn eingeladen haben, sind dem Rotstift und den mangelnden Aufträgen zum Opfer gefallen. Wie bei so manchen Management-Trends, die jeder Unternehmenslenker und Personalchef mitmachen musste, der sich nicht selbst ins Abseits stellen wollte, ist auch dieser Trend weitgehend vorbei. Glücklicherweise ist inzwischen, durch die wirtschaftliche Situation, aber auch durch die Zusammenarbeit mit solchermaßen Rekrutierten die Erkenntnis gereift, dass eben nicht derjenige automatisch am Markt gewinnt, dem es gelingt, die so genannten Besten an Land zu ziehen und zu einer Vertragsunterschrift zu bewegen.

Unter den bereits in ihrer Ausbildung sehr Erfolgreichen gibt es eben nicht nur die besonders Intelligenten, sondern vor allem auch Egozentriker und Karrieristen, die ihren Einsatz systematisch geplant haben und es dadurch belohnt sehen möchten, dass sie schneller, möglichst ohne Umwege und kritisches Hinterfragen nach oben kommen – dorthin, wo sie nach ihrer Ansicht hingehören. Werden sie im Firmenalltag nicht rasch genug ge- und befördert, weil bezüglich der Möglichkeiten im Unternehmen geschwindelt worden ist, um überhaupt die Vertragsunterschrift zu ergattern, verlassen sie die Firma ebenso plötzlich wie sie eingetreten sind. Deshalb sollte man sich über eine Zunahme der Fluktuation nicht wundern. Diese »High Potentials« scheitern weniger an den fachlichen Anforderungen als an der für sie völlig unerwarteten Front einer bestehenden Mannschaft, mit der sie nicht umgehen können, vor allem aber an ihrer eigenen Anspruchshaltung. Hinzu kommt, dass viele dieser Kandidaten damit gerechnet haben, sofort in der Machtzentrale der Entscheidungen eingesetzt zu werden, um dort ihren wichtigen Input für die zukünftige strategische Ausrichtung eines Unternehmens zu geben und den Stoff zu liefern, aus dem die richtigen Visionen entstehen.

Viele dieser Top-Leute sind inzwischen von Unternehmen und Vorgesetzten als destruktiv erkannt worden, wenn sie beispielsweise mangels Charakters mit Niederlagen nicht umgehen können und in solchen Situationen ihre Kollegen vor den Kopf stoßen. Gefährlich wird es auch, wenn diese jungen Leute ohne die Erfahrung, wie man mit mehr oder weniger deutlichen Nasenstübern umgeht, viel zu rasch in wichtige Führungspositionen befördert werden, um ihr Gehalt zu legitimieren. In dieser Situation, in der sie ihre Ichbezogenheit und den nicht selten anzutreffenden Narzissmus tatsächlich unkontrolliert ausleben können, lassen sie ganze Abteilungen oder gar Unternehmen darunter leiden.

Selbstverständlich soll mit diesen kritischen Anmerkungen nicht generell vor Mitarbeitern mit viel Potenzial gewarnt werden; es würde manchem Mittelständler sehr gut bekommen, den einen oder anderen ehrgeizigen Mitarbeiter zu beschäftigen, der sich von Sätzen wie »Das haben wir aber noch nie so gemacht« wenig beeindrucken lässt.

Zwei Punkte sollten aber vor einer Einstellung klar sein: Es gibt tatsächlich die im Interview beschriebenen Perspektiven, und dies nicht erst in 15 Jahren, und der hoffnungsvolle Nachwuchs wird einem starken Vorgesetzten mit Rückgrat anvertraut, der gleichzeitig die anstrengende Rolle eines echten Mentors übernehmen und einen »Überflieger« auch hin und wieder auf den Boden der Tatsachen zurückholen kann, ohne sie oder ihn zu zerbrechen. In großen Unternehmen mit einer hoch entwickelten Personalarbeit und -entwicklung muss so viel Fairness bewiesen werden, gleich zu Beginn zu sagen, dass es wenige Aufstiegspositionen gibt und dass die Bewährungsprobe durchaus hart werden kann.

Suche nach neuen Mitarbeitern: Einfallsreichtum ist gefragt

Bei der Suche nach Bewerbern sind der Fantasie wenig bis keine Grenzen gesetzt. Das kann beispielsweise der Hinweis in einer Anzeigenkampagne sein, dass sich dieses Unternehmen freut, wenn man auch als potenzieller Bewerber und nicht nur als Käufer Kontakt aufnehmen würde. Die Lufthansa hat vor einigen Jahren ihre Bemühungen um Flugbegleiter dadurch unterstützt, dass auf jeder Gehaltsabrechnung ihrer Mitarbeiter eine Zeit lang der Hinweis stand, dass man für jede geeignete Bewerbung aus dem Freundes- oder Verwandtenkreis dankbar wäre. Kürzlich sah ich in einem großen Bahnhof am Ende des Gleises die Anzeige einer renommierten Beratungsgesellschaft mit der Aufforderung sich zu bewerben. Dies empfand ich als besonders originell, weil dieser Beruf nun einmal mit viel Reisetätigkeit verbunden ist – die Assoziation war einfach perfekt. Ebenso ausgefallen wirkte der Hinweis von McKinsey auf erwünschte Bewerbungen in einem im Internet intensiv genutzten Englisch-Lexikon.

Denkbar ist natürlich auch die gezielte Ansprache auf Kongressen und Symposien oder ein eigener Stand, wenn eine Firma beispielsweise Naturwissenschaftler sucht. Auch normale Messen sind häufig gute Jobbörsen. Leider hat auf Messen in letzter Zeit die Teilnahme von Vertretern der Personalabteilungen nachgelassen. Früher war dies selbstverständlich, weil man hier den hoffnungsvollen Nachwuchs oder auch den erfahrenen Experten vom Wettbewerber nebenan noch persönlich und unverbindlich in Augenschein nehmen konnte. Praktisch ist bei Messen auch, dass die Produkte oder Dienstleistungen auf kleinem Raum präsentiert werden. Prospekte sind vorrätig und nicht gerade wieder ausgegangen. Außerdem kann ein Bewerber kluge und interessante Fragen zu den Exponaten stellen.

Der Vortrag eines Unternehmensmitgliedes mit der gebotenen Aufmerksamkeit für die interessantesten Fragesteller im Auditorium bietet eine weitere Chance. Oder die Teilnahme an einer fachlichen Weiterbildung könnte gleichzeitig zur Beobachtung genutzt werden, weil hier Interessenten an einem konkreten Thema teilnehmen. In diesem Zusammenhang kann es sogar von Nutzen sein, einen Dozenten für ein bestimmtes Gebiet um eine Empfehlung zu bitten. Einen Hochschul-Dozenten könnte man fragen, ob einer seiner Doktoranden demnächst auf Jobsuche geht.

Kapitel 3
Sichtung und Vorauswahl der Bewerbungsunterlagen

Nun gilt es, die eingegangenen Bewerbungsunterlagen zu sichten bzw. einer kritischen Prüfung zu unterziehen, kurz, eine Vorauswahl zu treffen. Ihr Ziel ist es, die Kandidaten der engeren Wahl, die Sie persönlich kennen lernen möchten, zu ermitteln.

Jedem Bewerber wird eingeschärft, dass seine Bewerbungsunterlagen als erste Visitenkarte gelten – mit gutem Grund, denn Sie als Empfänger können eine Menge aus ihnen herauslesen! Dank PC und Farbdrucker gibt es vielfältige und damit höchst individuelle Gestaltungsmöglichkeiten, die außerdem noch zeigen, wie gut der Bewerber mit der Textverarbeitung umzugehen versteht. Auch der Aufbau der Bewerbungsmappe und vor allem das Anschreiben verraten einiges. Zumindest in Deutschland spielt das Foto in aller Regel eine wichtige Rolle, denn damit können Sie sich einen ersten optischen Eindruck vom Bewerber verschaffen. Problematisch wird es, wenn Sie sich durch das Aussehen übermäßig stark beeinflussen lassen. Allerdings gebe ich gerne zu, dass dem Empfänger auch einiges zugemutet wird. Das Foto setzt ein durchaus ernst zu nehmendes Signal dafür, wie sehr und in welcher Weise jemand auffallen möchte.

Form, Vollständigkeit und Inhalt als Auswertungskriterien

Die immer wieder geforderten »vollständigen« und »aussagefähigen« Bewerbungsunterlagen werden von etlichen Bewerbern besonders bei Internet- und E-Mail-Bewerbungen hin und wieder eigenwillig ausgelegt. Beide Kriterien sind somit Ausgangspunkt Ihre ersten Durchsicht:

Als vollständig gelten Bewerbungsunterlagen dann, wenn sie aus

- dem *Anschreiben,*
- einem *tabellarischen Lebenslauf,*
- einem aktuellen *Foto,*
- sowie *Ausbildungs- und Arbeitszeugnissen*, Letztere für alle im tabellarischen Lebenslauf genannten Arbeitsverhältnisse, bestehen.

Unter »aussagefähig« versteht man, dass die Informationen mit den beigefügten Unterlagen so gestaltet und aufbereitet sind, dass sie

- einerseits das belegen, was der jeweilige Bewerber im Anschreiben behauptet,
- andererseits Ihnen als Leser ermöglichen, sich zumindest einen ersten – zwangsläufig primär fachlichen – Gesamt-Eindruck von diesem Kandidaten zu verschaffen,
- und schließlich die wesentlichen Eckdaten wie Gehaltsvorstellungen und Kündigungsfristen enthalten, die eine Einschätzung der Passgenauigkeit erlauben.

Expertentipp

Da die meisten Bewerber bei den Gehaltsvorstellungen oder auch bei der Nennung des Ist-Gehaltes mehr als zurückhaltend sind, man aber andererseits auf diesem Gebiet Überraschungen erleben kann, sollte es zumindest in der Personalabteilung ein Standardschreiben geben, das bei wirklich interessanten Kandidaten vor der Einladung zum Vorstellungsgespräch die Gehaltshöhe ermittelt. Schließlich haben die meisten Unternehmen eine Gehaltsstruktur im Hause, die nicht so ohne weiteres verletzt werden darf – schon um nach der Einstellung des Neuen keine Kündigungen aus den eigenen Reihen zu provozieren. Darüber hinaus gibt es zwangsläufig auch eine bestimmte, unter Umständen recht individuelle Wertigkeit einer Position.

Schließlich gibt es noch den Aspekt, wie der Bewerber sich und seine Möglichkeiten selbst einschätzt, wenn er kein Ist-, sondern ein Wunschgehalt angibt. Mit einem 42-jährigen Key Account Manager, der als Wunschgehalt 60 000 Euro angibt, kann irgend etwas nicht stimmen. Gleiches gilt natürlich für den jungen Überflieger, der mit vier Jahren Berufserfahrung und ohne besonderes »Herrschaftswissen« 80 000 Euro verdienen will.

Gegebenenfalls muss man zumindest auf der Nennung einer gewissen Bandbreite bestehen, da die jeweiligen Unternehmen immer noch höchst unterschiedliche Spielregeln für eine Kombination aus Fixgehalt und Tantieme haben, die sich auch keineswegs mehr nur auf den Vertrieb beziehen. Daher ist es völlig in Ordnung, wenn man die Information erhält, dass sich der Bewerber beispielsweise ein »package« von 65 000 Euro vorstellt oder seinerseits klar artikuliert, dass es ihm auf dieses Gesamtpaket einschließlich womöglich besonderer Leistungen ankommt.

In der heutigen Zeit kommt es häufiger als früher vor, dass sich Kandidaten auf Positionen bewerben, die sie eigentlich längst hinter sich gelassen haben – eben weil es mit der Jobsuche nicht so gut geht, weil man dringend eine neue Anstellung braucht und schon vieles vergeblich versucht hat. Dagegen ist im Einzelfall zwar nichts einzuwenden, doch sollten Sie sich keinesfalls auf die dann immer wieder zu lesende Äußerung einlassen: »Meine Gehaltsvorstellungen möchte ich gerne in einem persönlichen Gespräch mit Ihnen erläutern.« Dies ist immer ein Zeichen dafür, dass man in der Karriere und damit natürlich auch im Gehalt weit über die ausgeschriebene Vakanz hinaus gekommen war, nun aber bereit ist, deutlich niedriger einzusteigen. Das ist zwar in der heutigen Zeit nicht gleich negativ zu werten, trotzdem können die Vorstellungen immer noch weit, manchmal zu weit auseinander liegen. Also bestehen Sie gerade in einem solchen Fall auf einer ersten Orientierung von der Bewerberseite und nennen Sie nicht Ihren Gehaltsrahmen, auf den ein verzweifelter Bewerber sofort eingeht. Das kann sich dann später rächen.

Das erkennbare Anliegen des Bewerbers muss also sein, seinen Leser, der ihn (noch) nicht persönlich kennt, in die Lage zu versetzen, möglichst differenziert und mit angemessenem Zeitaufwand darüber entscheiden zu können, ob er ihn im Hinblick auf die Bedürfnisse des Unternehmens und die Anforderungen der vakanten Position kennen lernen möchte.

Selbstverständlich gibt es für die Bewerbungsunterlagen sehr unterschiedliche Gestaltungsmöglichkeiten. Doch bei aller erwünschten und für den Leser attraktiven, weil abwechslungsreichen Freiheit bei der inhaltlichen und optischen Aufmachung sollte man sich als Adressat einer Individualbewerbung (und keiner Postwurfsendung) ernst genommen fühlen. Damit meine ich beispielsweise den Zeitaufwand für die Bewältigung der mit der einzelnen Bewerbung verbundenen Leseaufgabe, aber auch die spezifische Aufbereitung der Informationen, die zeigt, ob sich da jemand Mühe gegeben hat, das herauszuarbeiten, was im Hinblick auf die zu besetzende Position und gegebenenfalls auch die Branche oder das Unternehmen von besonderer Bedeutung sein könnte.

Dazu kann zählen, dass ein Bewerber in seinem beruflichen Werdegang dreimal eine Aufbauphase zu bewältigen hatte und deshalb für die ausgeschriebene Position »Niederlassungsleiter für eine neu zu errichtende Zweigstelle« besonders geeignet sein könnte – eine Information, die unter Umständen allenfalls in einem der Zeugnisse besonders erwähnt wird, ansonsten den Unterlagen aber nicht zu entnehmen ist. Oder ein Bewerber hat aufgrund spezieller Fremdsprachenkenntnisse oder weil er häufiger einen Kollegen vertreten musste, Kundenverhandlungen im Ausland allein führen dürfen, was bei den im Lebenslauf ausgewiesenen Positionen nicht unbedingt vermutet werden kann.

Nun noch einige Bemerkungen zu formalen Aspekten und zur

Optik: Zu den Formalien kann gehören, dass der Lebenslauf mit aktuellem Datum versehen und unterschrieben wird. Das wird zwar häufig vergessen und auch hinsichtlich der Bewertung berechtigterweise nicht mehr so eng gesehen, andererseits unterstreicht so etwas zwangsläufig den individuellen und für die Ausschreibung »maßgeschneiderten« Charakter einer Bewerbung. Weiterhin sollte man kurz überprüfen, ob die Daten, die im tabellarischen Lebenslauf aufgeführt sind, mit den in den Zeugnissen genannten Daten übereinstimmen. Dadurch ist auch leicht der Versuch zu enttarnen, durch entsprechend großzügige Handhabung von Jahreszahlen ohne Nennung der Monate nicht belegbare Zeiten oder Zeiten von Arbeitslosigkeit zu vertuschen. Außerdem kann für einen flüchtigen Leser aus einer fast vierjährigen Tätigkeit nur eine dreijährige werden. Ist dann gerade die Berufserfahrung entscheidend, hat man rasch eine Bewerbung auf den Absagestapel gelegt.

Zur Optik von Bewerbungsunterlagen gehört auch die Sauberkeit. Bewerbungsunterlagen, die Kaffee- oder andere Flecke aufweisen, stark nach Rauch riechen oder beispielsweise durch mehrfach verwendete Kopien schmuddelig wirken, werden im wahrsten Sinne des Wortes und berechtigterweise mit »spitzen Fingern« angefasst. Der Leser versucht dann, so rasch wie möglich durchzukommen, die Unterlagen sozusagen der Korrektheit und der Vollständigkeit halber durchzusehen. Die wirkliche Bearbeitung in Form aktiver Auseinandersetzung fällt viel schwerer oder unterbleibt ganz. Geht es um Positionen mit einer mehr oder weniger ausgeprägten Außendarstellung, zum Beispiel im Vertrieb, ist dies sogar – wenn nicht sogar grundsätzlich – ein berechtigter Grund, einen Bewerber trotz womöglich hervorragender fachlicher Eignung abzulehnen und die Unterlagen zurückzuschicken.

Es ist heute üblich, mit den Unterlagen eine Bewerbungsmappe zusammenzustellen. Dies gilt sogar, wenn der erste Kontakt über E-Mail läuft und der Bewerber die beschriebene Mappe erst auf Aufforderung und bei echtem Interesse des Unternehmens nachreicht oder sie bei einer Einladung zum Vorstellungsgespräch mitbringen soll. Das Anschreiben liegt in der Regel lose in der Mappe, weil es der Adressat auf jeden Fall behalten wird, wenn er die komplette

Mappe wieder zurücksendet. In Fachgeschäften werden auch vorgefertigte Mappen angeboten. Aktuell scheint gerade eine Mappe aus Pappe zu sein, die nach zwei Seiten hin aufgeklappt wird, deren Inhalt aber erst nach einigem Suchen der Unterlagen zur Kenntnis zu nehmen ist. Der Bewerber, der so etwas verschickt, wirkt nicht besonders praktisch und/oder benutzerfreundlich.

Die Bewertung der Unterlagen

Ihre Einschätzung der Unterlagen wird zwangsläufig subjektiv ausfallen. Für mich hat nach rund 18 Jahren Personalauswahl der *tabellarische Lebenslauf* im Stadium der ersten Durchsicht den höchsten Stellenwert. Hier kann ich mir am schnellsten einen Überblick verschaffen über:

- Art und Dauer der Ausbildung(en), eventuelle Orts- und/oder inhaltliche Wechsel und/oder Kombinationen aus Ausbildungsberuf plus Studium oder ob sich jemand der Mühe des zweiten Bildungsweges unterzogen hat,
- Praktika, Auslandsaufenthalte,
- sinnvolle Fortbildungen und damit verbundene Abschlüsse,
- Praktiker oder jemand, der sehr viel Wert auf ein hohes Qualifikationsniveau gelegt hat,
- bisherige Unternehmen (Konzern, Mittelstand, Kleinunternehmen, national/international), Funktionen und Aufgabengebiete und der damit verbundene »rote Faden« im Lebenslauf, auch im Hinblick auf berufliche Weiterentwicklung und Übernahme von mehr Verantwortung,
- eine Vielzahl von Informationen zum Thema Fach- und Branchenkenntnisse,
- Führungsverantwortung, wenn ja, in welchem Umfang,
- wahrscheinliche Charaktereigenschaften wie Zielstrebigkeit, Ehrgeiz, Organisationstalent, Beständigkeit und anderes mehr.

Zum anderen interessiert mich immer, wie jemand das, was er als sein Berufsleben einschließlich der Ausbildung bezeichnet, aufbereitet hat. Welche Informationen soll der Leser offensichtlich kurzfristig zur Kenntnis nehmen können? Wie verkauft sich der Bewerber?

Als nächsten Konzentrationspunkt nehme ich mir grundsätzlich den *Bewerbungsbrief* vor. Wie ist die Selbstdarstellung? Wie wird das, was der Lebenslauf sozusagen real ausweist und hergibt, inhaltlich prägnant und natürlich auch werblich verpackt? Behauptet hier jemand, Erfahrungen zu besitzen, die im Lebenslauf gar nicht erkennbar sind? Betont er vielleicht gleichzeitig, dass er den Anforderungen der ausgeschriebenen Position voll entspricht? Wie sieht es mit den kommunikativen Fähigkeiten aus und wie originell sind Aufbau und Inhalt des Bewerbungsschreibens?

Entweder ich lege an diesem Punkt die Unterlagen aus der Hand oder ich schaue mir als nächsten Schritt die *Arbeitszeugnisse* an, nicht zuletzt um die im Lebenslauf und/oder Anschreiben aufgeführten Erfahrungen mit den Beschreibungen der jeweiligen Arbeitgeber abzugleichen. Die *Schul- beziehungsweise Ausbildungszeugnisse* sind allenfalls bei Berufsanfängern wichtig oder wenn jemand zehn Jahre studiert hat. Sind wenigstens die Noten passabel? Ist die Studienspezialisierung oder das Thema der Abschlussarbeit von Interesse? Bei außergewöhnlich langer Studiendauer suche ich auch nach Hinweisen, ob das Studium selbst finanziert werden musste (manchmal kann man es an den sich mit der Berufserfahrung überschneidenden Zeiten erkennen), ob der parallele Job unter Umständen sogar interessanter war (häufig bei Informatikern oder anderen IT-Fachleuten anzutreffen), ob es einen eigenen Unfall mit längerem Krankenhausaufenthalt oder einen Pflegefall in der Familie gegeben hat. Es kann und sollte durchaus in die Bewertung eines Menschen mit einbezogen werden, wenn er sich einer solchen Verantwortung auch um den Preis womöglich verschlechterter Karrierechancen gestellt hat.

Praktika während der Ausbildung und/oder Auslandsaufenthalte sind fast immer ein Zeichen für Initiative und die Befähigung, neben der Vertiefung der Sprachkenntnisse über den Tellerrand hinaus zu blicken. Im Vorstellungsgespräch ist es wichtig zu fragen, ob der Bewerber sich diese Praktikumsstellen durch Eigeninitiative besorgt hat. Hier kann man sehr gut die frühen »Nestflüchter« erkennen, die oft viel selbstständiger sind als andere.

Ein eher schwieriges Thema für eine Erstbeurteilung sind *Referenzen*. In den meisten Fällen ist es leider so, dass eine bereits dem ersten schriftlichen Kontakt beigefügte Liste der Referenzen Unsicherheit zeigt. Der Bewerber vermutet, dass seine Aussagen unglaubhaft wirken, dass sich der Lebenslauf nicht überzeugend liest, dass man alles nachweisen müsse, mehrere kurzfristige Wechsel »erklären« will, oder Referenzen deuten auf schlichte Unwissenheit, weil jemand sich sehr lange nicht mehr am Arbeitsmarkt umgetan hat. Bei mir gibt es dafür in der Regel einige Minuspunkte oder zumindest deutliche Fragezeichen, und ich betone auch Bewerbern gegenüber immer wieder, dass man Referenzen im Erstkontakt nicht nötig haben sollte. Dass so etwas zu einem späteren Zeitpunkt, sobald der Bewerber im Laufe eines meist mehrstufigen Auswahlprozesses zum Kandidaten geworden und damit in der engsten Wahl ist, vom zukünftigen Arbeitgeber zumindest bei Führungspositionen sogar gefordert wird – sozusagen als Abrundung der eigenen Einschätzung –, das ist dann ein ganz anderes Thema.

Ob die Familiensituation einschließlich Geburtsort von besonderem Interesse ist, ob einen Leser die Hobbys interessieren oder ob etwas Ungewöhnliches aufgeführt ist, ist sicherlich ebenso individuell wie die Frage, ob jemand seinen Wehrdienst abgeleistet, den Zivildienst bevorzugt hat oder beides nicht wahrnehmen musste.

Bemerkenswerte Details im Bewerbungsbrief

Über den Bewerbungsbrief gehen die Meinungen relativ weit auseinander. Entgegen den immer wieder verbreiteten Lehrsätzen, dass ein Bewerbungsschreiben grundsätzlich nur eine Seite haben dürfe und alles andere den Schwafler entlarve, kenne ich kaum jemanden im Personalgeschäft, der nicht auch einem eineinhalbseitigen Brief etwas abgewinnen könnte, sofern er informativ und ansprechend geschrieben ist. Viel wesentlicher für die Gesamtbeurteilung sind die in Kurzform gelieferten Informationen, die Klarheit der Aussagen und eine in sich stimmige Argumentationslinie. Ist Logik in den jeweiligen Behauptungen und Schlussfolgerungen zu erkennen? Beziehen sich die Aussagen deutlich erkennbar auf die ausgeschriebene Position und/oder auf ein zuvor geführtes Telefonat?

Selbstverständlich können auch ganz allgemein formulierte Bewerbungsschreiben – die manchmal sehr viel, vereinzelt auch zu viel Mühe erkennen lassen – aussagefähig und ansprechend sein. Andererseits bedeutet das aber dann auch, dass sich der Bewerber nur einmal dieser Mühe unterzogen hat und jetzt glaubt, einen Brief für alle Bewerbungssituationen zu haben. In einigen Fällen kommt es sogar vor, dass Kandidaten, die sich aufgrund ihres Werdeganges und ihrer Sprachkenntnisse auch international bewerben können, eine englischsprachige Bewerbung ausfeilen, und die dann auch an deutsche Firmen versenden. Dafür würde ich in jedem Falle Minuspunkte geben.

Zwei Erklärungen für Einheitsbewerbungsschreiben sind denkbar: Es kann ein deutliches Zeichen dafür sein, dass es dem Bewerber mehr darum ging, sich und seine Erfahrungen bestmöglich zu verkaufen, und dass ihm der Dialog mit dem potenziellen Arbeitgeber offensichtlich nicht so wichtig erschien. Unter Umständen handelt es sich auch um einen Bewerber, der sich mit Formulierungen und womöglich mit Kommunikation generell eher schwer tut, deshalb lange an seinem Bewerbungsbrief gefeilt hat und nun froh ist, es dann mit oder ohne fremde Hilfe doch hinbekommen zu haben. Dies ist dann ebenfalls ein Aspekt, der in eine spätere Gesamtbeurteilung mit einfließen sollte.

Relativ gesehen ist also ein gut getexteter Standardbrief kein »Muss«-Kriterium, aber als Eindruck sicherlich festzuhalten. Vergleichbares gilt auch für Briefe, die sich darin erschöpfen, dass sich jemand in einem Dreizeiler auf die Position/Ausschreibung XY bewirbt, selbstverständlich alle Voraussetzungen erfüllt, und darauf hinweist, dass man weitere Einzelheiten dem beigefügten Lebenslauf beziehungsweise den übrigen Unterlagen entnehmen solle. In solchen Fällen geht es ebenfalls nicht mehr um Dialog, sondern um das Delegieren in dem Sinne, dass sich der Leser heraussuchen möge, was ihm passt. Oder man schießt mit der Schrotflinte und schaut, wer sich getroffen fühlt.

Originalität bei Bewerbungsschreiben ist zwangsläufig etwas, das besondere »kreative« Qualitäten und Einstellungen beim Absender voraussetzt. Um jedoch so zu wirken, wie es gemeint ist, nämlich sich von der breiten Masse abzuheben und möglichst angenehm aufzufallen, muss man zwangsläufig auch auf das nötige Verständnis beim Empfänger stoßen. Und das ist aufgrund der Individualität der an diesem Prozess Beteiligten keinesfalls selbstverständlich. Ein sehr wichtiger Aspekt ist dabei, ob diese originellen Bewerbungsunterlagen für jemanden, der das Personalauswahlgeschäft ständig betreibt, eine angenehme Abwechslung darstellen oder ob sie für eine Führungskraft als vom eigentlichen Thema ablenkend gelesen werden. Im Vorstellungsgespräch sollte man prüfen, ob Persönlichkeit und Brief/Unterlagen überhaupt übereinstimmen oder ob das alles das hilfreiche Werk eines Freundes gewesen ist, der zufälligerweise in der Werbebranche arbeitet.

Einen nicht unwesentlichen Gesichtspunkt zur Bewertung bildet der Gebrauch der deutschen Sprache, einschließlich Rechtschreibung und Zeichensetzung. Ob jemand im Schreiben geübt ist und die grammatikalischen Regeln seiner Muttersprache beherrscht, lässt sich nach den ersten drei Sätzen feststellen. Mit der Rechtschreibung ist das nach der Rechtschreibreform so eine Sache. Ehe hier vorschnell geurteilt und verurteilt wird, sollte man lieber selbst ein Nachschlagewerk bemühen. Eine bequeme und nahe liegende Methode der Überprüfung ist das Rechtschreibprogramm des Computers. Trotzdem kann nicht völlig ausgeschlossen werden, dass jemand, der sich der neuen Rechtschreibung bedient, von einem älteren Leser auch deshalb abgelehnt wird. Geht ein Leser nämlich schon mit dieser persönlichen Abneigung an die Bewerbungsunterlagen heran, wird sich in den meisten Fällen leicht etwas anderes finden lassen, das eine Absage rechtfertigt.

Im Übrigen sagt auch die Art, wie die Gestaltungsmöglichkeiten eines PC genutzt werden, einiges über die Bewerbung aus. Immerhin kann der Informationsgehalt durch die Aufbereitung – womöglich mit zusätzlicher Farbgestaltung – in einem erheblichen Umfang beeinflusst werden. Gelingt einem Bewerber auf diesem Sektor etwas Außergewöhnliches, kann im tabellarischen Lebenslauf bei der Aufzählung der Datenverarbeitungskenntnisse meist sehr gut überprüft werden, ob er auf diese Fertigkeiten viel Wert legt.

Der Lebenslauf: Genaues Lesen lohnt sich

Der Lebenslauf ist natürlich der wesentlichste Teil der Bewerbungsunterlagen, weil sich hier die wichtigsten Informationen für eine umfassende Einschätzung finden lassen. Hinzu kommt, dass Fach- und Sachinformationen auch noch gut und durchaus kreativ aufbereitet werden können, sodass im Lebenslauf nicht nur gezeigt wird, wie viel einschlägige Berufserfahrung der Kandidat aufzuweisen hat, sondern auch, was für den potenziellen neuen Arbeitgeber voraussichtlich von besonderem Interesse sein wird. Insofern zeigt auch der Lebenslauf, ob er für diese konkrete Bewerbung angefertigt wurde.

Hilfreich und adressatenfreundlich ist beispielsweise, wenn frühere Arbeitgeber in einen gewissen Kontext gestellt werden:

- Name und Geschäftstätigkeit, gegebenenfalls Rechtsform,
- Größe der Firma hinsichtlich Umsatz und Mitarbeiterzahl,
- gegebenenfalls Einbindung des Unternehmens als Tochter eines in- oder ausländischen Konzerns.

Dann ist natürlich besonders wichtig, was sich hinter der Bezeichnung für eine Position verbirgt, da es eine Vielzahl von sehr gewichtig klingenden Namen gibt, die aber kaum Informationen über das eigentliche Tagesgeschäft vermitteln. Außerdem ist zu berücksichtigen, dass die Organisationsformen und internen Strukturen jeder Firma höchst unterschiedlich sein können. Ein kaufmännischer Leiter beispielsweise kann hinsichtlich des Berichtsweges und des Aufgabenspektrums etwas ganz anderes getan haben als der Stelleninhaber in einer anderen Firma und/oder Branche. In dieser Hinsicht dem Leser durch Auflistung der Hauptaufgaben das Raten abzunehmen und ihm zu ermöglichen, sich über den Erfahrungshintergrund ein Bild zu machen, ergibt eindeutige Pluspunkte in der Bewertung. Zu dieser aufbereiteten Information gehört beispielsweise auch, ob jemand schon Führungsverantwortung getragen hat, wie lange und in welchem Umfang.

Sind Stellenbeschreibung und Aufgabeninhalte jedoch für jeden weitgehend klar, ist es erlaubt und sogar nützlich, wenn ein Bewerber primär auf besondere Highlights in einer bestimmten Zeit der Berufstätigkeit hinweist, etwa auf erfolgreich bewältigte Strukturierungsphasen nach maßgeblicher Veränderung des Aufgabenspektrums der Abteilung, auf einen mehrmonatigen Auslandseinsatz oder die aktiv begleitete Fusion von zwei Unternehmen. Dies zeigt, welche Gestaltungsmöglichkeiten ein Bewerber hat, dem es darauf ankommt, seinen Lesern eine Entscheidung über möglichst viele Beurteilungskriterien zu erleichtern.

Aus diesen Informationen ergibt sich dann auch die Einschätzung der hoffentlich erkennbaren Laufbahnplanung. Gibt es eine erkennbare Weiterentwicklung: vertikal (Aufstieg) oder horizontal (Fachlaufbahn, Erweiterung des Fachgebiets, Ergänzung des Wissens)? Um diese Einschätzung dann vollends stimmig zu machen, sollten einschlägige Fortbildungen/Seminare genannt werden. Das ergibt dann den so genannten »roten Faden« einer beruflichen Entwicklung.

Im Lebenslauf geben sich auch die bereits angesprochenen »ambivalenten Typen« zu erkennen. Sie haben häufig Sprünge in ihrem Lebenslauf, weil sie ihren Fähigkeiten entsprechend zumindest zu Beginn ihrer Berufstätigkeit unterschiedliche Dinge versucht und ausprobiert haben, um herauszufinden, wohin ihre zukünftige berufliche Richtung zielt. Mancher wechselt die Studienrichtung, weil beispielsweise die persönliche Neigung zwar in der Technik liegt, die Begabung für ein sehr gutes Studienergebnis aber nicht ausreichte. Der zweite Interessenschwerpunkt, das Marketing, wurde dann gewählt und erfolgreich abgeschlossen. Oder der Bewerber ist ein Ingenieur geworden und hat sich sehr früh im Marketing einer Produktionsfirma bewährt. Solche Menschen sind meist ausgesprochen interessante Gesprächspartner, können ausgezeichnete Arbeit an den vielfältigen Schnittstellen eines Unternehmens leisten und hier so etwas wie ein interner »Übersetzer« werden.

Warum man ein Unternehmen verlassen hat, kann als kurze Begründung unter der jeweiligen Station stehen. Dies bietet sich ganz besonders dann an, wenn mehrere kurz aufeinander folgende Wechsel zu erklären sind, die zumindest teilweise nichts mit eigenem Verschulden zu tun haben. Gerade heute muss man sich als potenzieller neuer Arbeitgeber so fair wie möglich verhalten.

Ähnlich erläuterungsbedürftig ist, wenn jemand in einem ansonsten sehr aufstiegsorientierten Lebenslauf plötzlich eine Art von »Seitenschritt« getan hat oder wenn ein Kandidat sich seine Wunschposition dadurch erarbeitet hat, dass er die qualitativen Inhalte des Anforderungsprofils »mosaikartig« zusammengestellt und im wahrsten Sinne des Wortes erlernt hat. Das kann konkret bedeuten, dass ein Bewerber sowohl Erfahrungen in einem mittelständischen Umfeld als auch in einem Konzern machen wollte oder dass zur kaufmännisch-betriebswirtschaftlichen Ausbildung ein technisches Grundverständnis kommen sollte, das man nur in einem Produktionsbetrieb erwerben kann.

Aus der Praxis

Vor kurzem hatte ich den Lebenslauf eines Kandidaten auf dem Schreibtisch, der schon als Schüler die halbe Welt bereist hat, inzwischen fünf Sprachen beherrschte, und sich nach vier Jahren Berufstätigkeit zusammen mit seiner Frau den Wunsch erfüllt hatte, vierzehn Monate quer durch Afrika zu reisen und dabei noch ein Bildungsprojekt für die Vereinten Nationen zu bearbeiten. Da gleichzeitig zumindest die Basis der fachlichen Berührungspunkte gegeben war, habe ich ihn mit großer Neugier zum Gespräch eingeladen und es nicht bereut. Dieser noch recht junge Bewerber hatte durch seine Lebensweise so enorm an Reife gewonnen, dass ich ihn meinem Kunden vorgestellt habe. Man hat dann zwar für die zu besetzende Position einen anderen Kandidaten eingestellt, doch er erhielt ein zusätzliches Job-Angebot, weil alle Beteiligten restlos begeistert waren.

Und dann ist da noch das Thema Ehrlichkeit: Stimmen die im Lebenslauf angegebenen Daten mit denen in den Arbeitszeugnissen überein? Wie sieht es mit den Aufgabeninhalten und vor allem mit den Beförderungen aus? Geht der Bewerber mit den Zeitangaben zu großzügig um, damit extrem kurze Wechsel, Zeiten der Arbeitslosigkeit oder der Konzentration auf private Belange nicht so deutlich herauskommen? Auch hier muss der Leser aufmerksam sein. In extremen Fällen führt dies unmittelbar zur Absage. Wenn es aber keine besonders große Bewerberauswahl gibt oder dieser Bewerber eine bestechende Deckungsgleichheit zum Anforderungsprofil bietet, dann muss sich der Personalleiter oder die Führungskraft entsprechende Notizen machen, um diesen Punkt im Vorstellungsgespräch offen zu thematisieren.

Schul- und Ausbildungszeugnisse: Nur Pflicht oder auch Kür?

Insbesondere die Schulzeugnisse und die darin festgehaltenen Noten und/oder Wahl-/Leistungskurse haben abhängig vom Umfang der Berufserfahrung zwangsläufig einen sehr unterschiedlichen Stellenwert in der Gesamtbeurteilung. Je jünger der Bewerber ist und je weniger Berufspraxis er nachweisen kann, desto gewichtiger werden Schulnoten in Kombination mit dem gewählten Ausbildungsweg. Vielleicht wurde die schulische »Laufbahn« vorzeitig wegen Schulmüdigkeit abgebrochen? Welche Leistungskurse hat ein Abiturient gewählt und für welche Berufsausbildung hat er sich dann mit seinen Wahlfächern entschieden? Hat ein Bewerber mit Begeisterung in der Schule Chemie betrieben, daraus aber keine Berufswahl abgeleitet?

Für einen Ausbildungsberuf ist zumindest in einem mittelständischen Unternehmen wesentlich, ob ein Auszubildender nach der Ausbildung übernommen wurde, wenn sich die Wirtschaft nicht gerade in einer Rezession befand oder es dieser konkreten Firma schlecht ging. In einem Konzern wird häufig über den eigenen Bedarf hinaus ausgebildet und deshalb ist die Nichtübernahme nicht automatisch gleichbedeutend mit mangelnden Leistungen. Zu prüfen ist in diesem Zusammenhang auch, ob sich bei männlichen Bewerbern eine Wehr- oder Zivildienstzeit angeschlossen hat. Dann wird diese Unterbrechung nicht selten für einen Wechsel genutzt, um es nicht als ehemaliger Lehrling mit dem angestrebten Aufstieg besonders schwer zu haben.

Interessant ist auch, ob sich ein Bewerber für eine kombinierte Praxis-/Theorieausbildung entschieden hat – beispielsweise der Betriebswirt in der Berufs- oder Verwaltungs- und Wirtschaftsakademie. Das kann bedeuten, dass er sich ein Hochschulstudium nicht zugetraut hat oder dass ihm der Praxisbezug wichtiger war und diese Kombination seinen Fähigkeiten und Neigungen mehr entsprochen hat.

Meistens ist den Unterlagen recht gut zu entnehmen, ob notwendige Zusatzqualifikationen für einen bestimmten Berufsweg erworben wurden oder ob der Bewerber einfach nur persönlichen Neigungen nachgegangen ist, die nicht unbedingt in einem unmittelbaren Zusammenhang zur Berufstätigkeit stehen (was keineswegs negativ zu bewerten ist). Vielleicht hat er ein bestimmtes Wissen ergänzt und auf dem neuesten Stand gehalten? Hat sich der Kandidat einer offiziellen (staatlichen) Prüfung mit entsprechendem Aufwand unterzogen oder ging es primär um einzelne Kurse, die mit überschaubarem Aufwand neben der Berufstätigkeit absolviert werden konnten?

Alle Varianten von Aus- und Fortbildungen auf dem so genannten zweiten Bildungsweg zeigen deutlich in Richtung Ehrgeiz und Zielorientierung, wenn auch vielleicht verspätet. Sofern dies berufsbegleitend absolviert wurde, geben sie Hinweise auf Selbstorganisation, Zähigkeit, Belastbarkeit und überdurchschnittliches – auch zeitliches – Engagement im Hinblick auf ein selbst gesetztes Ziel.

Aus- und Fortbildungszeugnisse bieten eine Fundgrube für erste Beurteilungen auf der Basis der schriftlichen Unterlagen, insbesondere bei jüngeren Bewerbern. Selbstverständlich tritt dieser Aspekt bei einer fünfzehnjährigen Berufserfahrung deutlich in den Hintergrund, zumal der womöglich jüngere Beurteiler im Personalwesen, der eine erste Vorauswahl trifft, vielfach nicht das Wissen über die Spielregeln früherer Schul- und Ausbildungsverhältnisse hat oder sie sich allenfalls in einem Vorstellungsgespräch erläutern lassen kann.

Arbeitszeugnisse: Offene und heimliche Bewertungen

Bei Arbeitszeugnissen liegt zwangsläufig als Thema die berüchtigte »Zeugnissprache« nicht fern. Meine konkrete Erfahrung zeigt, dass die meisten Zeugnisse auf der Basis von bestem Wissen und Gewissen geschrieben worden sind und dass weniger die Feinheiten der Formulierungen eine Rolle spielen, als vielmehr das, was aufgeführt, und insbesondere das, was weggelassen wurde. Zu berücksichtigen ist dabei, dass gerade bei Spezialistenfunktionen der jeweilige Stelleninhaber häufig selbst gebeten wird, sein Aufgabengebiet und seine Arbeitsschwerpunkte und/oder besonderen Projekte zu beschreiben und dass nur noch die Leistungsbeurteilung vom Vorgesetzten oder der Personalabteilung in Abstimmung mit der Führungskraft eingefügt wird. Vergleichbares gilt im Übrigen auch für Führungskräfte.

Unstrittig, weil jederzeit nachprüfbar und damit für einen Leser auch weitgehend objektiv, sind die Eckdaten des Arbeitnehmerstatus:

- Eintrittsdatum,
- Dauer des Verbleibs bei diesem Arbeitgeber und Datum des Ausscheidens,
- Beförderungen,
- Versetzungen, gegebenenfalls Tätigkeiten im Ausland,
- vielfach auch Sonderprojekte oder zeitlich begrenzte außergewöhnliche Belastungen/Anforderungen,
- besondere Fachkenntnisse – manches Mal auch Fremdsprachen –, die dazu geführt haben, dass jemand mit bestimmten Aufgaben/Verhandlungen betraut wurde,
- und jede Art von Vollmacht wie Handlungsvollmacht (HV), Prokura (ppa.) u. a. m.

Diese Daten sind meist klar herauslesbar und damit leicht im Zusammenhang mit dem tabellarischen Lebenslauf überprüfbar. Arbeitszeugnisse haben insoweit eine Informations- und eine Werbefunktion. Sie müssen wahr und wohlwollend sein. Die Wahrheitspflicht bezieht sich also auf den Beurteilungs- und auf den Kommunikationsvorgang, das heißt die Wahrnehmung durch andere.

In der »Zeugnissprache« geht es neben der Beschreibung der wahrgenommenen Aufgabe vor allem um Wertungen, die möglichst positiv klingen sollen. Die Zeugnissprache verdeckt also in bestimmten Fällen negative Urteile durch vordergründig positive

Aussagen. Sie besteht daher auch kaum aus prägnanten Begriffen, sondern aus unauffälligen Klauseln, die ganz speziell und teilweise sogar konträr zur Alltagssprache interpretiert werden. Dies ist die Grundlage des gefürchteten Zeugniscodes. Hoch normiert ist die allgemeine Leistungsbeurteilung durch die so genannte Zufriedenheitsskala. Daher werden auch semantisch eigentlich unsinnige Wendungen wie »zur *vollsten* Zufriedenheit« verwendet. Sie sind sogar einklagbar, sofern damit eine Bestleistung ausgedrückt werden soll. Weniger normiert dagegen sind die Beurteilung des Sozialverhaltens und des Schlusssatzes.

In jedem vollständigen und guten Zeugnis sollte zu sechs beziehungsweise sieben (bei Aufgaben/Positionen mit Mitarbeiterführung) grundsätzlichen Aspekten Stellung genommen werden:

- *Dauer* des Beschäftigungsverhältnisses durch Angabe des Eintrittsdatums und dem Schlusssatz mit dem Datum des Ausscheidens; die Dauer kann auch zu Beginn mit der Zeitangabe genannt werden;
- *Aufgabenbeschreibung* einschließlich *beruflicher Entwicklung* und gegebenenfalls *Beförderungen, Erteilung von Vollmachten* sowie eventuelle *Ortswechsel* oder Auslandsentsendungen;
- dazugehörige *Leistungsbeurteilung* (Positiv-Skala);
- gegebenenfalls Art und Umfang (Mitarbeiterzahl) der *Mitarbeiterführung* und ihre Bewertung;
- *Sozialverhalten*, das heißt persönliches Verhalten gegenüber Kollegen, Vorgesetzten etc., eventuell auch das Verhältnis zu Kunden oder anderen externen Partnern, sofern dieser Außenkontakt wesentlicher Bestandteil der Position und des Anforderungsprofils war;
- *hervorzuhebende/erwähnenswerte Leistungen und Fachkenntnisse*, zum Beispiel die erfolgreich bewältigte Aufbauphase eines neuen Geschäftsbereiches und/oder *besondere Fähigkeiten/Eigenschaften*, wie zum Beispiel außergewöhnliche sprachliche Fähigkeiten, besonderes Verhandlungsgeschick oder die Fähigkeit, Kollegen/Mitarbeiter für eine Sache zu gewinnen;
- *Schlusssatz/Abschlussformel* mit dem Grund für das Ausscheiden, dem Dank für die Arbeitsleistung, mit dem Bedauern über

das Ausscheiden und guten Wünschen für die Zukunft. Besonders an dieser Stelle kann durch Auslassung eine Menge ausgesagt werden, wenn beispielsweise das Ausscheiden nicht bedauert wird oder wenn man jemandem nicht alles Gute wünscht.

Konkrete Techniken der inhaltlichen Zeugnisgestaltung und Zeugnisformulierung sind, bezogen auf alle diese Einzelaspekte,

- Positiv-Skala-Technik,
- Leerstellentechnik,
- Reihenfolgetechnik,
- Ausweichtechnik,
- Einschränkungstechnik,
- Andeutungstechnik einschließlich Passivierungstechnik und Negationstechnik,
- Knappheitstechnik und
- Widerspruchstechnik.

Positiv-Skala-Technik als allgemein normierteste Form der Aussage

Ein Verbot offener Kritik existiert zwar im Zeugnisrecht nicht, aber die (gerichtlich) vorgeschriebene Wohlwollenspflicht hat dazu geführt, dass negative Wertungen kaum noch offen ausgesprochen werden, nicht zuletzt, um gerichtliche Auseinandersetzungen zu vermeiden. Es kommt demnach nicht darauf an, dass ein Arbeitnehmer im Zeugnis gelobt wird, sondern wie, in welchem Maße und vor allem mit welchen Formulierungen.

Die allgemein üblichen Leistungsbeurteilungsformulierungen sind:

- Sehr gut: stets zu unserer vollsten Zufriedenheit, stets außerordentlich zufrieden;
- gut: zu unserer vollsten Zufriedenheit, stets zu unserer vollen Zufriedenheit;
- befriedigend: zu unserer vollen Zufriedenheit;
- ausreichend: (stets) zu unserer Zufriedenheit;

- mangelhaft: insgesamt zu unserer Zufriedenheit, er/sie war bemüht, zu unserer Zufriedenheit.

Die Abstufung erfolgt durch die jeweiligen Formulierungen des Zufriedenheitsgrades von »vollste Zufriedenheit« bis »insgesamt« zufrieden sowie durch den Zeitfaktor: stets, jederzeit, überwiegend

Leerstellentechnik

Die Leerstellentechnik dürfte bei der Leistungsbeurteilung im Rahmen eines Zeugnisses die gebräuchlichste Form der Wertung sein. Statt einer negativen Aussage wird gar keine Aussage gemacht.

Als Grenzfall der Leerstellentechnik kann man das einfache Zeugnis oder die Arbeitsbescheinigung ansehen, das/die im Unterschied zu einem qualifizierten Zeugnis keine Leistungs- und keine Verhaltensbeurteilung enthält. Grenzfall insofern, als einfache Zeugnisse auch vielfach erstellt werden, wenn das Arbeitsverhältnis bereits in der Probezeit oder nach wenigen Monaten endete oder ein Arbeitgeber sich aus anderen Gründen nicht in der Lage sieht, ein differenziertes Urteil abzugeben, was jedoch keineswegs immer ein Negativ-Urteil zu bedeuten hat.

Als aussagefähiges »beredtes Schweigen« könnte man bezeichnen, wenn eine ganze Zeugniskomponente oder der Schlusssatz fehlt. In den meisten Fällen werden bei der Leerstellentechnik jedoch innerhalb einer Zeugniskomponente einzelne Aussagen oder in Aussagen einzelne Worte weggelassen.

Eine differenzierte Leistungsbeurteilung, bei der die Leerstellentechnik in den jeweiligen Einzelaspekten zum Tragen kommen kann, ist weiter unterteilbar in die Komponenten Arbeitsbereitschaft, Arbeitsbefähigung, Arbeitsweise, Arbeitserfolg, Führungsleistung (bei Vorgesetzten) und zusammenfassende Zufriedenheitsformel.

Aussagen zur Arbeitsbefähigung sollten konkret berufsbedingte Besonderheiten/Anforderungen berücksichtigen wie Kreativität bei

Werbefachleuten, Organisationstalent und Übersicht bei einem Logistiker, Sorgfalt bei einem Buchhalter etc. Zur Arbeitsbefähigung gehört selbstverständlich auch das Fachwissen eines Arbeitnehmers.

Bei Mitarbeitern, die mit vertraulichen Daten oder mit personenbezogenen Informationen umgehen, wird im Rahmen ihrer Arbeitsweise eine Aussage zu Zuverlässigkeit und Diskretion erwartet. Bei leitenden Angestellten und anderen Mitarbeitern in Vertrauensstellungen der Kommentar, dass sie jederzeit das Vertrauen des Unternehmens genossen haben. Wichtig im Rahmen der Arbeitsweise ist auch das Stichwort »Selbstständigkeit«.

Ob in der heutigen Zeit der verschiedensten Varianten von flexiblen Arbeitszeiten oder auch von Projektarbeit und Home Office die Pünktlichkeit eines Mitarbeiters überhaupt erwähnt oder gar hervorgehoben wird, ist sehr unterschiedlich. Manchmal sagt eine solche Betonung mehr über den das Zeugnis erstellenden Vorgesetzen als über den Mitarbeiter aus. War derjenige allerdings mit Aufgaben betraut oder in einem Arbeitsbereich – beispielsweise als Mitarbeiter in der Produktion – eingesetzt, wo Pünktlichkeit eine große Rolle spielte, dann sollte es auch im Zeugnis zu finden sein.

Bei Führungskräften gehört zur Leistungsbeurteilung auch eine Beurteilung ihrer Mitarbeiterführung. In vielen Zeugnissen wird dieser Leistungsaspekt vernachlässigt. Daher kann aus dem Fehlen nicht mit Sicherheit auf eine bewusste Leerstelle und damit auf eine Negativaussage geschlossen werden. Wird die Führungsleistung gesondert beurteilt, so sollte eine Aussage zur Leistung der unterstellten Mitarbeiter (potenzielle Leerstelle) und zu ihrer Zufriedenheit (potenzielle Leerstelle) erfolgen.

Beim Sozialverhalten wird üblicherweise eine Aussage zum Verhältnis des Mitarbeiters zum Vorgesetzten (potenzielle Leerstelle) und zu den Kollegen (potenzielle Leerstelle) erwartet.

Es gibt auch tätigkeitsspezifische Verhaltensaspekte. Von Kassierern und anderen Mitarbeitern, die direkt mit Geld oder Waren umgehen, wird Ehrlichkeit erwartet. Es besteht insoweit ein Anspruch darauf, dass diese Ehrlichkeit auch Erwähnung findet. Allerdings kann aus dem Fehlen einer Ehrlichkeitsbestätigung nicht zwangsläufig auf Unehrlichkeit geschlossen werden.

Der Schlusssatz kann aus der Beendigungsformel, der Dankes-

Bedauern-Formel und den Zukunftswünschen bestehen. Jede dieser drei Aussagen kann fehlen. Eine gänzlich fehlende Beendigungsformel kann ziemlich eindeutig als Arbeitgeberkündigung aufgrund von mangelnden Leistungen und/oder Fehlverhalten interpretiert werden. Eine fehlende Dankes-Bedauern-Formel besagt, dass der Aussteller den Arbeitnehmer jedenfalls nicht so gut bewertet, dass er ihm danken möchte oder dass er sein Ausscheiden bedauert. Fehlen die Zukunftswünsche, so drückt dies auch bei einfachen Zeugnissen eine tiefe Verstimmung aus. Als Leerstelle kann auch eine fehlende Unterschrift durch die zuständige Führungskraft oder, bei Auszubildenden, des Ausbilders gedeutet werden.

Im Zusammenhang mit Leerstellen ist jedoch vor negativen Überinterpretationen zu warnen. Manche dieser Leerstellen sind unbeabsichtigt und verschlechtern allenfalls graduell den Eindruck, den ein Zeugnis erzeugt.

Reihenfolgetechnik

Bei den Reihenfolgetechniken erfolgt eine gewünschte Abwertung dadurch, dass unwichtige oder weniger wichtige Aussagen *vor* wichtige Aussagen gesetzt werden. Eine konkrete Anwendung der Reihenfolgetechnik besteht beispielsweise darin, die Zeugniskomponente Verhaltensbeurteilung vor die Komponente Leistungsbeurteilung zu setzen oder Neben- vor den Hauptaufgaben zu nennen. Eine weitere Variante ist, die Leistungsbeurteilung in die Aufgabenbeschreibung einzufügen. Das Wort »insgesamt« im Satz bietet in diesem Zusammenhang vielfältige Möglichkeiten der Aussagenabstufung. Bei der Beurteilung des Sozialverhaltens kann es eine Kritik andeuten, wenn zuerst die Kollegen und erst nachrangig der Vorgesetzte genannt wird.

Ausweichtechnik

Die Ausweichtechnik besteht darin, Unwichtiges, weniger Wichtiges oder Selbstverständliches anstelle von Wichtigem hervorzuheben: »Herr X legte besonderen Wert darauf, seinen Schreibtisch immer sauber und aufgeräumt zu hinterlassen«. Fachkenntnisse kann man in selbstverständliche Basisqualifikationen, Normalqualifikationen und Sonder- und Spitzenqualifikationen unterteilen. Der zu fordernde Qualifikationsgrad ist aber dabei natürlich funktionsabhängig.

Einschränkungstechnik

Die Einschränkungstechnik besteht in einer subtilen Einschränkung der räumlichen oder der zeitlichen Geltung von Aussagen: »Nachdem er in den ersten Monaten den Schwerpunkt seiner Tätigkeit auf die Akquisition von Neukunden legte, konzentrierte er sich in der Folgezeit mit besonderer Intensität auf die Auftragsabwicklung.« Eine weitere Form der Einschränkung ist die Verwendung von Aussagen beziehungsweise von Verben, die nur Anforderungen, Erwartungen oder Zuständigkeiten ausdrücken oder die lediglich den Beginn von Arbeiten beschreiben. Es ist auch zu prüfen, ob Eigenschaften, die die Existenz des Arbeitsverhältnisses überdauern, möglichst in der Gegenwartsform formuliert worden sind.

Andeutungstechnik

Bei der Andeutungstechnik werden dem Leser bewusst negative Schlüsse nahe gelegt. Bei Unklarheit ist dann fast immer die negative Wertung gemeint. Die Andeutungstechnik ist zum Teil auch dadurch entstanden, dass Wendungen wie zum Beispiel »hatte Gelegenheit zu/nahm die Gelegenheit wahr« oder »bemühte sich«, die in der Alltagssprache neutral oder sogar positiv verwendet werden, in der Zeugnissprache durch semantische Uminterpretation ein negativer Sinn gegeben worden ist. Dies ist im Übrigen ein gutes Beispiel für die Entstehung des so genannten Zeugniscodes. Ist beispielsweise bei der Beendigungsformel die Beendigungsinitiative unklar, so deutet dies eine arbeitgeberseitige Kündigung an. Eine fristlose Kündigung wird auch vielfach durch das »krumme«

Austrittsdatum angezeigt. Ein vertragswidriges Ausscheiden des Arbeitnehmers ohne Einhaltung der Kündigungsfrist bedeutet der Satz »Er scheidet zum [krummen Datum] aus, um sofort eine neue Stelle antreten zu können«.

Zeugnisse müssen zwar keine Begründung für die Beendigung des Arbeitsverhältnisses enthalten: Plausible und gegebenenfalls sogar für den Ausscheidenden schmeichelhafte Gründe wie die Übernahme einer größeren Verantwortung werden jedoch in der Regel genannt. Insofern ist es dann seltsam, wenn die schriftlichen oder mündlichen Ausführungen des Kandidaten nicht mit den Zeugnisinhalten übereinstimmen. Auch bei der Dankes-Bedauern-Formel und bei den Zukunftswünschen gibt es Fälle von Andeutungen oder zumindest der Unklarheit.

Bei gehäuftem Passiv in den Aussagen wird der Mitarbeiter im Zeugnis durchgängig als unselbstständig, sehr abhängig von anderen und damit ohne Initiative und ohne Engagement präsentiert.

Die Negationstechnik besteht in der Verneinung des Gegenteils oder in der Verneinung negativ besetzter Begriffe.

Knappheitstechnik

Bei der Knappheitstechnik erfolgt eine Abwertung durch ein betont kurzes Zeugnis oder durch lakonische Aussagen zu einzelnen Zeugniskomponenten. Sehr kurze Zeugnisse bei mehrjährigen Beschäftigungsverhältnissen (weniger als eine Seite), deren Kürze noch optisch durch eine anderthalbzeilige Schreibweise betont wird, signalisieren wie beim einfachen Zeugnis bei qualifizierten Mitarbeitern eine bewusste Abwertung.

Widerspruchstechnik

Widersprüche und Brüche in Zeugnissen sind oft das Ergebnis von Verhandlungen über den Zeugnisinhalt, bei denen der Arbeitnehmer nur einige Verbesserungen durchsetzen konnte oder er verdeckte Kritik aus Unkenntnis übersehen hat.

In sich widersprüchlich und daher wenig glaubwürdig wirken beispielsweise Aufgabenbeschreibungen, in denen neben sehr bedeutsamen und verantwortungsvollen Aufgaben einfache Arbeiten und Hilfsarbeiten aufgeführt werden. Ein deutlicher Widerspruch ist auch, wenn auf eine angeblich sehr gute oder gute Leistungs- und Verhaltensbeurteilung im Schlusssatz keine Dankes-Bedauern-Formel folgt.

In Anbetracht der sehr restriktiven Rechtsprechung zugunsten von Arbeitnehmern ist es nur in sehr begrenztem Umfang möglich, negative Realitäten einem anderen Arbeitgeber mitzuteilen. Da es sich vielfach für den jeweiligen Vorgesetzten oder auch den Personalverantwortlichen um eine Gratwanderung zwischen Wahrheit und Wohlwollen handelt, lassen immer mehr Vorgesetzte den ausscheidenden Mitarbeiter sein Zeugnis selbst schreiben und verändern nur die überzogensten Selbstbilder. Sogar Software für das Erstellen von Zeugnissen hat Hochkonjunktur. Schließlich ist Zeugnisschreiben auch ein Zubrot für einige nicht ausgelastete Anwälte geworden.

Die Arbeitszeugnisse sind nicht ganz so unwesentlich, wie sie von manchen mit einem resignierten Unterton (siehe Zeugnissprache) dargestellt werden. Auch die Durchsicht mehrerer Zeugnisse auf Übereinstimmungen macht Sinn, weil sich zwangsläufig die Wahrscheinlichkeit einer durchgängigen Eigenschaft erhöht.

Foto: Wie man sich darstellt

In vielen Unternehmen wird nicht selten auf der Basis des Fotos bereits im Vorzimmer die Entscheidung getroffen, wer zum Gespräch eingeladen wird. Und auch die meisten Vorgesetzten können sich nicht völlig davon freisprechen, auf der Basis des ersten optischen Eindrucks auch erste »Vorurteile« entstehen zu lassen.

Selbstverständlich ist das Foto eine Art zusätzliches (Vor-)Auswahlkriterium, vor allem unter dem Blickwinkel, ob es entfernte Ähnlichkeit mit demjenigen hat, der dann anschließend durch die Tür tritt. Und ebenso klar ist, dass die Wahl des beigefügten Fotos einiges über den Bewerber aussagen kann. Dazu zählt beispielsweise die Aktualität. Will sich auf diese Weise ein älterer Bewerber jünger darstellen, wirkt dieses Verhalten höchst negativ. Das gilt auch für die Wahl von Urlaubsfotos oder Aufnahmen, die ausgeprägte und auffällige Posen bieten oder irgendwie witzig sein sollen. Letzteres geht meist einher mit außergewöhnlichen Formaten.

Ob sich der Bewerber nun für Schwarz-Weiß oder Farbe entschieden hat, liegt vielfach an den Gewohnheiten und Überzeugungen und an der daraus resultierenden Beratung des Fotografen. Dies ist also kein besonders aussagekräftiges Kriterium.

Sollte Ihnen beim Foto jedoch Außergewöhnliches auffallen, das entweder sofort positive Reaktionen hervorruft oder aufgrund der Qualität und Passgenauigkeit der übrigen Unterlagen in seiner Bedeutung hintangestellt wird oder werden muss, gilt auch hier wieder: unbedingt notieren und im Vorstellungsgespräch an passender Stelle thematisieren und den Kandidaten bei seiner Antwort nicht aus den Augen lassen. Das Wie einer Antwort ist in vielen Fällen aussagefähiger als der konkrete Inhalt. Eine hilfreiche Unterstützung bietet Ihnen das Musterformular auf Seite 82.

Die Bewerbung über Internet und per E-Mail

Dieses Thema gewinnt immer mehr an Bedeutung – insbesondere aus dem Blickwinkel der Unternehmen. Es gibt Stimmen, die davon schwärmen, dass wir zu Zeiten des Internets nun doch endlich das papierlose Büro erreicht haben. Andere können dem Internet gerade unter dem Blickwinkel der Personalauswahl nur in sehr begrenztem Maße etwas abgewinnen. Tatsache ist, dass insbesondere Konzerne und die Unternehmen, die bereits seit längerer Zeit die IT als Hilfsmittel der Personalarbeit gesehen und aktiv eingesetzt haben, auch diese Neuerung für sich entdeckt haben. Beispielsweise ist es mit weit weniger Aufwand verbunden, wenn die Personalabteilung per Mail eine interessante, unaufgeforderte Bewerbung bekommt, und die Bewerbungsunterlagen gleich über das Intranet an den womöglich interes-

Auswertung Bewerbungsunterlagen

Position: ______________________ zu besetzen am: ______________

Ausschreibung/Anzeige vom: ________ in: ______________________

Unterlagen eingegangen am: ________

Eingangsbestätigung am: ________

Unterlagen	vorhanden	nachzufordern
Anschreiben/Unterschrift	✓	
Lebenslauf		
Schulzeugnisse		
Arbeitszeugnisse		
Referenzen		
Lichtbild		

Bewerber: ____

Anschrift: ____________________ Alter: ______________

____________________ Fam.stand: ______________

Tel. priv.: ____________________ Tel. mobil: ______________

Tel. Büro: ____________________ E-Mail-Anschrift: ______________

Ausbildung/ ____

Abschlüsse: ____

____

Müsste umziehen ☐ ja ☐ nein

Kündigungsfrist/Eintrittstermin: ______________________________

Ist-Gehalt: ____________________ Gehaltswunsch: ______________

Sonstiges: ____

____

sierten Kollegen weiterleitet, da sie selbst den fachlichen Teil nicht beurteilen kann.

Eine wesentliche Voraussetzung dafür ist, dass das Unternehmen mit seinem Internet-Auftritt auch eine Plattform geschaffen hat, um dort die im Hause zu besetzenden Vakanzen mit einer Kurzbeschreibung zu platzieren. Dies gilt als flankierende Maßnahme, denn in den meisten Fällen muss bei einer akuten und dringenden Stellenbesetzung auch das Zeitungsinserat und/oder ein Personalberater engagiert werden. Es kann hiermit auch ein langfristiger Bedarf oder auch der regelmäßige Bedarf an Nachwuchskräften dokumentiert und vielfach sogar gedeckt werden.

Gerade bei Nachwuchskräften ist allein die Möglichkeit, auf diese Weise sein persönliches Interesse an einem Unternehmen anmelden zu können, schon ein erstes wesentliches Selektions- und Entscheidungskriterium für die Güte dieses Arbeitgebers und ob dieser Arbeitgeber einer näheren Betrachtung unterzogen wird. Ich betone das so eindringlich, weil immer noch sehr viele Unternehmensvertreter von einem natürlichen Gefälle zwischen Arbeitgeber und Kandidaten ausgehen. In einigen Berufsfeldern und/oder Spezialistenfunktionen ist dies nicht nur eine irrige, sondern vor allem eine im Sinne guter Rekrutierung gefährliche Annahme.

Ein weiterer Personenkreis, der sehr gerne von der Möglichkeit der Bewerbung via Internet Gebrauch macht, sind ebenfalls in der Regel begehrte potenzielle Mitarbeiter, nämlich diejenigen, die derzeit eine Position im Ausland bekleiden und wissen, dass ihre Bewerbungsunterlagen bis zum Adressaten in Deutschland manchmal 14 Tage brauchen, die aus Südamerika kommend nicht kurzfristig zum Interview erscheinen können, demnächst aber einen Europaaufenthalt planen und in dieser Zeit gerne Vorstellungsgespräche führen möchten.

Es muss sicherlich in der heutigen Zeit auch von älteren Führungskräften – sofern sie nicht längst selbst die Möglichkeiten des Internets für sich entdeckt haben – zur Kenntnis genommen werden, dass eine solche erste Kontaktaufnahme inzwischen alltäglich und selbstverständlich ist und keinerlei Minuspunkte für den Bewerber bedeutet. Auch dann nicht, wenn man plötzlich zwischen all den schönen Mappen drei oder vier »fliegende Blätter«, nämlich einen Computerausdruck, zur Beurteilung vorliegen hat. In vielen Fällen fehlt noch nicht einmal das erwünschte Foto, da Scanner inzwischen sehr ordentliche Ergebnisse liefern. Einschränkend kann vielleicht darauf hingewiesen werden, dass die Beurteilungskriterien, die für Anschreiben und tabellarischen Lebenslauf Standard sind, auch auf die Bewerbung per E-Mail angewandt werden können oder sogar müssen. Kritisch bewertet werden da schon einmal etwas zu saloppe oder vertrauliche Formulierungen (aus den Gewohnheiten des täglichen Mail-Verkehrs mit Freunden), die ein Hinweis darauf sein können, dass sich der Bewerber der besonderen Situation der Bewerbung und des Verkaufens in eigener Sache offensichtlich nicht bewusst ist. Und dann resultieren daraus die gleichen Minuspunkte für diese Bewerbung wie für jede andere auch. Darüber hinaus lassen zumindest bei Inlandsbewerbungen die auf diese Weise an ein Unternehmen herantretenden Bewerber erkennen, dass es ihnen um eine erste Kontaktaufnahme mit der Bitte um Prüfung der Passgenauigkeit geht, und dass sie gerne bereit sind, die übrigen Unterlagen dann in der gewohnten Mappe nachzureichen.

Fazit: Es handelt sich bei der Bewerbung über das Internet inzwischen um eine normale und wegen der wenig aufwändigen Möglichkeit für einen Arbeitgeber, die Passgenauigkeit eines Bewerbers zu überprüfen, auch um eine höchst effiziente Art der ersten Vorselektion, die so aktiv wie möglich genutzt werden sollte. Meist reicht bereits ein Hinweis in einer Anzeige mit Nennung der Internet- oder der E-Mail Adresse des Personalleiters, um diesen Weg zu ebnen.

Notizen für das Interview

Wer sich einmal praktisch vor Augen führt, was es heißt, sich durch einen Stapel von über hundert Bewerbungen durcharbeiten zu müssen, um sich auf etwa zehn Prozent letztlich einzuladende Bewerber zu einigen, erkennt, dass jeder überfordert ist, der sich dabei noch an wesentliche Einzelheiten der Bewerbungen erinnern soll. Aus diesem Grunde empfehlen sich zwei Hilfsmittel, die gut als Formular – auch handschriftlich – vorbereitet werden können und die helfen, die Komplexität zu meistern, die ein Auswahlverfahren mit sich bringt.

Da ist zunächst das Bewerberprofil, das mit qualitativen Bewertungen verbunden ist und bei jeder Bewerbung angewandt werden sollte – abgesehen von denjenigen, die sozusagen auf den ersten Blick wesentliche Voraussetzungen nicht erfüllen und gleich auf den Absagestapel kommen. Erfahrungsgemäß kann man auf diese Art und Weise je nach Besonderheit (Spezialistenfunktion) oder Normalität (Standard-Position) einer Stellenausschreibung etwa ein Drittel bis die Hälfte aller Bewerbungen rasch aussortieren.

Die übrigen Bewerbungen sind zwangsläufig im Vergleich zu sehen. Es wird einige wenige Bewerber geben, deren Profil sich bis auf geringe Ausnahmen und unwesentliche Punkte nahezu vollständig mit dem ausgearbeiteten Anforderungsprofil deckt und die auf jeden Fall eingeladen werden. Dazwischen liegen in der Praxis immer die Bewerber, bei denen man vielleicht wegen wenig informativer Aufmachung und Aufbereitung der Unterlagen ein wenig graben muss, bis man alle wesentlichen Aussagen zusammen hat, oder bei denen es zumindest so viele enge Berührungspunkte zum Anforderungsprofil gibt, dass man sie vorsichtshalber einladen sollte.

Und schließlich gibt es noch die so genannten »Fragezeichen-Kandidaten«. Das sind Bewerber, die zwar einige und meist wesentliche Berührungspunkte zum Anforderungsprofil mitbringen – vielleicht sogar deutlicher als andere Mitbewerber –, die aber gleichzeitig ernst zu nehmende Defizite aufweisen. Hier wird es letztlich in erheblichem Umfang auf die Persönlichkeit ankommen, die man nur im Vorstellungsgespräch kennen lernen kann. Ein weiteres Argument für die Einladung eines solchen Bewerbers kann beispielsweise sein, dass man beim Lesen der Unterlagen plötzlich auf ganz neue Ideen kommt: ein noch nicht akuter Personalbedarf – beispielsweise im Zuge einer Nachfolgeregelung – oder eine fachliche Ergänzung durch Spezialwissen, das man gut gebrauchen könnte, das man aber gar nicht zu finden glaubte.

Da nun einmal jeder Rekrutierungsvorgang viel Geld kostet, wäre es natürlich unter betriebswirtschaftlichen Aspekten einfach dumm, sich gute Kandidaten für andere Positionen oder auch Fachbereiche entgehen zu lassen. Manchmal weiß ein Bewerber sehr wohl, dass es Abweichungen zwischen ihm und der ausgeschriebenen Vakanz gibt. Dann kann eine Bewerbung ein nachhaltiges Interesse an einer Beschäftigung bei diesem konkreten Unternehmen ausdrücken. Manche Bewerber weisen sogar darauf hin, dass sie einige Punkte des Anforderungsprofils nicht erfüllen und daher auch gerne bereit sind, über Alternativen zu diskutieren oder dass man sie doch bitte in die interne Datenbank für zukünftige Vakanzen aufnehmen möge.

Da man bei der Durchsicht eines großen Stapels von Bewerbungen zwangsläufig am Anfang nicht wissen kann, wer und damit wie viele Bewerber der jeweiligen Kategorie zuzuordnen sind, lässt es sich ohne entsprechende Notizen und ohne das Ausfüllen des Formulars »Bewerberprofil« gar nicht vermeiden, dass man zum Schluss eine größere Menge von Unterlagen ein zweites Mal in die Hand nehmen muss, um sie dieses Mal im Vergleich miteinander zu bewerten. Wurden anhand des Bewerberprofils bereits alle wichtigen Punkte ermittelt und Besonderheiten notiert, verringert sich der Zeitaufwand für die endgültige Entscheidung über eine Einladung.

Das sollte Ihnen auffallen:

- Die Ausbildung/das Studium hat ungewöhnlich lange gedauert; es sind aber andererseits keine zeitlich überschneidenden Arbeitsstationen ausgewiesen, die das Ganze als Selbstfinanzierung des Studiums erklären würden.
- Jemand hat bereits während seines Studiums viele Praktika absolviert. Deshalb ist im Gespräch zu ermitteln, wie einschlägig diese Praxis gewesen ist und wie viel Erfahrung man dem Bewerber letztendlich bescheinigen kann.
- Der Lebenslauf weist Lücken auf, die weder erklärt noch anderweitig belegt sind. Oder: Die letzte Angabe (Ausscheiden beim letzten Arbeitgeber) reicht ein Jahr zurück und es gibt nirgendwo, auch im Anschreiben nicht, einen Hinweis auf das, was der Bewerber seitdem tut.

- Daten von Lebenslauf und Zeugnissen oder anderen Bescheinigungen stimmen nicht überein, oder es gibt »krumme Daten« beim Ausscheiden.
- In einem Zeugnis fehlt die Erwähnung und damit auch Bewertung der Mitarbeiterführung, es ist aber die einzige Station, bei der angeblich ein Team geführt wurde.
- Die berufliche Entwicklung ist in sich nicht stimmig, beziehungsweise es ist jemand extrem lange bei einer nicht besonders anspruchsvollen Aufgabe geblieben.
- Die Abstände von beruflichen Wechseln sind extrem kurz oder sehr lang oder beides: Nach fünfzehn Jahren bei einer Firma folgen zwei kurzfristige Wechsel.
- Eine Positionsbezeichnung lässt so gut wie keine Rückschlüsse auf die tatsächliche Tätigkeit zu und auch das dazugehörige Zeugnis ist sehr dürftig, oder es handelt sich um die aktuelle Position, für die zwangsläufig kein Zeugnis vorhanden ist.
- Ein Zeugnis fällt in positiver oder negativer Hinsicht völlig anders aus als die übrigen.

Anmerkungen beziehungsweise Fragen hierzu sind unmittelbar nach Durchsicht der Bewerbung – zumindest wenn sie nicht wegen der »Muss«-Kriterien ohnehin sofort herausfällt – schriftlich festzuhalten, damit keine doppelte Durchsicht erforderlich ist. Dann brauchen Sie sich für die endgültige Entscheidung über eine Einladung nur noch Ihre Notizen durchzusehen.

Das sollten Sie notieren:

- Ein origineller Passus im Anschreiben oder ein insgesamt außergewöhnlicher Bewerbungsbrief.
- Die Erwähnung eines für Sie interessanten Hobbys, über das Sie mehr wissen wollen.
- Eine überzogene oder devote Selbstdarstellung, die im persönlichen Gespräch überprüft werden muss.

Da es sich hierbei nicht um essenzielle Punkte handelt, gehen diese Einzelheiten leicht unter. Hierzu gehören besonders »einfache« Empfindungen, die zum Lächeln oder zum Stirnrunzeln animiert haben. Sie sind jedoch sehr gute Anknüpfungspunkte im Gespräch, die auflockern können.

Das müssen Sie ermitteln:

- Gehaltswunsch beziehungsweise das derzeitige Gehalt sowie die konkrete Zusammensetzung (sofern der Bewerber bereits mit variablen Gehaltsbestandteilen vertraut ist);
- Leistungen wie beispielsweise der Firmenwagen, Altersversorgung, Versicherungen, Aktienoptionen, Mietunterstützung oder eine besondere Fahrtkostenerstattung;
- Angaben zur Mobilität: ob der Partner berufstätig ist, wie die Kinder zu einem Ortswechsel stehen;
- Kündigungsfrist und frühesten Eintrittstermin, um gezielt fragen zu können, ob gegebenenfalls ein früheres Ausscheiden möglich sein wird;
- Konkurrenz- beziehungsweise legale Wettbewerbsklauseln;
- Zeitdruck, besonders bei hervorragenden Bewerbern;
- ob ein längerer Urlaub oder eine dienstlich bedingte Abwesenheit geplant ist.

Diese Informationen können an unterschiedlichen Stellen in den Bewerbungsunterlagen stehen, zum Beispiel im Bewerbungsschreiben, im tabellarischen Lebenslauf oder auf einem gesonderten Blatt und werden daher unter Umständen leicht übersehen. Hier ist eine gründlichere Suche – auch im Vier-Augen-Prinzip – angebracht, da man sich sonst im Vorstellungsgespräch blamieren kann oder zumindest den Eindruck hinterlässt, es offensichtlich nicht nötig gehabt zu haben, die Bewerbung vor dem Gespräch gründlich durchzuarbeiten.

Persönliche Reaktionen beim Lesen

Jeder Mensch hat nicht nur in seiner Funktion als Leser und Beurteiler von Bewerbungsunterlagen persönliche Standpunkte, Vorlieben und Abneigungen. Dem liegen die Erziehung, eigene umfassende oder auch einzelne, dafür aber nachhaltige Erfahrungen oder Schlüsselerlebnisse, Erzählungen anderer oder auch Angelesenes zugrunde.

Es geht hier um ein Bewusstmachen von persönlichen Einstellungen, damit sich so etwas wie Warnsignale einstellen und andere Aspekte einer Bewerbung noch eine Chance haben.

Das Bewerbungsfoto erzeugt einen ersten Eindruck. Die Gefahr liegt darin, dass von der Kopfhaltung oder vom Gesichtsausdruck auf andere, dieses Mal durch nichts belegbare Verhaltensweisen oder Persönlichkeitseigenschaften geschlossen wird.

Je nachdem, ob man selbst gerne formuliert und gut schreibt oder ob man alles, was über Subjekt, Prädikat und Objekt hinausgeht für Schwafelei hält, kommt es auch beim Lesen des Bewerbungsbriefs zu einem Urteil. »Sprachfetischisten« können vielleicht nicht ertragen, dass heutzutage sogar laut Duden auf »wegen« der Dativ folgen darf und ein fehlendes Komma wird als mangelnde Schulbildung interpretiert. Ähnliches kann auslösen, wenn jemand mit einer gewissen Originalität im Sprachduktus oder im Aufbau des Briefes andere Wege geht, für einen Puristen zu dick aufträgt oder sich in den Augen eines Sprachliebhabers als Techniker oder Naturwissenschaftler nicht flüssig genug artikulieren kann. Interessanterweise ist auch die Unterschrift für viele Leser ein ähnlich wichtiges Merkmal wie die Qualität des Händedrucks bei der Begrüßung.

In Bezug auf den Lebenslauf klagt mancher traditioneller Leser, dass in der heutigen Zeit oft nicht mehr beschrieben wird, was die Eltern machen und ob der Bewerber Geschwister hat. Selbst die Wahl der Schule beziehungsweise der Hochschule kann im Sinne von Gemeinsamkeiten zu Nähe führen, kann aber auch, wie lange Zeit bei der Hochschule Bremen, elementare Abneigung oder Disqualifizierung auslösen. Ähnliches gilt für Urteile über Bundeswehrzeiten, Dienstgrade oder Ersatzdienst. Auch Hobbys geben Anlass zu Urteilen oder aber deren Fehlen wird negativ vermerkt.

Referenzen sind ebenso »bemerkenswert« wie ein vermeintlicher Karriererückschritt, der nicht hinterfragt, sondern als Negativkriterium gewertet wird. Auch ein Wechsel des beruflichen Einsatzgebietes wird vorschnell eingeordnet und später folgende Erläuterungen stoßen dann auf relativ taube Ohren.

Da Sie vermutlich viele dieser Äußerungen schon gehört oder gar selbst unreflektiert benutzt haben, lassen Sie doch für sich einmal Revue passieren oder notieren Sie auf einem Blatt Papier, welche besonderen Vorlieben und Abneigungen Sie von sich kennen.

Kooperation mit der Personalabteilung

In der Regel sind Kollegen, die sich für die Personalabteilung entschieden haben, nicht nur dafür ausgebildet worden, sondern sie haben auch die zur Beurteilung von Menschen erforderliche Praxis. Darüber hinaus werden sie oft mit außergewöhnlichen menschlichen Situationen konfrontiert, was im positiven Sinne ein allzu vorschnelles Urteil in die eine oder andere Richtung mit der Zeit verhindert. Wie immer, wenn man einen Beruf wählt, der mit Menschen zu tun hat, ist einem nach mehreren Berufsjahren vermeintlich nichts Menschliches mehr fremd, aber ich kann aus persönlicher Erfahrung sagen, dass ich überrascht bin, doch immer wieder mit neuen Situationen konfrontiert zu werden. Wesentlich ist, dass diese Erkenntnis zu einer gewissen Bescheidenheit in der Beurteilung führt und dass man einfach vorsichtig(er) wird, weil man erkennt, dass eben nicht alles nur schwarz oder weiß ist, sondern, dass es viele Nuancen von Grau geben kann. Vor allem lernt man, dass ein Lebenslauf noch nichts über die Leistungen oder gar die Persönlichkeit eines Kandidaten aussagt.

Wenn also von Kooperation mit der Personalabteilung die Rede ist, dann »kaufen« Sie als Fach-Führungskraft nicht nur eine konkret definierte Dienstleistung in Ihrer Firma zu Ihrer Unterstützung ein, sondern in der Regel auch eine bestimmte Einstellung zu Menschen. Und bei vielen »alten Hasen« im Personalwesen den durch Erfahrung gewachsenen Instinkt in der Beurteilung von Menschen, den Sie vielleicht allenfalls als Grundtalent haben, der aber durch die ganz andere Aufgabe, die Sie wahrnehmen, nicht unbedingt täglich trainiert worden ist. Die Personalabteilung ist nicht nur in administrativen und arbeitsrechtlichen Belangen ein wichtiger Partner, ein Personalreferent kann Ihnen die Vorauswahl abnehmen und sogar erste Kommentare liefern, die Sie dann prüfen können. Wichtig ist allerdings im Vorfeld die Absprache, welche Bewerbungen Ihnen unter Umständen zusätzlich vorgelegt werden sollen, weil Sie bereits wissen, dass in absehbarer Zeit eine weitere Stelle zu besetzen sein wird, die Personalabteilung aber noch nicht darüber informiert ist.

Natürlich sollten Sie sich darauf verlassen können, dass dem Bewerber spätestens einen Tag nach dem Eingang der Bewerbung dieser auch bestätigt wird. Zieht sich das Auswahlverfahren außergewöhnlich lange hin – vier bis sechs Wochen –, dann müssen mindestens diejenigen, die nach einer ersten groben Durchsicht voraussichtlich eingeladen werden sollen, einen erklärenden Zwischenbescheid erhalten. Sehr gute Bewerber haben auch heute noch Alternativen und wenn der erste Eindruck, den Ihr Unternehmen hinterlässt, schon negativ ausfällt, dann wird die Freude über eine spätere Einladung deutlich kleiner. Ich kann Sie nur ermutigen, sich in der Personalabteilung die Formschreiben und auch die Usancen der Bearbeitung einfach einmal zeigen und erläutern zu lassen. Als junge Führungskraft, die sich erstmals mit diesem Thema befasst, haben Sie doch einen vorzüglichen Grund, wissen zu wollen, was man den Kandidaten im Namen Ihres Unternehmens mitteilt, und Sie können gleichzeitig viel besser einschätzen, mit welcher Art von Serviceinstitution Sie es zu tun haben und was Sie gegebenenfalls ausgleichen müssen.

Vielleicht können Sie die eine oder andere Empfehlung geben oder die konkrete Bitte an diesen internen Dienstleister richten, mit welchen Kommentaren oder Formularen Sie die Unterlagen gerne vorsortiert hätten. Ein Kollege, der sich als interner Dienstleister begreift, wird sich in dieser Hinsicht sicherlich gerne mit Ihnen abstimmen, zumal dann, wenn Sie zugeben, dass Sie mangels Erfahrung Hilfestellung benötigen, damit Sie keine falsche Vorentscheidung fällen.

Checkliste: Sichtung und Vorauswahl der Bewerbungsunterlagen

1. Prüfen Sie die Mappe zunächst auf Vollständigkeit.
2. Handelt es sich um aussagefähige Unterlagen?
3. Wie ist es um die Optik (Stichwort: Sauberkeit, Strukturierung, Sorgfalt) bestellt?
4. Prüfen Sie nun die einzelnen Bestandteile der Bewerbung im Hinblick auf folgende Aspekte:
   - ✓ Anschreiben: Länge, Klarheit, Argumentation, Inhalte, Originalität, Stil, Rechtschreibung, Grammatik
   - ✓ Lebenslauf: Lückenlosigkeit, Logik, Laufbahnplanung, Darstellungsweise, Informationsgehalt, Ehrlichkeit, (Bereitschaft zur) Weiterentwicklung
   - ✓ Schul- und Ausbildungszeugnisse: Zensuren, fachliche Schwerpunkte, freiwillige Zusatzqualifikationen
   - ✓ Arbeitszeugnisse: Dauer der Tätigkeit, besondere Leistungen, Spezialkenntnisse, Beförderungen beziehungsweise Übertragung von Sonderaufgaben, Leistungsbeurteilung, Beurteilung Sozialverhalten, Führungskompetenz, Bedauern übers Ausscheiden
   - ✓ Foto: Format, Pose, Auffälligkeiten, Kleidung, Sympathie
5. Genügt der Kandidat dem Anforderungsprofil für diese Position beziehungsweise den Anforderungen aus Ihrem persönlichen Bewerberprofilformular?
6. Notieren Sie Auffälligkeiten, Besonderheiten, Dinge, bei denen Klärungsbedarf besteht.

Kapitel 4
Die Vorbereitung auf das persönliche Kennenlernen

Inzwischen liegen nun die ausgewählten Bewerbungsunterlagen sorgfältig kommentiert vor Ihnen, und es bedarf nun eigentlich nur noch eines Blickes in den Terminkalender, um die Einladungen zu versenden. Vorher gibt es jedoch noch einige wesentliche Aspekte zu bedenken.

Die Zusammensetzung der Bewerbungsrunde

Die Zusammensetzung des Vorstellungsgesprächs hat eine Menge mit der Einstellungs- und Auswahl-»Philosophie« eines Unternehmens zu tun. Zu dieser Philosophie zähle ich beispielsweise, wer in einer Firma die erste Vorselektion vornimmt und wie das nachfolgende Prozedere aussieht.

Bei Unternehmen, die einen Personalleiter haben – bei Mittelständlern und kleinen Firmen durchaus nicht immer selbstverständlich – ist zu berücksichtigen, ob es sich dabei um denjenigen handelt, der primär dafür Sorge trägt, dass Löhne und Gehälter pünktlich und richtig gezahlt werden oder ob hier eine wirkliche Servicefunktion für das Personal in allen Bereichen des Unternehmens angesiedelt ist. Davon und nicht zuletzt von der organisatorischen Einbindung (und damit Bedeutung der Position) wird dann abhängen, ob die mit entsprechenden Entscheidungen verbundene Vorselektion von dem Personalreferenten vorgenommen wird. Alternativ werden eingehende Bewerbungen dort nur administrativ behandelt – Eingangsbestätigung, Festhalten von Namen, Nummerierung – und dann gleich zur Beurteilung an die Fachabteilung beziehungsweise den Abteilungsleiter weitergeleitet. Dies wiederum ist dann Voraussetzung dafür, wer bei den Vorstellungsgesprächen und damit bei der Auswahl mitwirkt. Schließlich hat auch die Position selbst und ihre hierarchische Einbindung Auswirkungen auf die Konstellation der Gesprächsteilnehmer und die Anzahl der Vorstellungsgespräche bis zur endgültigen Entscheidung.

Für die Zusammensetzung der Teilnehmer gibt es unterschiedliche Varianten. Unter Umständen wird nicht nur die Vorselektion auf der Basis der schriftlichen Unterlagen vom Personalreferenten vorgenommen, sondern er führt in der ersten Runde auch die Vorstellungsgespräche. Dies setzt dann nicht nur eine entsprechende Servicefunktion der Personalabteilung voraus, sondern auch eine ausgeprägte Vertrauensbasis zwischen Personal- und Fachabteilung und eine solide Kenntnis der Anforderungen in diesem Fachbereich. Eine längere Betriebszugehörigkeit muss hinzukommen, damit die daraus abzuleitenden Auswahl- und Entscheidungsfaktoren definiert und als Kriterien angewandt werden können.

Der Personalreferent kann aber auch nur ein Teilnehmer an den Vorstellungsgesprächen sein, um bestimmte Fragen zu stellen – beispielsweise die zur Passgenauigkeit in die Unternehmenskultur oder zu den so genannten »weichen Faktoren« wie der Sozialkompetenz oder der Führungsfähigkeit. Ein weiterer nicht unwesentlicher Aspekt ist die Erfahrung in der Beurteilung von Menschen einschließlich eines trainierten Instinktes. Der ebenfalls teilnehmende Vorgesetzte kann sich dann sowohl intensiv dem Fachgespräch widmen, insbesondere dann, wenn die fachliche Qualifikation für die Stelle von ganz besonderer Bedeutung ist, als auch gleich im ersten Gespräch prüfen, ob der Bewerber zu ihm und mit einiger Wahrscheinlichkeit auch zur Gruppe der Kollegen passt.

Expertentipp

Als Faustregel kann hier gelten: Je mehr die fachliche Qualifikation im Vordergrund steht und/oder je niedriger die Hierarchieeinordnung des neuen Mitarbeiters angesiedelt ist, desto mehr Sinn macht ohnehin die unmittelbare fachliche Diskussion. Hierbei ist zusätzlich zu berücksichtigen, dass solche Mitarbeiter meist auch in einer Fachdiskussion wesentlich besser abschneiden (da sie sich hier viel sicherer fühlen) als in einer Gesprächskonstellation mit Themen, die wenig mit ihrem bisherigen beruflichen Alltag zu tun haben. Insofern werden sowohl die Auswahl der Gesprächsteilnehmer als auch die Anzahl der Gespräche sehr stark von dieser Ausgangssituation abhängen.

Bei Führungspositionen gibt es praktisch immer mindestens zwei, manchmal auch drei Gesprächsrunden. Hier wird ein Personaler allenfalls vorselektieren und auch das erste Gespräch nicht unbedingt alleine führen. Meist führen der Personalleiter und der nächst höhere Vorgesetzte das erste Gespräch mit den Kandidaten gemeinsam. Anders als bei Mitarbeitern, bei denen die Fachkompetenz das alles entscheidende Merkmal ist – die im Übrigen leichter aus den schriftlichen Unterlagen herausgelesen werden kann –, ist bei Führungsaufgaben die Persönlichkeit maßgebend oder sogar der Haupt-Entscheidungsfaktor. Dies gilt beispielsweise dann, wenn der neue Mitarbeiter ein Team aus hervorragenden Spezialisten zu leiten haben wird, die ihn für das operative Geschäft nicht benötigen und in das er sich auch so wenig wie möglich einmischen soll.

Um auf diesem Gebiet eine Entscheidung treffen zu können, muss man sich dann unter Umständen einige Kandidaten mehr ansehen. Ist die Vorauswahl auf der Basis des ersten Vorstellungsgespräches getroffen und sind noch zwei bis drei Kandidaten in der engsten Wahl, möchte oft die Geschäftsleitung noch mitwirken. Bei diesem zweiten oder auch bereits dritten Gespräch kann noch der Vorgesetzte dabei sein, um als derjenige, der den oder die Kandidaten ja schon kennen gelernt hat, die Moderatoren-Rolle zu übernehmen und weil er sicherlich Präferenzen hat. Ebenso ist denkbar, dass der Personalleiter teilnimmt, um gleich die vertraglichen Einzelheiten festzulegen.

Die Zeitplanung der Bewerbungsgespräche

Bei der Planung ist auf die folgenden Aspekte zu achten:

- In welcher Zeit können Kandidaten zur abschließenden Entscheidung zur Verfügung stehen?
- Da zu diesem Zeitpunkt bereits feststeht, welche und wie viele Bewerber eingeladen werden, muss nun überlegt werden, in welchem Zeitrahmen die Vorstellungsgespräche absolviert werden können, damit die Vergleichbarkeit der Bewerber erhalten bleibt.
- Wie viele Gespräche an einem Tag sind bei welcher Gesprächskonstellation und welchen Bewerbern mach- beziehungsweise vertretbar? Hier müssen die Teilnehmer auf Unternehmensseite berücksichtigt werden, die zur gleichen Zeit zur Verfügung stehen müssen: Je mehr, desto schwieriger und langwieriger ist zwangsläufig der Abstimmungsprozess. Außerdem muss man darauf achten, ob man es mit relativ jungen Leuten mit geringer Berufserfahrung zu tun hat, oder ob die Bewerber die Chance bekommen müssen, aus zehn bis fünfzehn Jahren Praxis die Highlights ihrer Erfahrungen herauszuarbeiten.
- Und schließlich sind Urlaubszeiten und Feiertage zu berücksichtigen, die ein Auswahlverfahren bei mangelhafter Planung sehr ungünstig beeinflussen können.

Eine zügige Abwicklung eines Personalauswahlverfahrens ist ab Datum der Anzeigenschaltung in etwa sechs Wochen machbar; sie sollte andererseits acht Wochen möglichst nicht überschreiten.

Wegen der so wesentlichen Vergleichbarkeit der Kandidaten – Sie können sich vorstellen, wie rasch Gesprächsinhalte und Eindrücke in Vergessenheit geraten und überlagert werden können – müssen die Erst-Gespräche im Rahmen von anderthalb bis maximal zwei Wochen absolviert sein. Alles andere wäre den Bewerbern gegenüber ungerecht.

Man kann von einem Vorstellungsgespräch von mindestens 45 Minuten bei Jüngeren und von mindestens 60 bis 90 Minuten bei den Erfahrenen und Führungskräften ausgehen. Unternehmensvertreter, die in Vorstellungsgesprächen nicht geübt sind, sollten sich auf drei, maximal vier Gespräche an einem Tag beschränken. Auch hier wären mehr Gespräche unfair den Gesprächspartnern gegenüber, die mit vielen Hoffnungen und der üblichen Anfangsnervosität kommen und die ein Anrecht auf die Konzentration ihrer Gesprächspartner und auf eine ernst genommene Diskussion haben.

Allein die Berücksichtigung und der wohlwollende Umgang mit der Anfangsnervosität nehmen einschließlich gewisser Höflichkeiten einer Gastgeberrolle erfahrungsgemäß mindestens die ersten zehn Minuten in Anspruch. Für Lebenslauf und einige tiefer gehende Diskussionen müssen je nach Alter zwanzig bis vierzig Minuten angesetzt werden. Und dann soll ja auch noch Zeit für die Vorstellung des Unternehmens und der Aufgabenstellung bleiben. Und es gehört natürlich zu den Grundprinzipien eines solchen Gesprächstermins, dass auch der Bewerber seine Fragen stellen darf und sie beantwortet werden.

Expertentipp

Je nach »Gewicht« und Einfluss der Personalabteilung einerseits und der Position andererseits sind die Gesprächskonstellationen unterschiedlich und sie sind entsprechend zu planen. Wird neben der Führungskraft wegen der Bedeutung der Stellenbesetzung auch ein Vertreter der Geschäftsleitung benötigt, sollte der zeitliche Ablauf im Voraus längerfristig geplant werden. Je länger ein Kandidat der engsten Wahl auf sein abschließendes Gespräch und seinen Vertrag warten muss, desto größer ist das Risiko, ihn zuletzt noch zu verlieren. Ganz besonders wichtig sind solche Planungsüberlegungen während der üblichen Ferien- und Urlaubszeiten oder vor Feiertagen wie Ostern und Weihnachten.

Die Vorbereitungscheckliste

Zur Vorbereitung hat sich ein Formular bewährt; einen Entwurf finden Sie auf Seite 99. Ob das Formular modifiziert werden muss, hängt beispielsweise von der Größe Ihrer Firma ab: Je größer, desto komplexer ist in der Regel die notwendige Vorbereitung, da leichter etwas untergeht oder sich der eine Kollege darauf verlässt, dass sich der andere schon gekümmert haben wird, insbesondere dann, wenn mehrere Leute in irgendeiner Weise am Auswahlverfahren beteiligt sind.

Bei kleineren Firmen mit kürzeren Entscheidungswegen und wenigen beteiligten Personen ist es ein wesentliches Kriterium, wie viel Übung man in derlei Abläufen hat. Manchmal kann eine sorgfältige Vorbereitung mit einer solchen oder ähnlichen Checkliste die Einübung in Disziplin bringen, sodass man ein Formular irgendwann nicht mehr nötig hat, da die Abläufe verinnerlicht worden sind. So manche Panne könnte mit gesundem Menschenverstand und einem Gespür für Menschen, die sich in einer Ausnahmesituation befinden, auch ohne Checkliste vermieden werden. Viel zu wenige Firmenvertreter erinnern sich an ihre eigenen Vorstellungsgespräche oder sind sich der Tatsache bewusst, dass sie mit ihrem Verhalten und ihrer Entscheidung Schicksal im Leben anderer Menschen spielen. Schließlich haben nicht alle Bewerber einen Lebenslauf, der es ihnen ermöglicht, unter mehreren Angeboten wählen zu können.

Optimale Bedingungen für das Vorstellungsgespräch

Gesprächsteilnehmer – seien es die Firmenvertreter, seien es die Bewerber –, die wissen, dass sie für ein solches Gespräch genügend Zeit haben, agieren entspannter und nehmen das Gespräch auch von vornherein wichtiger, vergleichbar vielleicht einem wichtigen Geschäftstermin rund um die Akquisition eines Auftrages. Ich habe immer wieder erlebt, dass die Bedeutung, die eine Führungs-

Vorbereitung Interview

Liegt vor?	ja	nein	Ist entschieden über?	ja	nein	Ist veranlasst?	Ja	nein	wer / wann
Komplette Bewerbungs- unterlagen			Termin			Mitteilung an Bewerber (einschl. Firmenbro- schüre, Lageskizze und Parkmöglichkeiten)			/
Beurteilung der Personalabteilung						Mitteilung an Kollegen			/
Anforderungsprofil			Gesprächsteilnehmer			Absprache mit Kollegen			/
Durchgearbeitete Bewerbungs- unterlagen			Rollenverteilung			Absprache mit Kollegen			/
			Zeitlicher Ablauf			Absprache mit Kollegen			/
Eigener Fragenkatalog			Zeitrahmen			Terminkalender			/
			Raum			Reservierung eines geeigneten Raumes			/
Interviewleitfaden			Sitzordung			Anzahl Stühle			/
Fragenkatalog						Getränke			/
Auswertungs- bogen						Telefonumstellung			/
						Empfang informiert			/

kraft dem Thema Personalauswahl beimisst, sehr große Auswirkungen auf die Qualität der Vorstellungsgespräche hat. Doch ist es selbstverständlich nicht nur der Zeitfaktor, der die gesamten Rahmenbedingungen eines Vorstellungsgespräches beeinflusst.

Es ist in keinem Falle schädlich, hier zunächst einmal vom Optimum auszugehen und das zu beschreiben. Je mehr Übung man dann hat, desto verantwortlicher kann der Einzelne über »seine« Kompromisse entscheiden. Konkretes Beispiel hierzu: Jemand, der sehr gut und über längere Zeit konzentriert zuhören kann, darf es sich unter Umständen erlauben, nicht ganz so gut vorbereitet (durchgearbeitete und kommentierte Bewerbungsunterlagen) ins Vorstellungsgespräch zu gehen.

Fassen wir die optimalen Rahmenbedingungen zusammen:

- Genügend Zeit, das bedeutet eine Terminierung im Abstand von mindestens anderthalb Stunden.
- Einen Bewerber nicht mehr als fünfzehn bis maximal zwanzig Minuten warten lassen.
- Gründliche Kenntnis der Bewerbungsunterlagen.
- Nur die Bewerbung des einen Kandidaten mit ins Gespräch nehmen beziehungsweise sichtbar auf dem Tisch liegen haben. Ein Stapel von Unterlagen für alle Gespräche des Tages degradiert jemanden zu einer Nummer. Dies gilt im Übrigen auch für die säuberlich abgezählten Mappen mit Informationsmaterial, die den Kandidaten mitgegeben werden sollen, die dann gegebenenfalls demonstrativ auf dem Tisch gestapelt liegen.
- Vorbereitung von Fragen, auch und vor allem unter Berücksichtigung von offenen Punkten oder eventuell aufschlussreichen Aspekten.
- Schaffen einer freundlichen und dem Bewerber zugewandten Atmosphäre, die vor allem durch erkennbare Konzentration auf den »Gast« (um einen solchen handelt es sich!) erzielt werden kann.
- Ansprechende räumliche Umgebung mit einer Sitzordnung (vor allem genügend Platz), die einem Gespräch dieser Art förderlich ist.
- Das Bereitstellen von Getränken, die eine Gastgeberrolle er-

möglichen. Auch hier ist darauf zu achten, dass nicht die exakt abgezählte Anzahl an Tassen und Gläsern für alle Gespräche des Tages gleichzeitig auf dem Tisch stehen.

- Vermeiden von Störungen, gleichgültig ob es wegen eines nicht angemeldeten Raumes dazu kommt, ein Mitarbeiter mit einer Notiz oder wegen eines Anrufs im Türrahmen steht, das Handy nicht ausgeschaltet wurde, der eigene Vorgesetzte ein vermeintlich unaufschiebbares Anliegen hat u. a. m. Sie werden erstaunt sein, wie schnell es sich herumspricht, wenn Sie sich grundsätzlich in solchen Gesprächen nicht stören lassen. Also auch dies wieder eine Frage der Disziplin.
- Sicherstellen, dass bei mehreren aufeinander folgenden Gesprächen der nächste Kandidat irgendwo warten kann, wo er nicht sofort seinem Vorgänger begegnet.
- Gründliches Lüften nach jeder Gesprächsrunde, damit nicht allein aus der Qualität der Luft auf die Anzahl der Vorgänger geschlossen werden kann.
- Einen Mitarbeiter, der bei Überziehen der Zeit mit einem hereingereichten Zettel lautlos signalisiert, dass der nächste Kandidat eingetroffen ist beziehungsweise wo wartet und nicht laut erklärt »Der Nächste ist jetzt da!«

Es sollte niemals unterschätzt werden, welche enormen Auswirkungen diese Verhaltensweisen, die keinen Anspruch auf Vollständigkeit erheben, auf den Gesprächsverlauf haben. Ebenso wie nicht jeder Kandidat mehrere Angebote zur Auswahl hat, gilt, dass sich auch heutzutage viele Bewerber aufgrund von Qualifikation und/oder Persönlichkeit ihre Wunschfirma aussuchen können. Hinterlassen Sie als Unternehmen bei diesen so genannten »High Potentials« oder herausragenden Spezialisten einen schlechten Eindruck, werden Sie den Kürzeren ziehen und den Wettbewerb um sehr gute Mitarbeiter verlieren. Es hat also nicht nur etwas mit übertriebener Perfektion, sondern auch mit handfesten Kosten-Überlegungen zu tun. Nicht jeder kann den geschilderten »sozialen Aspekten« etwas abgewinnen, daher der Hinweis, welche betriebswirtschaftlichen Auswirkungen Fehlverhalten auf diesem Gebiet haben kann.

Die persönliche Vorbereitung anhand der Bewerbungsunterlagen

Beim Lesen der Bewerbungsunterlagen haben Sie sich sicherlich Notizen gemacht. Gehen Sie diese Notizen noch einmal durch, um gezielte Fragen an den Bewerber stellen zu können:

- Welchen Gesamteindruck vermitteln die Bewerbungsunterlagen? Ist es ein besonders interessanter Kandidat oder nehmen Sie ihn der Vollständigkeit wegen in das Auswahlverfahren auf? Welche Kriterien, Berührungspunkte oder Argumente bewegen Sie dazu?
- Handelt es sich unter Umständen um jemanden, bei dem Sie – je nach Auftreten und Persönlichkeit – aufgrund des bisherigen Werdeganges eine ganz andere Vakanz im Kopf haben? Soll er oder sie also im Vorstellungsgespräch womöglich nur auf eine andere Position hin angesprochen werden?
- Was ist Ihnen beim Durchlesen der Bewerbung durch den Kopf gegangen? Gibt es bemerkenswerte Aspekte, Unklarheiten oder Punkte, die Sie eher kritisch sehen?
- Fehlen Unterlagen oder Zeugnisse? Scheint das Zufall oder Absicht zu sein?
- Wie groß ist der Grad der Deckungsgleichheit zum Anforderungsprofil? Wo vermuten Sie Schwachstellen? Wo eine Übererfüllung der Vorgaben?
- Wie sieht es mit Noten und Arbeitszeugnissen aus? Ist eine Linie erkennbar oder gibt es »Ausreißer« irgendwelcher Art?
- Gab es kurzfristige Wechsel oder (zu) langes Verbleiben in einer wenig anspruchsvollen Aufgabe, was zu diskutieren wäre?
- Hat der Bewerber bereits Mitarbeiter geführt und wie viele? Wie groß ist die Abweichung zu dem, was ihn oder sie erwartet und daher: Mit welcher Leitungsspanne fühlt er oder sie sich am wohlsten?
- Ist der Kandidat mit seinem Brief auf die Ausschreibung eingegangen oder wurde hauptsächlich auf die beigefügten Unterlagen verwiesen?
- Fragen Sie sich, warum der Bewerber bei der Ausschreibung auf

eine »Herausforderung« für sich verweist, wo Sie doch eher einen Rück- oder zumindest nur einen Seitwärtsschritt vermuten? War die Aussage also die übliche Bewerbungsfloskel oder hat er etwas aus der Anzeige herausgelesen, was Sie nicht wissen oder gar nicht signalisieren wollten?

- Muss geklärt werden, ob hier jemand unter- oder überfordert ist? Bei der letzten Einschätzung ist die Frage nach dem Potenzial zu klären!
- Haben Sie die Eckdaten von Gehaltsvorstellungen beziehungsweise Ist-Gehalt, seiner Zusammensetzung und Kündigungsfristen? Oder dürfen Sie nicht vergessen, danach zu fragen?
- Wenn Sie die Bewerbungsmappe heute mit einigem zeitlichen Abstand nochmals in die Hand nehmen, würden Sie dann das Formular Bewerberprofil genauso ausfüllen?
- Müssen Sprachkenntnisse hinterfragt (weil sie nicht angegeben wurden) oder in ihrer Qualität überprüft werden? Müssen Sie sich auf ein Teilinterview in einer Fremdsprache einstellen oder organisieren, dass das einer Ihrer Kollegen übernimmt?
- Fanden Sie eines der aufgeführten Hobbys spannend oder muss man es womöglich wegen des Zeitbedarfs hinterfragen? Fehlen Hobbys ganz, und Sie möchten gerne etwas über die Freizeitbetätigung erfahren?
- Hat der Bewerber vielleicht Fortbildungszertifikate gesammelt und alle seiner Bewerbung beigefügt? Was bedeutet das für den Charakter?
- Sind vielleicht durch ein überzogenes Anschreiben schon Persönlichkeitseigenschaften wie Unsicherheit oder elitäres Bewusstsein oder Selbstüberschätzung erkennbar, die es in mehr oder weniger deutlicher Weise zu hinterfragen oder zumindest aufmerksam zu beobachten gilt?
- Fehlen Angaben zu Familienstand oder sonstige Informationen, die Auskunft über das Ihnen vielleicht wichtige häuslich-familiäre Umfeld geben?
- Muss die Bereitschaft zu Mobilität und/oder Reisebereitschaft deutlich thematisiert und hinterfragt werden? In diesem Zusammenhang ist auch wichtig, was der jeweilige Partner beruflich macht.

Betrachten Sie diese Fragenliste bitte als Denkanstoß für die Vorbereitung ohne Anspruch auf Vollständigkeit. Kurze Notizen zu einzelnen Aspekten reichen völlig aus, um gezielte Fragen stellen zu können und um nicht in die peinliche Situation zu kommen, einen sehr interessanten Bewerber nach dem Vorstellungsgespräch anrufen zu müssen, um noch die eine oder andere wichtige Frage zu stellen, deren Antwort dann in die Entscheidung mit einfließen muss.

Organisatorische Katastrophen mit nachhaltiger Wirkung

Es gibt meiner Ansicht nach einige »Todsünden« in diesem Stadium des Auswahlverfahrens, die der Erwähnung bedürfen:

- Es wurde vergessen, einen Besprechungsraum zu buchen, und nun müssen die Vorstellungsgespräche auch noch mit mehreren Personen in einem ohnehin zu engen und mit Akten überfüllten Büro stattfinden.
- Es wurde übersehen, dass ja auch der eine oder andere Kandidat warten muss und sich die Wettbewerber nicht unbedingt begegnen sollen.
- Die Bewerbungsunterlagen sind plötzlich nicht mehr zu finden und persönliche Notizen existieren nicht.
- Man hat angeblich überhaupt keine Zeit gehabt, sich auf das Interview vorzubereiten, und redet sich auch noch selbst ein, dass man dann eben in jeder Hinsicht unvoreingenommen ins Gespräch geht.
- Die Abstimmung der teilnehmenden Personen hat nicht geklappt und plötzlich steht der Fachvorgesetzte nicht zur Verfügung.
- Ein Kandidat wird schlicht vergessen und muss unverhältnismäßig lange warten.
- Zwei Kandidaten wurden für die gleiche Zeit eingeladen.
- Die eigene Sekretärin hat Urlaub, und der Vorgesetzte findet nun noch nicht einmal die Broschüren, die für die Gespräche bereitliegen sollen.

- Der Gesprächstermin wurde zwar vereinbart, aber nicht an die beteiligten Personen weitergegeben, und so ist überhaupt kein geeigneter Gesprächspartner im Hause.

Auch diese Auflistung erhebt zwangsläufig keinen Anspruch auf Vollständigkeit und kann sicherlich allein aus der Erinnerung der handelnden Personen ergänzt werden. Mangelnde Planung ist nicht nur peinlich und unangenehm; sie hat im Übrigen auch etwas damit zu tun, als wie wichtig die Beschäftigung mit Personalauswahl eingeschätzt wird.

Die Selbsteinschätzung möglicher Reaktionen auf den Bewerber

Ob es sich bei den so genannten »allergischen Reaktionen« um einen wichtigen oder eher unwichtigen Aspekt der Personalauswahl handelt, hat vorrangig etwas mit den beteiligten Personen zu tun. Sind die Gesprächspartner neugierig auf Menschen und prinzipiell offen für jeden, der zu Besuch kommt, gibt es wenig im Vorfeld zu bedenken. Hat jedoch der eine oder andere Unternehmensvertreter aus welchen Gründen auch immer ausgeprägte Vorlieben und Abneigungen, sollte derjenige zumindest wissen, worauf er »allergisch« reagiert, um bei sich ein wenig gegensteuern zu können.

Neben Reaktionen auf das äußere Erscheinungsbild, die im Extremfall dazu führen, dass Gesagtes gar nicht mehr wahrgenommen wird, gibt es auch noch andere persönliche Besonderheiten, die ein Gesprächsergebnis deutlich negativ färben können. Dazu gehört beispielsweise, dass ein junger Mann keinen Wehrdienst absolviert hat, sich entweder für Zivildienst entschieden oder die gesamte Zeit für sich zur Verfügung hatte und die dann auch noch nutzte, um sich seinen Traum einer Weltreise zu erfüllen. Trifft so jemand auf einen Gesprächspartner, der die Disziplin in jeder Hinsicht zur Lebensmaxime erhoben hat, kann der Tatbestand an sich bereits zu äußerstem Missfallen beim Lesen der Bewerbungsunterlagen führen. Wenn dann der Kandidat – auf diesen Punkt angesprochen – auch noch freimütig sagt, dass er so Zeit gewonnen habe, die er für sich besser nutzen konnte, dann kann es das Aus für diesen Bewerber gewesen sein. Im Zuge selektiver Wahrnehmung wird es in solchen Fällen ein Leichtes sein, bei gerade diesem Bewerber noch weitere sachliche und damit »rationale« Schwachstellen zu finden, die dann eine Ablehnung auch für die Kollegen plausibel macht.

Persönliche Vorlieben, Abneigungen und Überzeugungen, die ja aus dem Blickwinkel desjenigen, der sie hat, auf konkreten Erfahrungen beruhen, haben gravierende Auswirkungen auf das, was im Vorstellungsgespräch passieren wird. Ein Sympathieträger kann fast nichts falsch machen, obwohl seine Antworten an der einen oder anderen Stelle vielleicht mehr als dünn sind. Im anderen Extrem kann jemand das Ideal-Profil haben oder die Antworten gegeben haben, die man bei anderen Bewerbern vergeblich erwartet hat, und trotzdem hat er keine Chance.

Gestandene Führungskräfte sind sicherlich nicht so einfach durch einen Erkenntnisprozess zu ändern. Doch was spricht dagegen, einen ebenfalls teilnehmenden Kollegen auf die eine oder andere »persönliche Note« hinzuweisen und um eine Korrektur zu bitten?

Checkliste: Vorbereitung Vorstellungsgespräch

1. Legen Sie jeweils fest, wer – Sie als Führungskraft oder der Personaler – in dieser Phase des Auswahlprozesses für was zuständig ist (Wer trifft die Vorauswahl? Wer führt das erste Gespräch? etc.) und welcher Personenkreis an den Interviews teilnehmen soll.
2. Erarbeiten Sie einen Zeitrahmen für die Gespräche unter Berücksichtigung der genannten Aspekte.
3. Modifizieren Sie die vorgestellte Checkliste nach Ihren persönlichen Bedürfnissen.
4. Schaffen Sie bestmögliche Rahmenbedingungen für die Interviews! Rekapitulieren Sie dazu die Tipps aus dem Kapitel und notieren Sie die für Sie wichtigen Punkte.

5. Wie steht es um Ihre eigene Vorbereitung auf das Gespräch?
   - ✓ Haben Sie die Inhalte der entsprechenden Bewerbungsmappe parat?
   - ✓ Ist Ihr Bewerberprofilformular fertig ausgefüllt?
   - ✓ Haben Sie sich notiert, worauf Sie besonders achten wollen, was Sie noch hinterfragen und klären möchten?
   - ✓ Gehen Sie zum Schluss noch einmal die Übersicht durch und haken Sie Punkt für Punkt ab.
6. Hilfreich fürs spätere Gespräch: Betreiben Sie ein wenig »Nabelschau« in Sachen Sympathie- und Antipathiefaktoren. Mit anderen Worten: Listen Sie auf, welche Faktoren einen Kandidaten (zu Unrecht) in die Schublade »unsympathisch« katapultieren könnten oder wodurch es ihm gelingen könnte, bei Ihnen (unberechtigte) Sympathie zu erwecken. Kurz: Analysieren Sie Ihre eigenen Vorurteile und schärfen Sie Ihre Aufmerksamkeit für unbewusst ablaufende Prozesse.

Kapitel 5
Die »Königsdisziplin« Vorstellungsgespräch

Das Vorstellungsgespräch wird hier als »Königsdisziplin« bezeichnet, weil man die Bearbeitung der schriftlichen Bewerbungsunterlagen als die Pflicht und das Vorstellungsgespräch als die Kür bezeichnen könnte, in der man sehr viele Gestaltungsmöglichkeiten hat. Das persönliche Kennenlernen übertrifft den Eindruck aus den Unterlagen um Längen, mit allen Risiken, die das bedeutet. Da hat man sich wegen der Originalität des Anschreibens und einer vermeintlich überdurchschnittlichen Passgenauigkeit zum Anforderungsprofil sehr auf diesen Kandidaten gefreut und im Vorstellungsgespräch fragt man sich, wie dieser Kandidat zu diesem Lebenslauf gekommen sein mag. Oder man hat jemanden eingeladen, weil er zwar einige wesentliche Berührungspunkte zum Anforderungsprofil zu bieten hat, aber auch einige berufliche Sprünge, die ein deutliches Stirnrunzeln hervorgerufen haben. Dann sitzt man mit einem »Sympathieträger« zusammen, der alle kritischen Fragen zufrieden stellend beantworten kann und darüber hinaus das Gefühl vermittelt, man kenne sich schon Jahre, und man weiß, dass er genau ins Team passt. Alle diese Überraschungen sind beim Vorstellungsgespräch möglich, und man sollte darauf vorbereitet sein, nicht zuletzt unter dem Aspekt, besser auch diejenigen Bewerber einzuladen, die in gewisser Weise und aus verschiedenen Gründen Grenzfälle sind.

Notwendige Vorüberlegungen

Jeder, der an den Bewerbungsgesprächen teilnimmt, sollte sich selbst, seine persönlichen Vorlieben und Abneigungen, sein Temperament und die Rollen, die er gerne einnimmt, kennen, um so eine objektive Einschätzung der Kandidaten nicht zu gefährden.

Zielsetzung des Gespräches

Viele Probleme, die rund um ein Vorstellungsgespräch entstehen können, würden wahrscheinlich gar nicht erst auftreten, wenn man sich die Zielsetzung eines solchen Gespräches – und zwar aus beiden Blickwinkeln – vor Augen führte. Das, was die meisten Führungskräfte, die in ihrem Berufsleben mit Verhandlungen zu tun haben, sofort artikulieren würden, nämlich wie wichtig es ist, sich in die Rolle des Gegenübers hineinzuversetzen, wird bei Personalauswahlgesprächen oft sträflich vernachlässigt. Und dies, obwohl es sich um nicht zu unterschätzende Kosten und um echte Investitionen handelt. Nicht selten wird um die Anschaffung eines Farbdruckers mehr gerungen als um die Einstellung eines Mitarbeiters.

Für jede Kommunikations- und Verhandlungssituation – um eine solche handelt es sich bei einem Interview – gilt jedoch nach wie vor, dass es in hohem Maße hilfreich ist, sich die Zielsetzung der beiden beteiligten Seiten deutlich vor Augen zu führen.

Welche Intentionen verfolgen Sie als auswählende Führungskraft?

- Ich muss insgesamt einen persönlichen Eindruck gewinnen.
- Ich habe offene Punkte zu klären.
- Ich habe gegebenenfalls einiges kritisch zu hinterfragen.
- Ich muss die fachliche Qualifikation und die dazugehörende Eignung besser beurteilen können.
- Ich habe die konkreten beruflichen Erfahrungen zu ermitteln und zu bewerten.
- Ich will wissen, wann welche Initiativen vom Bewerber selbst

ausgegangen sind, und wann er primär ausführendes Organ gewesen ist.

- Aus diesen Antworten muss ich den Grad der Übereinstimmung mit der Position ableiten können und wissen, mit welchen fachlichen Schwachstellen ich zu rechnen habe und als wie hoch das Risiko des Scheiterns zu beurteilen ist, wenn ich bereit bin auf diesem Sektor Kompromisse zu machen.
- Unter Berücksichtigung aller Einzelfaktoren – natürlich auch Persönlichkeit und »Bauchgefühl« – sind die Passgenauigkeit zum Unternehmen, zu den Mitarbeitern und natürlich zum Anforderungsprofil zu beurteilen.

Zu der beschriebenen Zielsetzung des Gespräches gehört zwangsläufig, sich nochmals deutlich vor Augen zu führen: Was ist die konkrete Ausgangssituation der Suchaktivitäten, und was wollen wir mit dem neuen Mitarbeiter erreichen?

Mögliche Ausgangssituationen:

- Eine unerwartete Vakanz muss schnellstmöglich wieder besetzt werden, weil sonst – im schlimmsten Fall – das Unternehmen Schaden leidet, das Ergebnis einer Abteilung beeinträchtigt wird, oder weil ganz bestimmtes Know-how nicht mehr oder nicht im ausreichendem Maße zur Verfügung steht.
- Ein vorübergehend oder auf Dauer entstandener höherer Arbeitsanfall kann mit der vorhandenen Mitarbeiterkapazität nicht mehr bewältigt werden.
- Für einen neuen Aufgabenbereich muss erstmals qualifiziertes Personal mit bestimmtem Fachwissen eingestellt werden.
- Eine Vakanz zeichnet sich in nächster Zeit ab, das heißt, jemand verlässt das Unternehmen – auch durch Pensionierung – und es steht niemand zum Nachrücken bereit, weil nicht rechtzeitig hausinterne Personalentwicklung betrieben worden, weil der bisher aufgebaute »Kronprinz« abgesprungen oder das erwartete Potenzial nicht vorhanden ist. Manchmal gehört es auch zur offiziellen Philosophie der Geschäftsführung, bestimmte Positionen grundsätzlich von außen zu besetzen.

- Man will einen Pool von Nachwuchskräften »einkaufen«, um bei Vakanzen flexibler reagieren zu können.

Diese unterschiedlichen Ausgangssituationen haben einen großen Einfluss auf die Gespräche, da sie Ihr besonderes Interesse über die allgemeinen Fragen hinaus, lenken werden. Auch wird sich dadurch folgerichtig die Kompromissbereitschaft bei nicht hundertprozentiger Deckungsgleichheit zwischen Kandidat und Position/Aufgabenbereich (was sowieso selten vorkommt) jeweils auf andere Bereiche beziehen. Dies wiederum lässt eine ganze Reihe von Rückschlüssen für Ihre Gesprächsführung und deren Schwerpunkte zu.

Aus der Praxis

Unterstellen wir den Fall, ein Unternehmen will zukünftig seine überwiegend ins Ausland gelieferten Spezialmaschinen mit einem Ferndiagnosesystem ausstatten, um die Reisekosten der Monteure deutlich zu reduzieren, hat aber bisher noch keine(n) technischen Spezialisten, der solch ein System bauen und programmieren oder der entscheiden könnte, welches System beschafft werden soll. Folglich dürfen auf dem Gebiet der Fachkenntnisse überhaupt keine Kompromisse gemacht werden, da sonst die anstehenden Aufgaben nicht gelöst werden können. Für die persönlichen Fähigkeiten mag bei diesem Beispiel gelten, dass hier jemand mit viel Systematik etwas aufbauen und um Akzeptanz für eine Neuerung werben muss und nicht zuletzt mit der Fähigkeit ausgestattet sein sollte, eigenes Wissen an andere weiterzugeben. Ist ein solcher Kandidat gefunden, wird man ihm einiges – zum Beispiel die falsche Anzugsordnung, ein aufgrund seines Fachwissens vielleicht überzogenes Selbstbewusstsein oder ein nicht unbedingt erwünschtes Alter – mit Sicherheit nachsehen oder beim Abwägen in der Bedeutung geringer einstufen.

Geht es dagegen um eine zukünftige Nachfolge, das heißt, steht der derzeitige Stelleninhaber, für den der Nachfolger benötigt wird, noch eine Weile zur Einarbeitung zur Verfügung, muss weniger auf das bereits vorhandene nachweisbare Fachwissen geachtet werden, als auf das Potenzial, das jemand (voraussichtlich) hat. Fragen werden hier sehr viel stärker die Überprüfung von Lernbereitschaft, das Denkvermögen im Sinne intellektueller Kapazitäten, Interessen und vor allem die Bereitschaft ansprechen, noch eine Weile die guten Ratschläge eines womöglich älteren und erfahreneren Kollegen anzunehmen. Und alles, was in einer vernünftigen und für die Abteilung verkraftbaren Zeit als lern- und vermittelbar angesehen wird, wird als aktuelle »Lücke« akzeptiert, sofern es dem Kandidaten gelingt, glaubhaft zu machen, dass er sich der Defizite bewusst ist und nun mit oder ohne Unterstützung des neuen Arbeitgebers aktiv daran arbeiten wird, diese Lücken zu schließen.

Ist die konkrete Ausgangssituation der Stellenbesetzung nochmals verinnerlicht worden und ist die eigene Zielsetzung des Gespräches klar umrissen, gilt es, sich auch in die bereits erwähnte Gesprächssituation der »Gegenseite«, also die des Bewerbers, hineinzuversetzen.

Der Bewerber möchte:

- einen guten und überzeugenden Eindruck hinterlassen, auch wenn nichts aus der Stelle wird;
- bezogen auf Aufgabenspektrum und Arbeitsatmosphäre offene Punkte klären, wozu unter Umständen auch kritische Fragen gehören können, die Mut erfordern;
- die fachliche und die persönliche Deckungsgleichheit zur Ausschreibung besser beurteilen können;
- wissen, an welcher Stelle Kompromisse erforderlich wären und wozu man sich bereit erklären könnte;
- wissen, ob es Perspektiven und Entwicklungschancen gibt;
- die eigenen Vorstellungen rund um einen beruflichen Wechsel mit dem potenziellen Angebot abgleichen und schließlich
- unter Berücksichtigung aller Einzelfaktoren das individuelle »Bauchgefühl« gegenüber Gesprächspartnern und Unternehmen überprüfen.

Viele Bewerber erleben ein Vorstellungsgespräch jedoch emotional als eine Art kommunikative Ausnahmesituation und in vielen Aspekten als mehr oder weniger ungleich, sich selbst schlimmstenfalls als eine Art Bittsteller und die Gegenseite – je nach Verhalten der Gesprächspartner auf Unternehmensseite – als »Gegner«, die zudem noch an Zahl und Einfluss überlegen sind. Daraus resultieren je nach Alter, Persönlichkeit und Erfahrung des Kandidaten zum Teil unverhältnismäßige Ängste, die ihrerseits das Selbstbewusstsein beeinträchtigen und so das persönlich erlebte beziehungsweise subjektiv so wahrgenommene Unterlegenheitsgefühl verstärken. Im Extremfall kann dies bei Bewerbern sogar zu nahezu kindlichen Reaktionsmustern führen, die über die gesamte Bandbreite von unterwürfiger Haltung bis hin zu akutem Trotzverhalten und daraus resultierenden aggressiven Äußerungen oder schnippischen Bemerkungen reichen können. Leider gibt es tatsächlich Unternehmensvertreter, die die Macht, die ihnen ein Vorstellungsgespräch bieten kann, hemmungslos ausnutzen und Fragen und Kommentare von sich geben, bei denen es nicht verwundern sollte, wenn der Kandidat sogar aufsteht und geht. Seien Sie gewiss: Der gerade ausgewählte zukünftige Mitarbeiter wird sich für den Arbeitgeber entscheiden, der ihn anders behandelt hat. Ich höre in Vorstellungsgesprächen sehr häufig, dass Bewerber in der Regel bei dem Unternehmen unterschreiben, wo sie mit ihrem zukünftigen Vorgesetzten intensiv reden konnten und es eine gute persönliche Verständigungsbasis gab.

Falls Kommunikation bisher nicht zu Ihren Stärken gehört, sollten Sie sich in diesem Bereich fortbilden und Gesprächstechniken trainieren! Andernfalls kann es – je nach persönlichem und beruflichem Hintergrund des Bewerbers – sogar dazu kommen, dass Bewerber Ihnen kommunikativ »überlegen« sind und unter Umständen die Moderation im Vorstellungsgespräch übernehmen.

Am besten, Sie betrachten ein Vorstellungsgespräch von vornherein als eine Gesprächssituation, die *nicht* durch ein (Macht-) Gefälle gekennzeichnet ist, sondern als eine Verhandlungssituation unter gleichberechtigten Partnern. Vielleicht ist es für Sie eine gute persönliche Einstimmung auf ein Interview, wenn Sie es wie einen Kundentermin oder eine andere Verhandlungssituation vorbereiten. Viele hilfreiche Verhaltensweisen und das Vermeiden bestimmter Fehler fallen auf diese Weise leichter, weil man gleich in die richtige Richtung denkt, und es wird diesem Gespräch weit eher die Bedeutung beigemessen, die ihm im Sinne der Sache und des Gewichtes der Entscheidung zukommt.

Zeitplanung

Als Faustregel kann gelten: Je hierarchisch niedriger die zu besetzende Funktion, desto kürzer die Zeit, die zur Verfügung gestellt wird beziehungsweise werden muss. Naturgemäß beeinflusst dies auch die Anzahl der Gesprächspartner und der Gespräche. Die durchschnittliche Gesprächsdauer dürfte bei etwa einer Stunde liegen, wobei noch zu unterscheiden ist zwischen der Zeit, die für das Gespräch grundsätzlich zur Verfügung steht, und der, die je nach »Qualität« des Bewerbers diesem tatsächlich gewährt wird. Auch die Fragebereitschaft des Kandidaten hat Auswirkungen auf den Zeitbedarf.

Da ja unter dem Blickwinkel der Planung festgelegt wird, wie viele Kandidaten an einem Tag mit welchem zeitlichen Abstand eingeladen werden, bietet es sich an, gleich zu Anfang mitzuteilen, wie viel Zeit maximal für das Gespräch zur Verfügung steht. Schließlich hat der Zeitrahmen keinen geringen Einfluss auf die Verteilung der einzelnen Themenbereiche – unter anderem auch die persönliche Vorstellung und die Darstellung des Unternehmens und der Aufgabenstellung. Legt man sich hier von vornherein fest, wird vermieden, dass hinterher Wesentliches vergessen wird, weil die Zeit verstrichen ist. Das zeitliche Minimum sollte bei etwa einer halben Stunde liegen – wobei das schon gefährlich wenig ist bei Interviewern, die nicht so viel Übung in der Einschätzung von Menschen haben und die daher auf viele Fragen und auf Zuhören angewiesen sind. Das Maximum liegt normalerweise bei etwa zweieinhalb Stunden. Letzteres dürfte sich ohnehin mehr oder weniger ausschließlich im Führungskräftebereich abspielen oder weil auch im ersten Gespräch bei einem sehr interessanten und vor allem sympathischen Kandidaten gleich ein (spontaner) Rundgang über das Firmengelände erfolgt. Meine konkrete Erfahrung ist, dass die meisten Bewerber aufgrund der angespannten Situation nach etwa anderthalb Stunden Konzentrationsschwierigkeiten zeigen. Das gilt ganz besonders dann, wenn der oder die Unternehmensvertreter bei der Beschreibung von Firma und Aufgabenstellung monologisieren. Von daher ist es sinnvoll, ein Gespräch nach 90 Minuten zum Abschluss zu bringen.

Zu welchem Interviewer-Typ gehöre ich?

Die Beschreibung der einzelnen Interviewer-Typen soll durch eine gewisse Überspitzung auf den Punkt gebracht werden und wenn möglich, wenigstens ein wenig persönliche Betroffenheit – gerne in Verbindung mit einem Schmunzeln – auslösen. Die Aufzählung und Kurzdarstellung erhebt allein schon deshalb keinen Anspruch auf Vollständigkeit, weil es zwangsläufig eine Vielzahl von Mischformen gibt. Wer schon einmal etwas mit Vorstellungsgesprächen zu tun hatte – sei es zu früheren Zeiten auf Bewerberseite, sei es im derzeitigen »Lager« – wird ganz bestimmte Wiedererkennenserlebnisse haben. Wichtig ist auch, dass die Aussagen bis auf ganz wenige Ausnahmen männliche und weibliche Interviewpartner betreffen.

Der statistisch am häufigsten anzutreffende Typus dürfte der »*Redselige*« sein. Es ist eine leider weit verbreitete Unsitte bei Vorstellungsgesprächen, dass derjenige, der eigentlich den Bewerber zum Reden bringen soll, überwiegend Selbstdarstellung betreibt: statistische Auswertungen sprechen hier von durchschnittlichen 70 Prozent der zur Verfügung stehenden Zeit. Es sind Menschen, die eigentlich nur nett gefragt werden müssen, und schon fangen sie an zu sprudeln und kommen »vom Hölzchen aufs Stöckchen«. Jeder einigermaßen versierte Bewerber muss nur noch an den richtigen Stellen freundlich und zustimmend nicken, und er kann davon ausgehen, einen ausgezeichneten Eindruck hinterlassen zu haben, obwohl er so gut wie nichts gesagt hat. Diese Interviewer-Spezies sitzt nicht selten bequem zurückgelehnt, Fingerspitzen aneinander gelegt und erzählt: vom eigenen Werdegang, vom Aufstieg im Unternehmen, der persönlichen Mitarbeiterführungsphilosophie, den schweren Zeiten in den letzten zwei Jahren im Unternehmen etc. und bricht dabei über weite Phasen den Blickkontakt zum Gegenüber völlig ab, um bei den eigenen Ausführungen sozusagen nicht gestört zu werden. Bewerber, die sich partout in den Kopf gesetzt haben, auch etwas sagen zu wollen, haben es da schwer, weil sie eben auch über die Mimik nicht signalisieren können, dass sie etwas beitragen möchten. Leider gibt es bei diesen Menschen auch dann, wenn es einem selbstbewussten Kandidaten tatsächlich einmal gelungen sein sollte, eine Luftholpause zu eigenen Beiträgen zu nutzen, keine Garantie dafür, dass Ausführungen inhaltlich zur Kenntnis genommen werden. Meist fährt der Redselige nämlich nach dieser eher unliebsamen Unterbrechung in seinem ursprünglichem Gedankengang fort.

Das absolute Kontrastprogramm hierzu: der »*Wortkarge*«. Bei ihm wird vermutlich sogar ein eher zurückhaltender Bewerber das Gefühl nicht los, bei Fragen und deren Artikulation helfen zu müssen. Gespräche mit solchen Partnern sind schlicht anstrengend. Es entstehen regelmäßig lange Pausen, bei denen niemand am Tisch so genau weiß, ob das eine Technik ist, um den Bewerber bewusst zu verunsichern, oder ob dem Interviewer tatsächlich keine weitere/nächste Frage mehr einfällt. Es sind Interviewer, die aus wenig kommunikativen Berufsbereichen kommen, Personen jedenfalls, die sich selbst in dieser Gesprächssituation denkbar unwohl fühlen und meist dankbar sind, wenn die Gesprächsführung von einem anderen übernommen wird. Dann vermögen sie sogar hin und wieder etwas »aufzutauen«.

Eine ganz besondere Spezies ist der »*Charmeur*«. Er – meist ist es ein »Er« – läuft immer dann zur Höchstform auf, wenn er es mit einem weiblichen Bewerber zu tun hat. Sieht diese Bewerberin auch noch gut aus, ist die Verlagerung des Gespräches auf eine völlig andere Ebene bereits vorprogrammiert. Damit meine ich nicht unbedingt »Anträge«, sondern eine Aneinanderreihung von Komplimenten, mit der manch eine Bewerberin, die sich auf ein sachliches Gespräch eingestellt hat und stolz auf ihre beruflichen Meriten ist, nicht umzugehen weiß. Wird sie rot oder verlegen, findet er das entzückend. Diese Situation im Kreuzfeuer von Charme und Witz ist meist nur dadurch zu bereinigen, dass die Kandidatin sich höflich und liebenswürdig für die Komplimente und die übergroße Freundlichkeit bedankt und dann deutlich macht, dass sie jetzt gerne zu den Sachthemen kommen möchte. Man sollte dann auf solch deutliche Signale tunlichst reagieren.

Der »Unnahbare« dagegen sorgt verbal und nonverbal – meist auch räumlich – dafür, dass ihm niemand zu nahe kommt. Dabei spielt es fast keine Rolle, ob die Ursachen für dieses Verhalten auf Unsicherheit und Ängsten basieren oder ob der Kandidat es mit einem überzeugten Gegner zwischenmenschlicher Kommunikation und Kontakten zu tun hat. Die Auswirkungen sind weitgehend die Gleichen. Unnahbare verschanzen sich zum Beispiel hinter großen Schreibtischen und verteidigen durch Distanz ihr Terrain. Hinzu kommt entweder ein extrem geringer oder inquisitorischer Blickkontakt. Nur solche Bewerber haben eine geringe Chance, die die gewünschte Distanz respektieren und sich dadurch in keiner Weise beeinträchtigt fühlen.

Der *»Ungeübte«* beziehungsweise der *»Unsichere«* ist wieder auf andere Art anstrengend. Diese Menschen haben sehr viel Angst davor, ein Bewerber könnte beispielsweise an der Art der Fragestellung merken, dass ihnen ein Anfänger gegenübersitzt. Als typisches Frageverhalten werden mehrere Teilfragen in einem extrem langen und komplexen Satz untergebracht, damit man jetzt erst einmal wieder zuhören und sich etwas entspannter zurücklehnen kann. Trotzdem wird die ständige persönliche Anspannung das Gespräch weitgehend bestimmen und nicht unbedingt positiv beeinflussen. Bei diesem Interviewer-Typ gewinnt ein Bewerber dann an Vertrauen, wenn er aufgrund mangelnder eigener Wahrnehmung selbst nichts merkt oder sich nichts anmerken lässt.

Der *»Provokative«* liebt es, Leute aus der Fassung zu bringen. Äußerungen, die auf einen solchen Interviewer schließen lassen, sind zum Beispiel »Nachdem Sie die ersten beiden Arbeitgeber so kurzfristig verlassen haben, sind Sie wohl jemand, der die Brocken schnell hinschmeißt, wenn es schwierig wird!« oder »In dem Studium können Sie doch nicht Gescheites gelernt haben!« Bei solchen Bemerkungen – möglichst noch zu Beginn eines Gespräches –

kommt so richtig Freude auf. Reagiert ein Bewerber spontan beleidigt, wird er ebenso rasch fallen gelassen. Souveräne Gelassenheit oder sich durchaus in abgemilderter Form provokativ oder arrogant zu revanchieren, wirkt manchmal in der Weise, dass der Kandidat als gleichberechtigter Partner angesehen wird, der offensichtlich etwas aushalten kann.

Schwierig im Umgang ist auch der »*Desinteressierte*«. Er lässt einen Bewerber mit allen ihm zu Gebote stehenden Mitteln merken, dass es kaum etwas in dessen Ausführungen geben werde, was seiner Aufmerksamkeit wert wäre. Für dieses Verhalten kann es unterschiedliche Gründe geben. So kann es sein, dass jemand nicht einsieht, warum er auch noch mit diesem Kandidaten reden muss, obwohl doch längst (s)eine Vorentscheidung gefallen ist. Oder die Hierarchieebene wird als zu unterschiedlich empfunden, um Interesse zu zeigen. Oder derjenige ist als Vertreter für einen erkrankten Kollegen benannt worden, um ein Vorstellungsgespräch zu führen, das die eigentliche Führungskraft deshalb nicht führen kann. Sein Stellvertreter weiß nun gar nicht, worum es geht, und will es eigentlich auch nicht wissen. Des gleichen Verhaltensmusters bedienen sich auch Führungskräfte, die sich etwas auf ihre Menschenkenntnis einbilden und der festen Überzeugung sind, am Händedruck, der Tatsache, dass die Augen des Kandidaten zu nah beieinander stehen, oder anderen »Auffälligkeiten« innerhalb von zehn Minuten zu wissen, »dass der doch nicht infrage kommt«.

Der »*Gestresste*« kann einem eigentlich nur noch Leid tun. Er hat in der Regel diesen gehetzten Gesichtsausdruck, einen unter Akten und Schriftstücken nahezu zusammenbrechenden Schreibtisch, auf dem permanent irgend etwas abhanden kommt. Er lässt sich grundsätzlich telefonisch und durch persönliches Erscheinen Dritter unterbrechen und vermittelt den Eindruck, aufgrund der Unfähigkeit der anderen immer alles selbst machen zu müssen. Gestresste leiten ihre Bedeutung von der sie umgebenden und von ihnen ausgestrahlten Hektik ab und sind hochgradig enttäuscht, wenn ihre Betriebsamkeit den Kandidaten nicht beeindruckt.

Der »*Überlegene*« ist eine Art Kreuzung zwischen dem Unnahbaren und dem Redseligen. Er ist vielfach eitel und betreibt von daher intensive Selbstdarstellung. Wenn man ihm und der Schilderung seines Berufsalltages zuhört, könnte man meinen, sein Tag hätte grundsätzlich mindestens 36 Stunden. Trotzdem hat er noch Zeit für vergleichsweise elitäre Hobbys. Selbstverständlich hat er im Gegensatz zum Gestressten alles »locker im Griff«. Ein potenzieller Mitarbeiter muss natürlich in erster Linie etwas lernen; und ob der dann jemals die Höhen erreichen wird, ist doch mehr als fraglich. Es gibt wenig, was der Überlegene nicht schon gemacht und erlebt hat. Sein Hauptproblem besteht darin, so wenige »adäquate« Gesprächspartner zu finden.

Der *»Orientierungslose«* weiß eigentlich nie so richtig, worum es geht. Da es mit dem Verstehen manchmal etwas hapert, verlässt er sich stärker auf »Bauch« und Gefühl. Zu viele Erläuterungen sind ihm ein Gräuel; gefällt ihm jedoch die Nase des Bewerbers und ist er ihm sympathisch, ist es fast gleichgültig, was der erzählt. Er ist meist dankbar, wenn seine Orientierungslosigkeit scheinbar nicht bemerkt wird. Wird sie es doch, pflegt er das Image des »zerstreuten Professors«.

Der *»Motivierende«* ist eine eher angenehme Abwechslung in der Reihe der unterschiedlichen Interviewer-Charaktere. Er ist nicht selten sozialwissenschaftlich vorgebildet und aus Überzeugung Menschenfreund. Er beherrscht sämtliche wesentlichen Gesprächstechniken, sagt grundsätzlich »Wenn ich Sie richtig verstanden habe, dann meinen Sie …«. Er sagt nicht »Sie haben mich nicht verstanden«, sondern formuliert »Ich habe mich wahrscheinlich ungenau ausgedrückt«. Der Motivierende versucht, auch noch das letzte Quäntchen an Fähigkeiten und Stärken aus dem Bewerber herauszuholen. Redet dieser wegen der angenehmen Gesprächsatmosphäre freimütig über persönliche oder fachliche Schwächen, wird er ihm klarmachen, dass noch kein Meister vom Himmel gefallen ist und sie gemeinsam alles bewältigen werden.

Der *»Zweifler«* leidet unter dem chronischen Verdacht, ihn wolle eigentlich jeder Bewerber nur übers Ohr hauen und ihm eine Rolle vorspielen. Da er davon im Grunde seines Herzens überzeugt ist, wird er etliches hinterfragen und offen bezweifeln, was der Kandidat zu berichten hat, zumindest an den entscheidenden

Stellen. Beliebte »Hinterfrage-Bereiche« sind dabei Arbeitgeberwechsel, überlange Studienzeiten oder mehrere Ausbildungen.

Der *»Liebenswürdige«* wiederum ist eine Mischung aus Charmeur und Motivierendem. Der Liebenswürdige zeigt gerne seine guten Manieren, seine Menschenfreundlichkeit und kennt zumindest nach außen hin keine schlechte Laune. Er ist manchmal so liebenswürdig, dass man »normale« menschliche Regungen wie Ärger oder Unzufriedenheit bei ihm schon fast nicht mehr für möglich hält. Ein Liebenswürdiger toleriert keine gereizten Untertöne und wird gegebenenfalls daraus schließen, der Kandidat passe nicht zu den Mitarbeitern seines Teams.

Der *»Entscheidungsschwache«* empfindet Personalentscheidungen wegen ihrer Risiken und Unwägbarkeiten als außerordentlich große Belastung. Er hat oft auch einige Eigenschaften des Zweiflers. Entscheidungsschwache sammeln Informationen und Fakten wie Eichhörnchen ihren Wintervorrat, immer in dem Glauben, ihnen fehlte für die endgültige Entscheidung noch dieses oder jenes Faktum. Dieser Typ hofft immer, dass er, wenn er noch ein Weilchen wartet, sicherlich mehr Erkenntnisse gewonnen haben wird und dann besser und fundierter entscheiden kann. Da es bei der Personalauswahl nun einmal Bereiche gibt, bei denen Fakten nicht zur Verfügung stehen und es darauf ankommt, sich auf das eigene Urteil zu verlassen, ist für einen Entscheidungsschwachen die Bürde der Verantwortung ganz besonders hoch. Diese Interviewer fragen nicht nur besonders viel, sondern auch einiges mehrfach; sie sind auch immer auf der Suche nach »Beweisen« von Aussagen und daher diejenigen, die viel Wert auf Referenzen legen.

Der letzte Typus ist der *»Neugierige«*. Er will immer alles ganz genau wissen, wird sich also nie damit zufrieden geben, wenn ein Kandidat bei einer Entscheidung mit »persönlichen Gründen« argumentiert. Er macht vielfach auch vor der Privat- und Intimsphäre nicht Halt. Selbstverständlich empfindet er sich selbst nie als neugierig, sondern er will einen Bewerber ja nur besser kennen lernen und so der Sache dienen. Der Vorteil bei Neugierigen ist, dass sie hörbare »Warnschilder« von Kandidaten, die sich eine bestimmte Frage verbitten, meist ohne beleidigt zu sein akzeptieren. Leider hält die Warnung oft nicht allzu lange vor.

Versuchen Sie nach diesen Ausführungen so ehrlich wie möglich zu sich selbst zu sein. Nur, wenn Sie in etwa die »Schublade« kennen, in die Sie hineingehören, oder wenn Sie wissen, zu welchen Verhaltensweisen Sie neigen, können Sie selbst gegensteuern und müssen sich nicht irgendwann von einem wohlmeinenden Menschen erklären lassen, warum Ihre Interviews nicht zu den gewünschten Ergebnissen führen.

Gesprächsteilnehmer und Rollenverteilung

Es gibt Unternehmen, die schwören mit der Begründung des »Mehraugen-Prinzips« auf Vorstellungsgespräche, bei denen mehrere Interviewer – manchmal vier oder gar fünf Personen – gleichzeitig anwesend sind. Andere lassen Bewerber ihre Gesprächspartner nacheinander kennen lernen, indem sie sozusagen von Zimmer zu Zimmer weitergereicht werden. Das hat dann den zeitökonomischen Aspekt, dass der erste Gesprächspartner nach relativ kurzer Zeit für den nächsten Kandidaten zur Verfügung steht. Wieder andere laden die nach dem ersten Gespräch als besonders interessant erscheinenden Bewerber lieber ein zweites Mal ein oder führen – sofern es sich um Berufsanfänger handelt – ein Gruppengespräch mit mehreren Bewerbern. Für Vertreter oberer Hierarchieebenen gelten sicherlich ein wenig andere Spielregeln. Bei ihnen ist entweder ein Vertreter der Geschäftsleitung von Beginn an dabei oder dieser nimmt spätestens an der zweiten Runde teil.

Immer dann, wenn mehrere – also in der Regel mehr als zwei – Gesprächspartner an einem Tisch sitzen, gebietet es schon die Höflichkeit, sich als Unternehmensvertreter bereits zu Anfang eines Gespräches mithilfe von Visitenkarten vorzustellen. Und der zuvor (hoffentlich) bestimmte Moderator des Gespräches sollte darüber hinaus entweder selbst etwas zu seinen Kollegen sagen – vor allem, warum sie mit am Tisch sitzen – oder sie sich nacheinander in ihren Funktion vorstellen lassen. Dabei ist für den weiteren Gesprächsverlauf nicht nur für die Kandidaten von elementarer Bedeutung, ob es sich um eine Runde von überwiegend

Zuhörenden und Beobachtenden handelt oder ob jeder der Gesprächspartner eine konkrete Rolle im Gespräch übernimmt.

Es ist schwer zu sagen, welche von den beiden Varianten – verteilte Rollen oder ein Gesprächspartner plus Zuhörer – die für einen Bewerber schwierigere Ausgangssituation darstellt. Besonders problematisch ist meiner Erfahrung nach, wenn ein Bewerber in keiner Weise erkennen kann, von wem was gefragt wird, beziehungsweise wen was interessiert. Ebenfalls schwer zu durchschauen ist für einen Außenstehenden, ob das »Unter-Beschuss-Nehmen« von mehreren Seiten beabsichtigt ist, um zu sehen, wie ein Kandidat damit fertig wird, oder ob es eher ein Zeichen mangelnder Koordination, fehlender Absprachen, Rivalitäten, unterschiedlicher Hierarchieebenen oder anderer ungeklärter Situationen auf Unternehmensseite ist. Auch immer nur von einigen am Tisch beobachtet zu werden, kann eine ganz schöne Belastung für den Bewerber sein. Er wird notgedrungen in den Gesichtern derjenigen, die partout nichts sagen, forschen, wie sie auf seinen Bericht und auf die Antworten reagieren, und sich gleichzeitig überlegen, wer letztlich entscheidet.

Am wahrscheinlichsten ist sicherlich die Variante, dass ein Vertreter der Personalabteilung und die Führungskraft das Interview gemeinsam führen. In der Regel hängt es von der Hierarchieebene der zu besetzenden Position ab, wer der Wortführer sein wird. Beide Personen haben dann zumindest schwerpunktmäßig unterschiedliche Interessen. Der Personalreferent muss sich unter anderem um die formalen Belange wie Kündigungsfrist u. Ä. kümmern. Er ist vielfach auch derjenige, der mehr Routine bei Vorstellungsgesprächen hat und der versucht herauszufinden, ob der Bewerber mit einiger Wahrscheinlichkeit zum Unternehmen passen wird. Der unmittelbare Vorgesetzte dagegen will wissen, ob ein Bewerber den fachlichen Anforderungen genügt und ob er ins Team und zu ihm als Vorgesetztem passen wird. Dementsprechend werden dann die Gesprächsschwerpunkte aufgeteilt. Beide Personen zusammen stellen außerdem das oft gewünschte »Vier-Augen-Prinzip« sicher. Das Urteil über die Bewerber kann auf diese Weise im Nachhinein diskutiert werden und es besteht die Wahrscheinlichkeit, dass das gemeinsame Urteil objektiver ausfällt; nicht zuletzt, weil beiden gemeinsam weniger entgehen dürfte und weil konkrete Aussagen leichter rekapituliert werden können.

Eine solche Gesprächskonstellation kann aus verschiedenen Gründen auch für einen Bewerber angenehm sein. Er hat mit unterschiedlichen Menschen zu tun und damit die Chance, wenn er mit dem einen absolut nicht zurechtkommt, im anderen einen Ausgleich zu finden. Bleibt der Bewerber einmal mit einem Gesprächspartner bei einer Antwort »stecken« oder hat kurz den Faden verloren, kann der andere übernehmen und ausgleichen. Handelt es sich bei den Interviewern zudem noch um ein eingespieltes Team, wird auch dies die Gesprächsatmosphäre positiv beeinflussen. Vertrautheit bewirkt nicht selten Souveränität und diese wiederum kann eine Stimmung ermöglichen, die auch einmal eine scherzhafte Bemerkung zur Auflockerung erlaubt. Ein Gespräch, bei dem gleich zu Anfang schon einmal gelacht wurde, verläuft erfahrungsgemäß anders.

Bei der Variante mit einem Gesprächspartner und einem oder mehreren Zuhörern führt eine solche Situation bei dem Bewerber anfangs oft zu einer gewissen Verunsicherung, weil er immer darauf wartet, dass die anderen sich irgendwann ins Gespräch einschalten. Eine solche Gesprächskonstellation hat in der Regel zwei Ursachen. Bei der einen muss der, der nur zuhört, selbst noch lernen, zum Beispiel als Personalreferent oder -sachbearbeiter. Als weitere Ursache kommt in Betracht, dass eine höher gestellte Führungskraft zwar nicht selbst über die endgültige Personalauswahl entscheidet, aber zumindest nach Gesprächsteilnahme mitreden soll oder will. Dieser Manager sagt dann entweder gar nichts, oder er richtet allenfalls einige wenige Fragen an den Kandidaten, die oft gerade dann kommen, wenn der Bewerber ihn eigentlich schon fast vergessen hatte. Dieses »Vergessen« kann man meist am längst abgebrochenen Blickkontakt des Bewerbers festmachen.

Je nach zu besetzender Position kann es von entscheidender Bedeutung sein, dass der Bewerber nicht alle Gesprächsteilnehmer per Blickkontakt einbezieht. Besonders gravierend für den Ausgang des Gespräches sollte fehlender Blickkontakt immer dann sein, wenn es um Positionen/Aufgabenstellungen mit Außenkontakten und Kommunikation geht. Einem zukünftigen Buchhalter kann man ein solches Verhalten sicherlich verzeihen; bei einem zukünftigen Mitarbeiter für den Vertrieb oder gar Leiter des Bereiches Öffentlichkeitsarbeit ist es inakzeptabel. Daher mag es sogar bei der Besetzung ganz bestimmter Positionen höchst sinnvoll sein, bewusst eine solche Gesprächskonstellation zu wählen, um diesen sehr wesentlichen Punkt, der kaum verbal zu klären ist, unmittelbar überprüfen zu können. Auch bloße Zuhörer, die optisch von einem Gespräch ausgeschlossen werden, neigen zu negativen Urteilen, vor allem dann, wenn der Beobachtungsposten aus dem Abseits nicht geplant war, jemand also durchaus involviert zu werden wünschte.

Praktische Durchführung des Bewerbungsgesprächs

Phasen eines professionellen Vorstellungsgespräches

Beim Empfang sollte sich der Bewerber, unbedingt – gleichgültig ob er mit einiger Wahrscheinlichkeit der »Spitzenkandidat« ist oder nicht – als Gast des Unternehmens fühlen. Entsprechend ist die Einleitung des Gespräches zu gestalten. Dazu sollte Ihnen nach Möglichkeit nicht nur die monotone Frage einfallen, ob derjenige oder diejenige gut hergefunden habe. Versuchen Sie, etwas Nähe zu schaffen und gewisse Gemeinsamkeiten zu finden, die auch etwas gegen das Gefälle der Gesprächspartner tun, indem Sie beispielsweise von Ihren eigenen Schwierigkeiten auf dem Weg zur Arbeit erzählen.

Zur Entspannung der Situation dient vieles, was sich als erster Gesprächsaufhänger anbietet und substanziell lohnt und für einige Minuten bewusst von Anfangsnervosität ablenkt.

Machen Sie sich einfach bewusst, dass ein Mensch, der in den ersten zehn Minuten eines Gespräches bereits einmal über irgendeine Bemerkung lachen durfte oder der sich als der beschriebene Gast fühlen darf, viel entspannter in ein solches Gespräch geht, von dem in der Regel für alle Beteiligten eine ganze Menge abhängt. Wenn es mehrere Gesprächspartner auf Firmenseite gibt, kann es auch schon Wunder wirken, wenn sich die beiden Kollegen im wahrsten Sinne des Wortes »offen-sichtlich« mögen und gut verstehen und hier vielleicht ein gegenseitiges Frotzeln oder irgendeine scherzhafte Bemerkung Lachen auszulösen vermag. In einer solchen Atmosphäre beginnt man sich automatisch wohl zu fühlen, ohne deshalb gleich die Ernsthaftigkeit des Gespräches in Abrede zu stellen.

Es folgt nun die Vorstellung der Gesprächsteilnehmer – wenn möglich mit Visitenkarten zu Beginn. Zum einen, weil man einige Namen am besten geschrieben sieht, um Gesprächspartner mit Namen ansprechen zu können. Zum anderen kann der Bewerber bei mehreren Teilnehmern deren Funktionen nachlesen. Das Fachgebiet und warum derjenige am Gespräch teilnimmt, sollte auch zu Anfang von demjenigen erwähnt worden sein, der die Vorstellung der Runde übernommen hat. Gleichzeitig kann auch die Rollenverteilung beim Gespräch und auch der maximale Zeitrahmen genannt werden. Spätestens jetzt sollte die Frage gestellt werden, ob man dem Gast etwas anbieten darf.

Danach muss man allein schon unter Zeitgesichtspunkten zum Hauptanliegen des Vorstellungsgesprächs kommen. Je nach Gewohnheit der Unternehmensvertreter wird *kurz*, in maximal zehn Minuten, das Unternehmen und das Aufgabenspektrum der zu besetzenden Funktion dargestellt.

Dann folgt je nach Vorbereitung, persönlicher Überzeugung und Souveränität der Interviewer

- entweder das gezielte Abfragen und Hinterfragen der interessantesten Stationen des Lebenslaufs,
- oder der Kandidat wird aufgefordert chronologisch zu erzählen
- oder aufzuführen, was ihm wichtig ist und ihn beruflich geprägt hat,
- oder der Gesprächseinstieg erfolgt situativ auf der Basis der vorbereiteten »Merkposten« und der kommentierten Bewerbungsunterlagen,
- oder irgendeine Variante einer lockeren Anfangsplauderei kann aufgrund der Antworten des Bewerbers sehr schön weitergeführt werden.

Im Anschluss daran gibt es in der Regel die Phase der weiterführenden Diskussion, wenn ein Gesprächspartner etwas genauer wissen, kritisch hinterfragen oder Zusatzinformationen erhalten will.

Dann muss dem Kandidaten selbstverständlich auch Zeit für seine eigenen Fragen eingeräumt werden. Dies bietet im Übrigen eine gute Möglichkeit, seinen Vorbereitungsaufwand zu prüfen. Manche erscheinen hier mit aufwändig schriftlich vorbereiteten Listen, anderen fällt womöglich gar nichts ein. Sofern das Unternehmen im Internet präsent ist, was heute wohl der Regelfall sein dürfte, bietet sich auch die Frage an, ob diese Informationen abgerufen worden sind und wie der Internetauftritt auf den Bewerber gewirkt hat. Auf diese Weise erfährt man kostenlos etwas zur eigenen Außenwirkung und im ungünstigsten Fall entlarvt man durch die präzisen Fragen nach dem optischen Erscheinungsbild denjenigen, der sich noch nicht einmal die Mühe gemacht hat, sich mit diesen selbstverständlichen Informationsquellen zu befassen.

Schließlich sind noch formale Dinge zu klären, bevor man auseinander geht, die sich vor allem auch darauf beziehen, bis wann der Kandidat von wem Bescheid bekommt, wie und gegebenenfalls mit welchen Gesprächspartnern es dann weitergehen wird, die Klärung, ob jemand unter Zeitdruck wegen anderer Verhandlungen steht, ein dienstlicher oder privater Auslandsaufenthalt geplant ist und Ähnliches mehr. Unter Umständen muss auch noch die Abrechnung der Reisekosten angesprochen werden, oder der Kandidat bekommt beim Weggang eine Informationsmappe über Ihr Unternehmen, in dem dann ein Formular für die Reisekostenabrechnung steckt.

Ganz besonders positiv wird meist von Bewerbern erlebt, wenn man ihnen ein durchaus differenziertes Feedback – das heißt auch Defizite, die einem aufgefallen oder die sogar offen angesprochen worden sind – über das Gespräch und ihre Präsentation gibt. Sehr selbstbewusste oder sehr von sich eingenommene Bewerber bitten häufig von selbst darum. Auch der Kandidat sollte abschließend danach gefragt werden, ob er nach den nunmehr weit detaillierteren Informationen noch immer an der Übernahme der Position/ Aufgabe interessiert ist. Hier bietet sich abschließend wieder eine

Chance, diese Frage lächelnd und humorvoll zu stellen und dabei gleichzeitig eine dezente positive Botschaft zu senden: »Wir hoffen, wir haben es nicht geschafft, Sie abzuschrecken.« Schließlich setzt auch meist das Überreichen von Firmenbroschüren, Geschäftsberichten oder Produktprogrammen für den jeweiligen Kandidaten ein klares positives Zeichen, dass er das Gespräch mit einem guten Gefühl verlassen kann. Ein schöner Abschluss des Gespräches ist es auch, nochmals mit Hinweis auf die überreichten Visitenkarten deutlich zu machen, dass der Kandidat bei weiteren Fragen jederzeit anrufen darf.

Nicht zuletzt die Art der Verabschiedung – wird der Bewerber von einem der Gesprächspartner zur Außentür gebracht oder macht man nur schnell hinter ihm die Türe zu – entscheidet darüber, ob der jeweilige Kandidat das Haus auch als Gast verlässt. Darüber hinaus können hier vom Unternehmen Zeichen gesetzt werden, um einen bestimmten Kandidaten der engsten Wahl die besondere Wertschätzung fühlen zu lassen; dies ist in etwa vergleichbar der Formulierung im Zeugnis, dass man das Ausscheiden bedauert.

Zusammenfassend könnte man als Intention und wesentliche Grundstimmung eines guten Interviews bezeichnen:

- den Gesprächspartner wirklich – das heißt möglichst objektiv – besser kennen lernen zu wollen und das zu sagen und zu zeigen;
- durch gezielte Gesprächstechniken alle wesentlichen Informationen über fachliches Leistungsvermögen und soziale Kompetenz zu erhalten und auch erhalten zu wollen
- dazu aktiv zuzuhören, das heißt sinnvolle und an das zuvor Gesagte anknüpfende Fragen zu stellen;
- den Respekt vor der Persönlichkeit und der persönlichen Sphäre des anderen erkennen zu lassen und damit auch unterschiedliche Ansichten zuzulassen;
- eine angenehme und damit entspannte Gesprächsatmosphäre zu schaffen, und zwar nicht nur zu Beginn der Unterhaltung;
- kein Standardgespräch mit erkennbarem Fragen-Raster und mit immer gleichen Formulierungen durchzuführen; diese negative »Routine« merkt auch der einzelne Bewerber;

- sich stattdessen auf den Gesprächspartner und seine Darstellungs-/Diskussionsweise »einzulassen« und die eigene Vorgehensweise anzupassen;
- qualitativ gute, das heißt vor allem weiterführende Fragen zu stellen, die den Gesprächspartner – zum Beispiel an kritischen Stellen – auch einmal zum »lauten Denken« veranlassen beziehungsweise dazu ermutigen;
- kein Gefälle beziehungsweise Abhängigkeitsverhältnis entstehen zu lassen und bei Klippen oder, wenn einmal kurz der Faden der Argumentation gerissen ist, zu helfen;
- ein zumindest kurzes, und unbedingt (diplomatisch) ehrliches Feedback über das Gespräch zu geben, sodass der Bewerber, der zwangsläufig stark absorbiert gewesen ist und daher in der Regel nur über eine eingeschränkte Wahrnehmung verfügt, das Unternehmen mit einem konkreten Gefühl verlässt.

Interview-Leitfaden: Welche Themen müssen behandelt werden?

Gehen wir einmal davon aus, dass die erste Nervosität erfolgreich bekämpft wurde und die Gesprächsatmosphäre entspannt ist und sich positiv entwickelt. Nun muss an all das gedacht werden, was zum Pflichtprogramm eines Vorstellungsgespräches gehört, damit möglichst alle Beteiligten anschließend in der Lage sind, ein qualifiziertes erstes Urteil zu fällen.

Es ist leicht einsehbar, dass der Ablauf mit einer kurzen Vorstellung des Unternehmens, der neuen Aufgabe und der Vorstellung der Beteiligten bereits den Löwenanteil des Gespräches ausmacht und zeitlich kaum Raum für Fragen lässt. Berücksichtigt man dann noch die Zeit, die dem Kandidaten für seine Fragen eingeräumt werden muss, dann ist die übliche Stunde schon knapp bemessen.

Insofern nochmals die Aufforderung, sich über die wesentlichen Diskussionspunkte schon vor dem Gespräch Gedanken zu machen und eine Prioritätenliste der Themen je nach Bewerber zu entwickeln. Bei einem Berufsanfänger muss ich weniger über die Berufserfahrungen reden und bei einer Führungskraft, die eine schwierige Mannschaft übernehmen soll, mag es ungleich wichtiger sein, sich über Führungsphilosophie und bisherige Führungserfahrungen des Kandidaten zu unterhalten.

Fragen zur *Ausbildungswahl und -durchführung* des Bewerbers bieten sich als Einstieg an, während sich die übrigen Themen sehr gut zum Auswechseln beziehungsweise Tauschen eignen. Bei der Ausbildungswahl will man beispielsweise herausfinden, wie frühzeitig die Überlegungen rund ums Berufsleben eingesetzt haben, wann welche Entscheidungen gefallen sind? Hat es jemals Zweifel gegeben oder konnte sich jemand zwischen zwei Neigungsschwerpunkten nicht entscheiden? Gab es berufliche Träume, die man entweder realisiert hat oder die frühzeitig aufgegeben wurden, ohne dafür zu kämpfen? Hat jemand einfach seine schulischen Neigungsfächer unreflektiert in die Ausbildung und dann ins Berufsleben übertragen? Oder gab es sogar das andere Extrem: Schulische Lieblingsfächer waren eine Sache, und die Berufswelt, die sich nur an funktionalen Überlegungen orientiert, eine andere? Wann ist die Wahl für die Vertiefungsfächer oder Spezialisierungen gefallen, sofern eine solche Wahl möglich war? Gab es bei der Ausbildungswahl Fehlentscheidungen? Wann wurden diese erkannt und in welcher Form korrigiert? Hat man einen »Spätberufenen« vor sich, der sich nach anfänglicher Schul- oder Weiterbildungsmüdigkeit über den zweiten Bildungsweg mit bemerkenswertem Aufwand und Organisationstalent zu dem qualifiziert hat, was zuvor nicht geglückt ist? Wollte derjenige es irgendwem »zeigen« und bezog daraus seine Motivation für den späteren Einsatz? Alle diese Antworten sagen dann eine Menge über den Menschen und seine Einstellung zu Einsatz und Lernen schlechthin aus.

Die Fragen zu *Weiterbildung und Zusatzqualifikationen,* die gegebenenfalls mit einer offiziellen Prüfung und einem Titel verbunden sind wie »staatlich geprüfter Techniker« oder »Bilanzbuchhalter« oder »Personalfachkaufmann« oder »Schweißfachingenieur« zeugen meist davon, dass derjenige festgestellt hat, dass bestimmte berufliche Pläne oder auch ihm angebotene Möglichkeiten eine solche Fortbildung als Voraussetzung verlangen. Hier wird dann etwas für die persönliche berufliche Entwicklung getan, und daher ist es wesentlich, Fragen zu Motivation und persönlicher Organisation und nicht zuletzt dazu, wie die Familie das mitgetragen hat, zu stellen. Dabei ist gegebenenfalls auch herauszufinden, ob der Partner beziehungsweise die Familie an der beruflichen Weiterentwicklung maßgeblichen Anteil hatte, ob jemand eher fremdbestimmt wurde als eigenen Ehrgeiz zu entfalten.

Zur Weiterbildung und Pflege gehören besonders in der heutigen Zeit die *Fremdsprachenkenntnisse.* Bei bestimmten Positionen werden zum großen Leidwesen einiger Bewerber Englischkenntnisse kaum noch als Fremdsprache gesehen. Sicher zu überprüfen sind sie eigentlich nur, wenn zumindest ein Teil des Interviews dann auch in Englisch (oder einer anderen in den Bewerbungsunterlagen angegebenen Fremdsprache) stattfindet, was sicherlich dem einen oder anderen Interviewer unter Umständen mehr Bauchschmerzen bereiten wird als dem Kandidaten. Andererseits ist natürlich auch zu berücksichtigen, dass ein Bewerber, der zeitweise im Ausland studiert oder gar gearbeitet hat, es nicht zu Unrecht als relativen persönlichen Affront oder übertriebenes Misstrauen interpretieren könnte, wenn dann auch noch eine praktische Überprüfung stattfände. Dazu sollte man die Bewerbungsunterlagen aufmerksam gelesen haben und mit einiger Sensibilität vorgehen.

Immer dann, wenn eine Stelle zu besetzen ist, bei der das operative Tagesgeschäft und damit ein hoher fachlicher Anteil im Vordergrund stehen, kommt dem Punkt der Überprüfung der konkreten *praktischen Berufserfahrungen* und den daraus resultierenden Kenntnissen und Fertigkeiten ein besonderer Stellenwert zu. Dazu gehören dann in der heutigen Zeit vielfach Projektmanagement-Erfahrungen, da in sehr vielen Unternehmen Neues über Projekte in Angriff genommen wird, sei es die SAP-Einführung oder die Umstellung des Berichtswesens. Daher sollte dann auch sichergestellt sein, dass ein Fachmann für die »Fachsimpelei« zumindest zeitweise zur Verfügung steht. Andererseits ist darauf zu achten, dass sich nicht zwei Fachleute in ein Lieblingsthema verbeißen und für nichts anderes mehr ansprechbar sind und andere wichtige Informationen gar nicht erst gesammelt werden. Wesentlich ist herauszufinden, ob der Bewerber mit seinen konkreten Berufserfahrungen »jonglieren« kann, bildlich gesprochen einen »Erfahrungsrucksack« mit sich trägt, in den im Laufe der Berufstätigkeit eine Menge an Fachkenntnissen, Routinen, vorhandenen und erworbenen Erkenntnissen, Fähigkeiten und Eigenschaften hineingesteckt wurden. Die alles entscheidenden Fragen in diesem Zusammenhang sind dann: »Weiß der Bewerber über den Inhalt seines »Rucksacks« Bescheid? Kann er den Inhalt je nach Aufgabenstellung oder auf Wunsch unterschiedlich sortieren und Schwerpunkte bilden? Oder bleibt es, egal bei welcher Frage, bei der chronologischen Aufzählung?

Der *»rote Faden« im Lebenslauf,* den es zu überprüfen und zu hinterfragen gilt, hat gewisse Ähnlichkeiten mit der Ausbildungswahl. Es geht darum herauszufinden, was auf diesem Berufsweg mit Planung und mit welchen Überlegungen angegangen worden ist. Hat sich jemand beispielsweise im Hinblick auf seine konkreten beruflichen Ziele einen Plan gemacht, wo und wie er welche Erfahrungen gewinnen kann? Gibt es eine erkennbare Logik in der Entwicklung? Hat sich jemand initiativ um berufliches Weiterkommen bemüht oder ist er immer wieder von wohlmeinenden Vorgesetzten gefragt und gebeten worden? Ist ein gewisser Rhythmus in der Übernahme neuer Aufgaben und/oder von mehr Verantwortung zu erkennen oder gab es mal ein sehr langes Verbleiben und dann wieder kurze Wechsel? Hat jemand das meiste in einem Unternehmen erreichen können oder war jedes Mal ein Firmenwechsel damit verbunden? Hier bietet sich noch eine Fülle anderer Aspekte an, die sich jedoch gut aus den schriftlichen Unterlagen entnehmen und daher vorbereiten lassen.

Die *Motivation für den Beruf* schlechthin kann mit der sehr gelungenen angelsächsischen Fragestellung »What makes him tick?« umrissen werden. Menschen ähneln kleinen individuellen Uhrwerken, die von »etwas« angetrieben werden, was höchst unterschiedlich sein kann. Je besser ich darüber Bescheid weiß, desto überzeugender kann ich als Vorgesetzter anschließend motivieren und desto weniger Überraschungen erlebe ich, weil die meisten Menschen kalkulierbar sind und ihr Verhalten in gewissem Umfang vorhersehbar ist. Treibt den Bewerber das Geld an, kommen

Nachfragen und Verhandlungen rund um die Gehaltserhöhungen infrage. Sind es sonstige Statussymbole, weiß ich nicht nur, wie ich ihn glücklich machen kann, sondern zwangsläufig auch, mit welchen Kollegen die Zusammenarbeit am besten gelingen wird. Zu diesen Überlegungen zählen naturgemäß auch die ganz individuellen beruflichen Zielsetzungen, ob es die Karriere ist, die im Vordergrund steht, oder die spannende Aufgabe, wobei Titel letztlich gleichgültig werden.

Die Frage nach den *Gründen für die einzelnen Arbeitgeberwechsel* haben etwas mit Befriedigung von Neugier und mit der generellen Einschätzung des Bewerbers zu tun. Darüber hinaus ist von Bedeutung, ob die Gründe nachvollziehbar oder hinterfragebedürftig sind. Hat derjenige vermutlich die Angewohnheit, alles hinzuwerfen, wenn es schwierig wird? Oder ist die Loyalität zu einem Arbeitgeber so groß, dass er nicht mehr über die eigene berufliche Entwicklung nachdenkt? Hat derjenige unverhältnismäßig oft »Pech gehabt«? Ist es ein Karrierist, der immer dann geht, wenn er nicht schnell genug befördert wird, oder weil er sich einredet, dass seine Vorgesetzten seine Fähigkeiten nicht ausreichend zu schätzen wissen? Hat man tatsächlich zu wenig für ihn getan und ist da ein nicht zu unterschätzendes Enttäuschungspotenzial? Oder ist er womöglich gegangen, bevor der Vorgesetzte herausfinden konnte, dass bei weitem nicht genug Energie und Substanz für die gewünschte/angestrebte weitere Entwicklung und Beförderung vorhanden ist? Haben Vorgesetzten- oder Geschäftsleitungswechsel die Grundlage der bisherigen Zusammenarbeit zerstört? Natürlich muss ganz besonders intensiv diskutiert werden, warum der Kandidat im Vorstellungsgespräch sitzt, obwohl er womöglich nach wie vor mit leuchtenden Augen und in der »Wir-Form« über seine derzeitige Aufgabe spricht. Das gilt auch, wenn jemand nach nur zweijähriger Tätigkeit beispielsweise als Produktmanager betont, dass die Entwicklungsmöglichkeiten der von ihm betreuten Produkte ausgereizt wären. In diesem Fall lässt sich dann problemlos die Hochrechnung anstellen, wann der nächste Arbeitgeber mit der Kündigung zu rechnen hat.

Einige Fragen sollten prüfen, *wie der Bewerber sich* seinerseits auf dieses Gespräch *vorbereitet hat.* War es früher manchmal schwierig, über eine Firma etwas herauszufinden – insbesondere

Mittelständler sahen für die Übersendung von Prospektmaterial und anderen informativen Unterlagen keine Notwendigkeit –, bietet heute der Internetauftritt sehr gute Möglichkeiten der Information. Darüber hinaus ist es ein wichtiges Thema, wie die dort verbreiteten Informationen auf den unvoreingenommenen Betrachter gewirkt haben. Hat sich der Kandidat – ob mit oder ohne Internet – in keiner Weise auf seinen zukünftigen Arbeitgeber vorbereitet und ist angeblich nur »zum Zuhören hier«, sollte es Minuspunkte geben. Das gilt auch für nicht bekannte wesentliche Pressemitteilungen der jüngsten Zeit oder andere leicht zugängliche Informationen. Außerdem ist es ein aussagekräftiger Aspekt, wenn vom Bewerber überhaupt keine eigenen Fragen vorbereitet wurden, oder wenn das Gegenteil passiert, dass eng beschriebene Seiten mit Fragen abgearbeitet werden, und der Bewerber überhaupt nicht bemerkt, dass seine Gesprächspartner unruhig werden.

Geht es um eine Führungsfunktion, ist vorrangig zu klären, ob bereits *konkrete Erfahrung mit der Führung* kleinerer Teams und/oder größerer Abteilungen vorliegt. Hier kommt es darauf an, wie viel einschlägige Praxis der Bewerber mitbringt. War die Führungssituation hinsichtlich Größe der Gruppe und/oder Personalstruktur vergleichbar oder wird es hier Umstellungsbedarf geben? Wie sicher ist das Potenzial, wenn noch keine Erfahrung vorhanden ist beziehungsweise wenn es entscheidende Abweichungen gibt? Dann geht es um die »Philosophie« des Kandidaten, und hier wird wichtig, ob er auf Fragen mit auswendig gelernten Phrasen antwortet oder ob er sich Mühe gibt, an Beispielen zu erläutern, wie er in welcher Situation gehandelt hat. Bei dieser Thematik bietet es sich an, konkrete zukünftige Schwierigkeiten oder Situationen darzulegen und den Kandidaten zu bitten, sich dazu zu äußern, oder nach Erfahrungen in schwierigen Situationen zu fragen. Ein im Prinzip zu niedriges Ausbildungsniveau, ein zu hohes Durchschnittsalter oder Probleme mit der Nachfolge können Themen sein.

Neben den konkreten fachlichen Erfahrungen, die ja bereits in den meisten Fällen durch Abschlüsse, Zeugnisse und die Arbeit in ganz bestimmten Positionen belegt sind, und den daraus resultierenden *Fähigkeiten und Fertigkeiten* ist es eine der schwierigsten

Aufgaben, herauszufinden, mit wem man es bei dem Bewerber zu tun hat und wie er zur Unternehmenskultur und zu den Kollegen passen wird. Sicher kommt es bei vielen Fragestellungen auf die Art der Antworten an. Man kann hier eine Menge heraushören. Wir kommen jedoch zwangsläufig in den spekulativen Bereich hinein. Aussagen müssen mit der Realität wenig bis gar nichts zu tun haben, deshalb ist es wichtig, dass die Interviewer über genug Menschenkenntnis und Erfahrung verfügen, um die gemachten Angaben richtig einschätzen zu können. Situative Fragen, Fragen also, für die der Bewerber sozusagen im Gespräch die Vorlage liefert, und auf die der Interviewer spontan reagiert, bringen oft weiter als die typischen Standardfragen, die ein Bewerber in nahezu jedem Vorstellungsgespräch hört und bei denen er genau weiß, wann und wie er seine Gesprächspartner dazu bringen kann, erfreut und zustimmend zu nicken. Insbesondere die konkrete Frage nach den Stärken und Schwächen zählt dazu, obwohl die Runde genau das erfahren möchte. Hierzu gibt es weit bessere und weiterführende Fragen.

In ein »vollständiges« Vorstellungsgespräch gehören zwangsläufig auch Informationen, die ein Unternehmensvertreter spätestens im zweiten Gespräch an die Kandidaten weitergeben muss, da sie in der Regel nicht – wie Alter des Bestehens, Mitarbeiterzahl, Umsatz, eventuelle Einbindung in einen in- oder ausländischen Konzern oder eine Unternehmensgruppe oder die Marktpositionierung – über zur Verfügung stehende Medien abzurufen sind. Hier sind auch Aspekte zu berücksichtigen, die eindeutig an die zu besetzende Position gebunden sind. Dazu zählen beispielsweise Weiterbildungs- und Aufstiegsmöglichkeiten oder Pläne einer Auslandsversetzung, verbunden mit der Übernahme einer erweiterten Verantwortung. Außerdem interessieren einen Bewerber die Unternehmensphilosophie und die »Glaubensgrundsätze« der Personalarbeit: Was tut man in der Personalentwicklung, und welche personalwirtschaftlichen Instrumente werden mit Erfolg eingesetzt? Wie wird das Gehalt sowohl insgesamt als auch in seiner Zusammensetzung aussehen und wie erfolgt die Einstufung? In welchen Zeiträumen werden Gehälter überprüft und wie sind Art und Umfang der Sozialleistungen? Wie sind die Arbeitszeiten geregelt und welche Freiräume in der Zeiterfassung gibt es? Werden Überstunden vergütet? Wie viele Urlaubstage gibt es? Wo steht der zukünftige Schreibtisch, und wie sieht der Arbeitsplatz generell aus? Welche Probezeit und welche Kündigungsfristen sind in der Regel vorgesehen? Wird es einen unbefristeten Vertrag geben oder wird dieser als Probearbeitsverhältnis befristet sein? Wird üblicherweise oder für diese konkrete Position finanzielle Hilfestellung bei der Wohnungssuche gewährt und werden gegebenenfalls später die Umzugskosten übernommen? Gibt es einen Mietzuschuss während der Probezeit, da es wohl für beide Seiten am günstigsten ist, wenn der Umzug erst nach der erfolgreich überstandenen Probezeit erfolgt? Und natürlich: Welcher Eintrittstermin soll denn überhaupt vereinbart werden beziehungsweise ist für beide Seiten realistisch?

Die Grenzen zu den Fragen, die mit dem Kandidaten zu klären sind, sind zwangsläufig fließend. Hierzu zählen die Fragen zu Mobilität, womöglich auch ein Auslandsaufenthalt und vor allem unter Berücksichtigung der familiären Situation. Eine Frau ist in der Regel weniger mobil, während ein männlicher Kandidat eher dann Schwierigkeiten bei einem erforderlichen Umzug macht, wenn die Ehefrau oder Partnerin ihrerseits berufstätig ist, wenn die Kinder in einem Alter sind, wo der eigene Freundeskreis einen hohen Stellenwert hat, oder wenn eines der Kinder gerade kurz vor einem Schulabschluss steht. Die Gehaltswünsche des Kandidaten, insbesondere die Zusammensetzung in Fixum und variablen Anteil, gehören ebenso zum Klärungsbedarf wie sonstige Vergünstigungen, die derjenige bei seinem derzeitigen Arbeitgeber genießt. Seit Unternehmen dazu übergegangen sind, ihren wertvollsten Mitarbeitern Aktienoptionen zu gewähren, um die Bindung ans Unternehmen zu stärken, sind hier Beträge auszugleichen, oder der Kandidat sagt nach reiflicher Überlegung aus genau diesen Gründen ab: ein ernst zu nehmendes Risiko bei der Auswahlentscheidung. Ein ganz besonders wichtiger Punkt ist die Frage, inwieweit ein frühzeitiges Ausscheiden vom alten Arbeitgeber unterstützt werden würde oder ob die in manchen Fällen sechs Monate betragende Kündigungsfrist (insbesondere bei Führungskräften, aber auch bei hochkarätigen Spezialisten) bis zum letzten Tag »abgedient« werden muss. Auch die Frage nach einer Wettbewerbsklausel darf bei Vertriebsleuten oder technischen Spezialisten keinesfalls vergessen werden, zumal immer wieder festzustellen ist, dass der eigene Arbeitsvertrag in dieser Hinsicht den Kandidaten oft nicht mehr präsent ist. Das gilt im Übrigen erstaunlicherweise auch für die Kündigungsfristen. Hier habe ich häufig Überraschungen erlebt, die dann sogar dazu führten, dass man sich im Sinne des Unternehmens gegen den allseits akzeptierten Spitzenkandidaten entscheiden musste, weil dieser erst so spät zur Verfügung gestanden hätte, dass das bei der Ausgangssituation nicht zu bewerkstelligen war.

Checkliste: Interview-Leitfaden

Nehmen Sie diese Liste ruhig als Gedächtnisstütze mit ins Gespräch und haken Sie die jeweils abgearbeiteten Punkte ab. Niemand erwartet von Ihnen ein völlig frei geführtes Interview. Vorbereitete Notizen zeugen eher davon, dass Sie Ihren »Job« und Ihr Gegenüber ernst nehmen.

Was abgefragt werden muss

- ✓ Ausbildungswahl und -dauer, Schwerpunkte
- ✓ Weiterbildung/Zusatzqualifikation/Fortbildung allgemein
- ✓ Umfang und Qualität von Fremdsprachen
- ✓ konkrete praktische Berufserfahrungen, über das Tagesgeschäft hinausgehende Projekte (und damit verbundene spezielle Lerneffekte)
- ✓ berufliche Entwicklung, erkennbarer »roter Faden« im Lebenslauf
- ✓ Motivation für den Beruf überhaupt und persönliche berufliche Ziele
- ✓ Gründe für die einzelnen Arbeitgeberwechsel, insbesondere die Motivation für die derzeitige Bewerbung bei diesem Unternehmen und um diese Position
- ✓ Vorbereitung auf dieses Gespräch im Sinne »Was wissen

Sie über uns?« (zu Zeiten der allgemein zugänglichen Internet-Informationen ein wichtiger Punkt)

- ✓ Führungserfahrung (Dauer, Anzahl der bisherigen Mitarbeiter) und Führungsphilosophie
- ✓ besondere/außergewöhnliche Fähigkeiten und Fertigkeiten
- ✓ Fähigkeiten insgesamt und darauf bezogene Stärken und Schwächen
- ✓ markante Persönlichkeitseigenschaften und Wertvorstellungen, persönliche Stärken und Schwächen

Worüber der Kandidat informiert werden muss

- ✓ das Unternehmen generell (Geschichte, Mitarbeiter/Personalstruktur insgesamt, Umsatz, eventuelle Einbindung in einen in- oder ausländischen Konzern oder eine Unternehmensgruppe, Organisationsstruktur, Marktpositionierung, Unternehmensziele)
- ✓ Unternehmensphilosophie (Corporate Culture)
- ✓ Glaubensgrundsätze der Personalarbeit: Stand der Personalentwicklung, Nutzung/Einsatz personalwirtschaftlicher Instrumente und welcher
- ✓ Weiterbildungs- und Aufstiegsmöglichkeiten generell und die mit der konkreten Position verbundenen Pläne und Möglichkeiten
- ✓ Gehaltsgefüge und -zusammensetzung, in welchen Zeiträumen werden Gehälter überprüft
- ✓ Art und Umfang der Sozialleistungen
- ✓ Urlaubsanspruch
- ✓ Arbeitszeiten, Zeiterfassung, Überstundenregelungen
- ✓ Arbeitsplatz
- ✓ Vertragsstruktur: Probezeitregelung, Kündigungsfristen, Vertragsdauer, Tarif-/Außertarif-Angestellter
- ✓ finanzielle Hilfestellung bei Wohnungssuche/Übernahme der Umzugskosten, zeitweiser Mietzuschuss
- ✓ gewünschter Eintrittstermin

Einzelfragen, die geklärt werden müssen

- ✓ Gehaltsvorstellungen und derzeitige Zusatzleistungen wie Versicherungen, Firmenwagen, Altersversorgung etc.
- ✓ eventuelle Wettbewerbsklauseln
- ✓ Kündigungsfrist und möglicher Eintrittstermin, frühzeitigeres Ausscheiden beim derzeitigen Arbeitgeber und damit eventuell verbundener Ausgleich von Sonderzahlungen
- ✓ Mobilität: Bereitschaft zu Auslandseinsatz, Umzugsbereitschaft (ins Ausland, an den Arbeitsort im Inland), auch der Familie, Zeitpunkt für Umzug, stattdessen: Dauerpendler
- ✓ eventueller Zeitdruck wegen anderer Verhandlungen
- ✓ für eventuelle weitere Gespräche: Stehen ein Urlaub oder besondere Dienstreisen an, die sich auf weitere Terminabsprachen auswirken?

Die Standardvariante und ihre Abweichungen

Beim Vorstellungsgespräch sind sehr unterschiedliche Gesprächsverläufe möglich. Häufig wird jedoch auf eine Standardvariante zurückgegriffen, dies gilt vor allem immer dann, wenn Interviewer vergleichsweise selten Personal- oder Vorstellungsgespräche führen. Es gibt aber auch das andere Extrem, also Interviewer, die zu wenig Lust und/oder Fantasie für Gesprächsalternativen haben.

Nach einer mehr oder eher weniger guten »Aufwärm- oder Entkrampfungsfrage« scheiden sich die »Geister« der Interviewer: Die einen lassen sich nunmehr den gesamten Lebenslauf erzählen; die anderen berichten zunächst vom eigenen Unternehmen und der zu besetzenden Position. Manche Interviewer meinen, dass ein Bewerber, dem sie zunächst (zu) viel über Firma und Aufgabenstellung erzählen, seinen Bericht über die eigenen Erfahrungen sozusagen »stromlinienförmig« anpasst und sich außerdem die vorherige Informationsbeschaffung sparen könnte. Deshalb lehnen sie die Selbstdarstellung zu Beginn eines Vorstellungsgespräches ab und verlegen sie ans Ende des Gespräches. Stattdessen wird dann auch schon einmal die Frage gestellt: »Was wissen Sie bereits über uns?«, eine Frage, die sich zu einem ausgesprochenen Härtetest für manche Bewerber entwickeln kann. Zumindest sagt die dann folgende Reaktion einiges über den Vorbereitungsaufwand und damit naturgemäß auch darüber, wie wichtig dem Bewerber diese Position und/oder dieses Unternehmen ist.

Kernstück jedes ersten Vorstellungsgespräches – gleichgültig, ob Standard-Interview, Dialog oder Diskussionsrunde – ist nach wie vor die persönliche Darstellung des beruflichen Werdeganges einschließlich der dazugehörigen Kommentierung. Auch bei einem noch so ausführlichen schriftlichen Lebenslauf soll er nochmals in »eigenen Worten« nacherzählt werden. Ein Kandidat fragt sich an der Stelle zu Recht, warum er sich im schriftlichen Teil so viel Mühe gemacht hat, wenn dies im Gespräch doch nicht entsprechend genutzt wird. Einige Bewerber sind so sehr an den typischen und meist sehr monotonen Ablauf gewöhnt, dass sie freiwillig mit der Darstellung beginnen – sogar mit Namensnennung und Altersangabe –, die dann so richtig auswendig gelernt wirkt: Bei hochkarätigen und dadurch souveränen Kandidaten, die sehr viel Übung in solchen Gesprächen haben (oft mehr als manche Interviewer), kann man dann schon vereinzelt so etwas wie Ironie oder Spott heraushören. Andererseits kann man als Zuhörer hier die ersten Überraschungen erleben, wenn sogar junge Leute sich in ihrem eigenen Werdegang nicht auszukennen scheinen. Es werden Zeiten falsch angegeben und immer wieder kommt es vor, dass der Bewerber ein Exemplar seiner Bewerbungsunterlagen beziehungsweise seines Lebenslaufes mitbringt und als Gedächtnisstütze vor sich hinlegt. Ich halte eine solche Darstellungsweise für außerordentlich blamabel und bewerte sie mit deutlichen Minuspunkten. Es ist in solchen Fällen nicht verboten, einem Bewerber zu sagen, in Anbetracht seines noch jugendlichen Alters könne man doch wohl davon ausgehen, dass er seinen keineswegs langen Werdegang im Kopf hat und er seine Unterlagen deshalb bitte weglegen möge. Es ist interessant zu sehen, was dann passiert.

Schließlich gehört zum Ablauf nicht nur klassischer Vorstellungsgespräche auch ein Zeitraum, der für die Fragen des Bewerbers vorgesehen ist. Da bei diesem Punkt das Verhalten der Kandidaten höchst unterschiedlich ist, sollten Sie dafür nicht zu wenig Zeit einplanen. Werden – was immer wieder vorkommt – extrem wenig bis gar keine Fragen gestellt, kann die Veranstaltung rasch beendet werden. Andere kommen dann mit einem sauber ausgearbeiteten Fragenkatalog. Sind Fragen dabei, die nicht ins erste Gespräch gehören, oder man weiß bereits, dass dieser Bewerber nicht in die engere Wahl kommt, ist es erlaubt, mit dem Hinweis auf ein mögliches zweites Gespräch nach fünfzehn bis zwanzig Minuten das Gespräch zu beenden – natürlich nicht ohne vorher die weitere Vorgehensweise und Termine für die Mitteilung einer Entscheidung vereinbart zu haben.

Kommen wir nun zu den Vorstellungsgesprächen, wie sie ein Profi führt. Sei es, dass einen Interviewer der übliche Verlauf des Abfragens von Lebensläufen anödet, sei es, dass jemand davon überzeugt ist, in solchen vorhersehbaren Gesprächsverläufen könne viel zu wenig aus einem Kandidaten »herausgeholt« werden. Solche Interviewer müssen zwangsläufig auf der Basis aller Bewerbungsunterlagen ausgezeichnet vorbereitet sein. Deshalb sind sie auch für die Bewerber die anspruchsvolleren und anstrengenderen Gesprächspartner. Solche Interviewer legen sehr viel Wert darauf, Überraschungen zu bieten und beginnen Gespräche oft damit, dass sie sich nicht mit irgendwelchen Floskeln über Anreise und dergleichen aufhalten, sondern sehr unmittelbar nach einem Punkt fragen, den sie den Unterlagen entnommen haben. Das hört sich dann zum Beispiel so an: »Ich habe da in Ihren Unterlagen etwas sehr Interessantes gelesen, das ich aber vielleicht nicht ganz verstanden habe. Können Sie mir das mal ein wenig näher erläutern?« Oder: »Bei der Vielzahl Ihrer Auslandsreisen/-aufenthalte, kann man Sie wohl berechtigterweise als ›Nestflüchter‹ bezeichnen. Warum hat es Sie denn so sehr in die Ferne gezogen?« Oder: »Warum will ein junger Mann wie Sie, der bisher in einem sehr jungen Umfeld gearbeitet hat, nun ausgerechnet zu einem sehr traditionsbewussten Mittelständler mit Kollegen mit langer Betriebszugehörigkeit?« Oder: »Sie haben als Hobby Lesen angegeben. Mit welchen Büchern haben Sie sich denn in letzter Zeit beschäftigt?« Dann ist für manche Bewerber bereits der Untergang programmiert, und das ist dann auch gut so. Spielt jedoch die Gegenseite mit – und einen Sparringpartner braucht man für ein gelungenes Interview dieser Art –, dann gibt es tatsächlich eine Menge mehr zu entdecken als das, was in den schriftlichen Unterlagen steht. Schon das Wie der Reaktion des Kandidaten sagt viel über seine kommunikativen Fähigkeiten und seine Flexibilität aus, und das Ganze ist allein schon deshalb einen Versuch wert.

Wichtig bei einer solchen Gesprächsführung ist dann, um alle Möglichkeiten zum Gewinnen von Zusatzinformationen auszuschöpfen, dass Ihre Fragen manchmal auf den ersten Blick keinen unmittelbaren Zusammenhang erkennen lassen und ein hohes Abstraktionsniveau erfordern –, zum Beispiel in der Form: »Was hat Ihnen Ihre Zeit bei der Firma XY denn eigentlich für Ihre eigene Entwicklung gebracht? Was haben Sie von da mitgenommen?« Oder Sie »springen« in gewisser Weise in neue Themenbereiche, etwa indem Sie als Erstes fragen, warum der Kandidat denn den jetzigen Arbeitgeber, der doch zurzeit eine »so gute Presse« habe, überhaupt verlassen wolle. Dies ist eine ideale Falle, um herauszufinden, ob ein Bewerber dann anfängt, »aus dem Nähkästchen zu plaudern«. Sie können dann leicht prognostizieren, wie der Bewerber über Ihr Unternehmen reden wird.

Aber es gibt selbstverständlich auch noch andere Auslöser für einen gänzlich anderen, »atypischen« Gesprächsverlauf, etwa, wenn Sie einen eher seltenen Spezialisten für ein bestimmtes Fachgebiet am Markt gesucht haben und Sie diesen als Spezialist interviewen. Hier wird in jedem Fall die »Fachsimpelei« im Vordergrund stehen, und beide Seiten müssen sehr aufpassen, dass bestimmte andere Dinge, die Sie als potenzieller zukünftiger Arbeitgeber auch noch interessieren müssen, dabei nicht völlig untergehen. Vergleichbares gilt auch, wenn Sie den Kandidaten auf irgendein in den Unterlagen angegebenes Hobby ansprechen. Sei es, weil Sie zufälligerweise die gleichen Interessen haben, oder weil Sie diese Freizeitbeschäftigung sehr spannend finden und schlicht neugierig sind.

Aus der Praxis

Ich kann mich an einen Fall erinnern, bei dem ein Bewerber in seinen Unterlagen vermerkt hatte, dass er in seiner Freizeit »Überlebenstraining« betreiben würde. Da es sich dabei schließlich nicht um eine Beschäftigung wie Tennis oder Reiten handelt, war das Interesse entsprechend groß. Ich war bei diesem Gespräch als Personalberater nur Moderator und ich weiß, dass ich damals alle Hände voll zu tun hatte, um aus der Unterhaltung ein für beide Seiten halbwegs informatives Vorstellungsgespräch zu machen.

Ein ebenfalls nicht unwichtiges Argument für ein besonders niveauvolles Interview auf gleicher Augenhöhe ist es, wenn der Kandidat durch einen Personalberater auf dem Wege der Direktansprache für dieses Interview gewonnen werden konnte. In den allermeisten Fällen handelt es sich dann eben nicht um einen Bewerber, sondern von Anfang an um einen Kandidaten – man beachte unbedingt den feinen Unterschied! Alle diese Gesprächspartner reagieren überaus allergisch auf die von einem schlecht vorbereiteten oder einfach gedankenlosen Unternehmensvertreter geäußerte Frage, was denn der Grund für ihre Bewerbung gewesen ist. Dann wird mehr als deutlich betont, dass man angesprochen worden sei und eine Bewerbung überhaupt nicht nötig habe. Damit ist das Interview dann in vielen Fällen bereits beendet, sofern hier ein Kandidat nicht doch auf der Suche war und ist, dies aber nach einer Ansprache zwangsläufig nicht artikulieren muss und den taktischen Vorteil im Interview und in den nachfolgenden Verhandlungen – verständlicherweise – voll für sich ausschöpfen möchte.

Insgesamt gesehen werden beide Seiten, Interviewer und Kandidat, mehr von einem Vorstellungsgespräch haben, das im Ablauf einmal anders gestaltet wird. Das heißt selbstverständlich keineswegs, dass es nicht bestimmte Themenbereiche gibt, die in jedem Vorstellungsgespräch angesprochen werden müssen, doch es ist relativ gleichgültig, ob zu Beginn oder gegen Ende des Gespräches. Ein Diskussionsinterview liefert zusätzliche Informationen, weil die Art der Reaktion des Kandidaten weitere Aufschlüsse bietet und ist deshalb einen Versuch wert. Nutzen Sie in diesem Zusammenhang auch die hoffentlich ausführlichen Kandidatenberichte eines Personalberaters – sofern involviert –, um sich gezielt mit bestimmten Themen zu befassen.

Gesprächs- und Fragetechniken

Das Thema der Gesprächstechniken in nur einem Unterpunkt abzuhandeln, fällt zugegebenermaßen recht schwer. Zu jedem wichtigen Thema, das im »Interview-Leitfaden« (siehe Seite 128 ff.) aufgeführt wurde, soll je ein konkretes Beispiel für eine »typische« und immer wieder gestellte Frage und für so genannte weiterführende Fragen angeboten werden. So wird deutlich, warum die eine Frage nicht so gut ist und warum man durch die anderen weit mehr erfährt. Anhand dieser Beispiele kann man dann üben, bis das Prinzip einleuchtet und die »richtigen« Fragen von selbst kommen. Sie erhalten auf diese Weise in kürzerer Zeit mehr Informationen und sehr überraschende Reaktionen.

Ziel: Informationen zum Thema »Ausbildung«

Ich möchte erfahren, was sich jemand bei der Wahl seiner Studienrichtung gedacht hat.

Eine typische und weit verbreitete Frage lautet: »Warum haben Sie studiert?«

Bessere Fragen zu diesem Thema könnten lauten:

- Wie würden Sie Ihre Ausbildung aus der heutigen Sicht Ihrer beruflichen Praxis beurteilen?
- Was würden Sie heute anders entscheiden als damals?
- In welchem Stadium der Ausbildung haben Sie erstmals darüber nachgedacht, wohin Sie dieses Studium führen soll?
- Was waren Ihre ganz persönlichen Entscheidungsparameter für Ihre Ausbildungswahl?
- Warum ist es just dieses Studium/diese Ausbildung geworden?

Ziel: Informationen zum Thema »Weiterbildung/Zusatzqualifikationen«

Ich möchte erfahren, welche Motivation zur Fortbildung führte.

Die typische Frage: »Was wollten Sie mit diesem Abschluss erreichen?«

Die Alternativen:

- Halten Sie den Aufwand, den dieser Abschluss Sie gekostet hat, auch im Nachhinein für gerechtfertigt?
- Was hat Ihnen diese Zusatzqualifikation über die fachlichen Inhalte hinaus gebracht?
- Wem würden Sie diese Fortbildung unter welchen Voraussetzungen empfehlen?
- Wer hat Ihnen in dieser sicherlich schwierigen Zeit die meiste Rückendeckung gegeben?

Ziel: Informationen zum Thema »konkrete praktische Berufserfahrungen«

Ich will wissen, wie selbstständig jemand gearbeitet hat.

Die typische Aufforderung: »Beschreiben Sie Ihren bisherigen Aufgabenbereich und das Tagesgeschäft!«

Die Alternativen:

- Wie haben Sie bisher Ihre fachlichen Überzeugungen eingebracht und umgesetzt?
- Welcher Lerntyp sind Sie, wenn Sie sich neue Inhalte erschließen müssen?
- Woher kamen die Ideen für das, was Sie jetzt eben beschrieben haben?
- Wie ist Ihr Vorgesetzter mit Ihnen umgegangen?

Ziel: Informationen zum Thema »berufliche Entwicklung«

Mich interessiert der »rote Faden« im Lebenslauf.

Die typische Aufforderung: »Beschreiben Sie Ihren beruflichen Werdegang!«

Die Alternativen:

- Schildern Sie die Ereignisse in Ihrem Werdegang, die für Sie wirkliche Zäsuren dargestellt haben.
- Welches waren die prägenden Stationen in Ihrem Werdegang, die Sie zu dem gemacht haben, was Sie heute sind und können?
- Welche Etappe würden Sie heute gegebenenfalls anders gestalten?
- Gab es einen Entscheidungsfehler rund um Ihre Beschäftigungsverhältnisse und warum ist er passiert?

Ziel: Informationen zum Thema »Motivation für den Beruf«

Ich will wissen, mit welchem Einsatz uns der zukünftige Mitarbeiter zur Verfügung steht.

Die typische Frage: »Wie stehen Sie zu Überstunden?«

Die Alternativen:

- Welchen beruflichen Einsatz halten Sie für angemessen?
- Bei welchen Aufgabenstellungen haben Sie den Wunsch, »dranbleiben« zu wollen?
- Zu welchen Zeiten des Tages arbeiten sie am liebsten und wann können Sie sich am besten konzentrieren?
- Welche Arbeitsrahmenbedingungen benötigen Sie für eine optimale Leistungsfähigkeit?

Ziel: Informationen zum Thema »Gründe für Arbeitgeberwechsel und zur Motivation für die aktuelle Bewerbung«

Es gibt unter Umständen kurzfristige Wechsel zu klären.

Die typische Frage: »Warum haben Sie sich bei uns beworben?«

Die Alternativen:

- Was verschafft uns das Vergnügen, mit Ihnen über einen Wechsel reden zu können?
- Was hat Sie an unserer Ausschreibung/Anzeige spontan angesprochen?
- Nennen Sie uns drei Hauptkriterien, die bei Ihnen dazu führen, einen Arbeitsvertrag zu unterschreiben.

- Was ist Ihre ganz persönliche Schmerzgrenze, die Sie unmittelbar über einen Arbeitgeberwechsel nachdenken lässt?
- Gehen Sie eher irgendwohin oder irgendwo weg?
- Was von Ihrem bisherigen Umfeld möchten Sie nach Möglichkeit erhalten und was möchten Sie unbedingt verändern?

Ziel: Informationen zum Thema »Führungserfahrung«

Passt der Kandidat mit seinen Überzeugungen zum Unternehmen und zum Team?

Die typische Aufforderung: »Beschreiben Sie Ihren Führungsstil!«

Die Alternativen:

- In welcher Weise delegieren Sie und wie gehen Ihre Mitarbeiter damit um?
- Was schätzen Ihre Mitarbeiter am meisten an Ihnen?
- Mit welcher Ihrer Verhaltensweisen und Überzeugungen gibt es schon mal Schwierigkeiten?
- Was von dem, was Sie seinerzeit als Mitarbeiter geärgert hat, haben Sie als Vorgesetzter ganz bewusst geändert?
- Welche Art von Vorgesetzten haben Sie am meisten bewundert?
- Woran merken Ihre Mitarbeiter, dass jetzt bei Ihnen die Geduld zu Ende ist?

Ziel: Informationen zum Thema »Fähigkeiten und Fertigkeiten«

Was hält der jeweilige Kandidat für seinen außergewöhnlichen Beitrag oder – vertriebstechnisch gesprochen – für seinen Unique Selling Point?

Die typische Frage: »Welchen Beitrag würden Sie für unser Unternehmen leisten?«

Die Alternativen:

- Beschreiben Sie uns, was wir mit Ihnen »einkaufen« werden.
- Stellen Sie sich vor, Sie sind ein Produkt, für das Sie einen Käufer finden wollen. Wie lauten Ihre Verkaufsargumente?
- Jeder neue Mitarbeiter ist eine Art »Paketlösung«, das heißt man bekommt Dinge, die man unbedingt haben möchte, und

anderes, das gleichzeitig mitgeliefert wird. Wir haben Ihnen jetzt die Aufgabenstellung beschrieben. Wo gibt es Ihrer Meinung nach Abweichungen zwischen Ihnen und unserem Anforderungsprofil?

Ziel: Informationen zum Thema markante Persönlichkeitseigenschaften

Wie sehen die charakterlichen Grundzüge des Bewerbers aus, die letztlich zu einem bestimmten Verhalten führen werden?

Die typische Aufforderung: »Nennen Sie uns Ihre Stärken und Schwächen!«

Die Alternativen:

- Nennen Sie uns drei, maximal vier wirklich markante Persönlichkeitseigenschaften, bei denen Sie jederzeit sagen würden »Das bin ich!«
- Mit was sind Sie bei sich selbst derzeit noch nicht so ganz zufrieden?
- Jeder Mensch hat gewisse Auslöser für Ärger. Was löst bei Ihnen im Verhalten anderer solchen Ärger aus?
- Mit welchen Menschen arbeiten Sie am liebsten und am besten zusammen?
- Beschreiben Sie uns einige Ihrer ganz persönlichen »Glaubensgrundsätze«. Was ist Ihnen wirklich wichtig im Leben?

Ziel: Informationen zum Thema »Was wissen Sie über uns?«

Hat sich jemand mehr oder weniger sorgfältig auf das Vorstellungsgespräch vorbereitet?

Die typische Frage: »Was wissen Sie über uns?«

Die Alternativen:

- Wie finden Sie unseren Internetauftritt? Was ist Ihnen besonders aufgefallen?
- Welche unserer Produkte/unserer Dienstleistungen halten Sie für ausgesprochene »Marktrenner« und warum?
- Welche der Informationen, die Sie über uns erhalten bezie-

hungsweise herausgefunden haben, hat Sie am meisten überrascht?
- Was könnten wir Ihrer Ansicht nach besser machen?

Bei dieser Gegenüberstellung von typischer Frage/Aufforderung und Alternativen geht es nicht darum, die Standard-Formulierung grundsätzlich zu vermeiden. Aber da sie immer und immer wieder in Vorstellungsgesprächen gestellt wird, kann sich jeder einigermaßen gescheite Bewerber darauf einstellen. Und je besser er sich vorbereiten kann, desto weniger sagt die Antwort über ihn aus.

Für wirklich gute Fragestellungen im Vorstellungsgespräch gelten mehrere wichtige Spielregeln:

- Je überraschender die Fragestellung und je ausgeprägter die Anforderung ist, in dieser ganz konkreten Situation »laut denken« zu müssen, desto höher ist der Auskunftswert.
- Je differenzierter die Antwort sein muss, um die Frage gut zu beantworten, und je höher das erforderliche Abstraktionsniveau, desto mehr erfahre ich und desto besser kann ich erkennen, wie jemand an die neuen Situationen, die zwangsläufig mit einem Arbeitgeberwechsel verbunden sind, herangehen wird.
- Man kann mit Fragen in gewisser Weise experimentieren und dabei sukzessive das Abstraktionsniveau erhöhen und sich so auch ein Bild über die intellektuellen Kapazitäten des Bewerbers machen.
- Wenn ein Kandidat eine solch anspruchsvolle Frage nicht verstanden hat, kann man Beispiele bringen, die überdies nach Möglichkeit deutlich machen sollten, dass verschiedene Standpunkte möglich sind. Spätestens dann muss jedoch eine adäquate Reaktion kommen, sonst ist das Abstraktionsniveau des Bewerbers niedrig.
- Je weniger für den Bewerber klar ist, was der Fragende hören will und wie sein ganz persönlicher Standpunkt zu diesem Thema ist, desto höher ist der Wahrheitsgehalt der Antwort.
- Die Fragen und die dazugehörigen Antworten müssen irgendwohin führen. Die Fragen sollten mit einiger Überlegung ge-

stellt werden, und die Antworten sollen wie eine Art Leiter sein, an der man sich weiter hinaufarbeiten kann: Eine Antwort ist die Basis für die nächste Frage.

Zu jedem der aufgeführten Themenschwerpunkte gibt es naturgemäß eine Vielzahl anderer Fragestellungen zu Aspekten, die interessieren sollten, oder die nur für Sie und/oder für die zu besetzende Position von Interesse sind. Dann kann schon bei der Vorbereitung in gleicher Weise verfahren werden. Zu irgendeinem Zeitpunkt werden Sie dann Ihren »Spickzettel« nicht mehr benötigen, weil es Ihnen Spaß machen wird, neue Fragen zu erfinden und mit den Fragen und den daraus resultierenden Reaktionen, in gewisser Weise zu spielen. Sie werden feststellen, dass Sie in einem gelungenen Vorstellungsgespräch dafür laufend Vorlagen bekommen. Das Haupthindernis ist meistens, dass ein wenig geübter Interviewer zu viel Bedenken oder auch Ängste hat, sich auf das Gespräch einzulassen und Neuland zu betreten.

»Schlechte« Fragen

Neben den erwähnten sehr konkreten Fragen, die nicht unbedingt weiterführen, gibt es Fragearten, die grundsätzlich zu vermeiden sind. Dazu zählen:

- *Suggestivfragen:* »Finden Sie nicht auch, dass der Beruf im Vordergrund stehen sollte?«
- *Geschlossene Fragen, auf die man nur mit Ja oder Nein antworten kann:* »Haben Sie Ihr Studium geplant?«
- *Fragen, die bereits mitteilen, was der Zuhörer wissen will:* »Wie stehen Sie zu Überstunden bei hohem Arbeitsanfall?«
- *Fragen, bei denen die Antwort auch noch als persönlicher Standpunkt gleich mitgeliefert wird:* «Wie wichtig ist Ihnen Ihr Familienleben? Ich kann für meine Person nur sagen, dass ich manches ohne den Rückhalt meiner Familie nicht geschafft hätte!«
- *Mehrere Fragen in einer Formulierung:* »Ich wüsste gerne von Ihnen, ob Sie schon einmal einen Ihrer Arbeitgeberwechsel be-

dauert haben und wenn ja, wie diese Erfahrung zukünftige Entscheidungen beeinflussen wird.«

- *Fragen, die vorab kundtun, warum die Frage gestellt wird:* »Wie ist Ihr persönlicher Führungsstil? Sie müssen nämlich wissen, dass wir da eine schwierige Gruppe haben, weshalb wir unbedingt wissen müssen, ob Sie auch damit fertig werden.«
- *Provokative Fragen:* »Finden Sie nicht, dass Sie reichlich oft gewechselt haben?«
- *Zu lange und zu komplexe Fragen*, bei denen Informationen dazwischengeschaltet sind.

Erlaubte und unerlaubte Fragen

Bei den konkreten Fragen, die im Rahmen eines Vorstellungsgespräches gestellt werden, kann zwischen

- generell zulässigen,
- eingeschränkt zulässigen und
- völlig unzulässigen Fragen

unterschieden werden.

Die zulässigen Fragen beziehen sich vor allem auf alles rund um Ausbildung und den beruflichen Werdegang. Auch die Frage, ob der Bewerber sich in ungekündigter Stellung befindet, muss immer wahrheitsgemäß beantwortet werden. Bei bestimmten Einsatzgebieten beziehungsweise Spezialistenberufen kann es vorkommen, dass der Vertrag eine Wettbewerbs- oder Konkurrenzklausel enthält. Damit ist gemeint, dass der jetzige beziehungsweise ein früherer Arbeitgeber sich vertraglich dagegen schützen will, dass das im Unternehmen erworbene Wissen, zum Beispiel als Entwicklungsingenieur oder gegebenenfalls auch intensive Kundenkontakte eines hervorragenden Außendienstmitarbeiters einem anderen Arbeitgeber kurzfristig zur Verfügung gestellt werden. Die Frage nach einem bestehenden Wettbewerbsverbot ist grundsätzlich zulässig.

Dabei ist insofern Vorsicht geboten, als langjährige Mitarbeiter, die seit längerer Zeit nicht mehr in ihren Arbeitsvertrag hineingeschaut haben, oft noch nicht einmal mehr wissen, dass eine solche Wettbewerbsklausel in ihrem Vertrag steht. Wichtig zu wissen ist, dass eine Wettbewerbsklausel als Vertragsbestandteil nur dann Gültigkeit hat, wenn für die Zeit der einschlägigen beruflichen »Abstinenz« ein finanzieller Ausgleich – die so genannte Karenzentschädigung – gezahlt wird. Die Betonung liegt dabei auf einschlägigen beruflichen Tätigkeiten. Eine solche Wettbewerbsklausel gilt in der Regel nur für einen klar eingegrenzten Berufsbereich; ist sie zu weit gefasst – beispielsweise für das In- und Ausland –, ist sie anfechtbar und wird oft einer gerichtlichen Überprüfung nicht standhalten. Insofern ist sie in der Regel zu ignorieren, wenn die neue Position eine andere Branche betrifft. Trotzdem ist natürlich oft ein Risiko damit verbunden, sodass man sich als Arbeitgeber immer dann, wenn man gleichwertige Bewerber hat, reiflich überlegen sollte, ob man das Risiko überhaupt eingehen sollte.

Eine vielen Bewerbern erkennbar unangenehme Frage ist die nach der letzten Gehaltshöhe. Die Frage ist jedoch zulässig, sofern das frühere Gehalt und die Art der Vortätigkeit für die angestrebte Position aussagekräftig sind. Sie muss von daher wahrheitsgemäß beantwortet werden. Bei einem Wechsel im Laufe eines Kalenderjahres ist über die Steuerkarte der Verdienst ohnehin klar erkennbar und darauf kann man natürlich einen Kandidaten, der nicht mit der Sprache heraus will, auch hinweisen. Ein zu deutlicher Aufschlag kann den Arbeitgeber zur Anfechtung des Arbeitsvertrages berechtigen. Dies gilt vor allem, wenn Sie deutlich gemacht haben, Ihr Gehaltsangebot an der bisherigen Vergütung ausrichten zu wollen.

Eingeschränkt zulässige Fragen sind die nach ansteckenden, latenten Krankheiten, nach chronischen Krankheiten (in den letzten zwei Jahren) und in bestimmten Berufen auch nach einer bestehenden HIV-Infektion. Hinzu kommen Fragen nach den Vermögensverhältnissen (Schulden), sofern es sich bei der zu besetzenden Position um die eines leitenden Angestellten oder Angestellten mit besonderem Vertrauensbereich, wie Kassierer, Revisoren usw. handelt. Ansonsten ist diese Frage unzulässig. Unter einem ähnlichen Blickwinkel sind Vorstrafen zu bewerten. Die Frage danach ist nur dann zulässig, wenn diese für die zur Diskussion stehende Tätigkeit einschlägig ist, zum Beispiel Vermögens- oder Betrugsdelikte bei Kassierern oder Buchhaltern oder Vergehen gegen das Betäubungsmittelgesetz bei Berufen im medizinischen Bereich. Es müssen aber vom Bewerber nur »einschlägige«, im Bundeszentralregister nicht gelöschte Vorstrafen im Interview angegeben werden. Auch Suchtkrankheiten wie Alkoholismus oder Drogenabhängigkeit sind nur zu nennen, wenn der neue Arbeitsplatz besondere Verantwortung für Menschen mit sich bringt, wie das zum Beispiel bei Busfahrern, Krankenschwestern oder Apothekenhelfern der Fall ist.

Die bislang von der Rechtsprechung als generell zulässig erachtete Frage nach einer bestehenden Schwerbehinderung wird man wohl wegen der gesetzlichen Neuregelung in § 81 Abs. 2 Sozialgesetzbuch IX (Benachteiligungsverbot) nur noch als eingeschränkt zulässig ansehen dürfen.

Sie kann nur gestellt werden, wenn bestimmte körperliche oder geistige Fähigkeiten oder die seelische Gesundheit wesentliche Voraussetzung für die auszuübende Tätigkeit sind.

Gänzlich unzulässig sind dagegen Fragen nach einer Gewerkschaftszugehörigkeit, früherer Betriebsratsmitgliedschaft, Religions- und/oder Parteizugehörigkeit sowie die Frage nach einer bevorstehenden Heirat. Auch die Frage nach einer bestehenden Schwangerschaft ist nach der neueren Rechtsprechung des Europäischen Gerichtshofes und des Bundesarbeitsgerichtes wegen Geschlechter-Diskriminierung generell unzulässig. Das soll sogar auch gelten, wenn die betreffende Bewerberin nur befristet – etwa als Vertretung – eingestellt werden soll. Es gilt ferner, wenn sich nur Frauen um die Stelle bewerben.

Hinsichtlich kritischer Fragen, die hier nur in den Grundzügen thematisiert werden können, sollten Sie unbedingt vor einem Interview Ihren Personalleiter befragen oder auch mit einem Anwalt sprechen, sofern es keinen Personalreferenten gibt. Viele Unternehmen sind im Arbeitgeberverband, über den man dann in der Regel auch eine Rechtsberatung in Anspruch nehmen kann.

Die Kunst des aktiven Zuhörens

Beim Begriff »Aktives Zuhören« handelt es sich um einen sozialwissenschaftlichen Fachbegriff, der der Gesprächstherapie und Kommunikationswissenschaft entnommen ist. Der zentrale Gedanke ist, auf den Gesprächspartner einzugehen. Im Vordergrund steht die zwischenmenschliche Kommunikation, deren Grundvoraussetzung es ist, den Anderen zu respektieren. Dieser Hinweis soll nach Möglichkeit den Techniker oder den Naturwissenschaftler nicht abschrecken, sondern darauf hinweisen, dass man auf diesem Gebiet mit Sensibilität der Wahrnehmung und mit dem erwähnten Respekt vor anderen Menschen weiterkommt. Außerdem wird man sich mit größerer Wahrscheinlichkeit »richtig« verhalten, auch wenn man kein halbes Dutzend einschlägiger Fachbücher liest.

Aktives Zuhören besteht aus der Folge von Wahrnehmung, Interpretation, Bewertung des Gesagten und Reaktion darauf und beruht darauf, dass ich davon überzeugt bin, dass mein Gegenüber etwas Substanzielles zu einem Gespräch beizutragen hat, mich in meinen Ansichten weiterbringen kann oder auch durch seine Argumente und Informationen zu korrigieren vermag. Auf die konkrete Situation eines Vorstellungsgesprächs bezogen heißt das, dass ich bereit bin, mich aufs Zuhören einzulassen und auch zulassen werde, dass meine Bewertungen auf der Basis der schriftlichen Unterlagen und/oder des Fotos im Gespräch korrigiert werden.

Aktives Zuhören setzt danach voraus:

- Die Bereitschaft, wirklich zuhören und damit auch aufnehmen und verstehen zu wollen.
- Den Gesprächspartner so, wie er ist und wie er sich gibt, zu akzeptieren, auch wenn ich anschließend eventuell zu dem Ergebnis komme, dass er nicht ins Team passt.
- Eine umfassende Vorbereitung auf das Gespräch, weil ich damit signalisiere, dass mir das Gespräch wichtig ist. Und dass ich mir für die Vorbereitung und für das eigentliche Gespräch ausreichend Zeit nehme.

- Das Dokumentieren und Signalisieren dieses Interesses durch Wertschätzung, Respekt, Höflichkeit und durch grundsätzliche Freundlichkeit, alles mit der Zielsetzung, eine dem Gespräch förderliche Vertrauensbasis herzustellen.

Um hinsichtlich des Vorstellungsgespräches noch ein wenig konkreter zu werden, hier weitere Kriterien: Was fördert aktives Zuhören in dieser speziellen Gesprächssituation?

- Schaffen Sie eine möglichst angenehme Atmosphäre!
- Vermeiden Sie Ablenkungen jeglicher Art!
- Nehmen Sie sich erkennbar Zeit – zwar mit einer Begrenzung, aber innerhalb dieser Zeit voll konzentriert!
- Seien Sie bereit, zunächst auch Ihnen nicht so genehme Verhaltensweisen, das Aussehen und die Eigenheiten des anderen zu respektieren und nicht gleich zu werten!
- Seien Sie auf eine Diskussion über die Themen Werdegang und Erfahrungen vorbereitet!
- Stellen Sie verständliche und inhaltlich weiterführende Fragen!
- Gehen Sie auf Äußerungen und Standpunkte Ihres Gesprächspartners ein und nutzen Sie sie als Basis für Ihre weiteren Fragen!
- Hinterfragen Sie Dinge, die Sie nicht verstehen oder die missverstanden werden können!
- Achten Sie auf wichtige Aussagen und fassen Sie in regelmäßigen Abständen grundlegende Gedanken zusammen!
- Machen Sie sich Notizen, damit Sie nichts vergessen und im nachfolgenden Urteil nicht ungerecht entscheiden, sondern gezielt rekapitulieren können!
- Berücksichtigen Sie jederzeit die besondere Situation des Bewerbers!
- Führen Sie nur so viele Gespräche an einem Tag, wie sie diese Spielregeln einhalten können!

Inhalt des ersten Gesprächs

Die Zielsetzung des ersten Gespräches ist das persönliche Kennenlernen, das natürlich neben dem persönlichen Eindruck auch der Verifizierung oder Falsifizierung der aus den schriftlichen Unterlagen entnommenen Fakten, Hinweisen und selbstverständlich auch Vermutungen dient.

In diesem ersten Gespräch liegt der Schwerpunkt auf den inhaltlichen, im meist dann entscheidenden zweiten Gespräch dagegen auf den formalen Fragen. Da ist in jedem Fall zunächst einmal die Konkretisierung der Anzeige/Ausschreibung bezüglich der Aufgabenstellung, Position, eventuell auch der hierarchischen Einbindung. Von Bedeutung ist auch, ob die Position bereits existiert oder ob es sich um eine Stellenerweiterung oder gar eine völlige Neukonzeption handelt. Letzteres kann zum Beispiel mit dem Neuaufbau eines Bereiches verbunden sein, was wiederum gänzlich andere Anforderungen an Organisationstalent und Know-how erfordern würde und insofern schon eine wesentliche Information darstellt. In diesem Zusammenhang wäre dann auch zu erwähnen, ob es einen Vorgänger gab oder womöglich noch gibt und aus welchen Gründen die Position vakant wird. Positiv aufgenommen werden auch Hinweise zu Weiterbildungsmöglichkeiten sowie persönlichen Freiräumen, Entwicklungs- und Aufstiegsmöglichkeiten, einmal bezogen auf die konkrete Position, zum anderen auf das Unternehmen beziehungsweise die Unternehmensgruppe.

Bei den mehr formalen Fragen stehen die Gehaltshöhe und die -zusammensetzung aus fixem und variablem Anteil im Interesse beider Seiten sicherlich auf einem der vorderen Plätze. Ob sie im ersten Gespräch eine Rolle spielt, hängt unter anderem davon ab, ob in den Bewerbungsunterlagen schon etwas dazu gesagt worden ist. Dann muss eigentlich im ersten Gespräch nur geklärt werden, ob die Gehaltsvorstellungen so weit auseinander liegen, dass eine Annäherung kaum möglich erscheint und deshalb weitere Gespräche sinnlos wären. Es empfiehlt sich, sich mit einem Standard-Schreiben noch vor einer Einladung über die Gehaltsvorstellungen des Bewerbers zu informieren, weil man sich dann gegebenenfalls die Einladung sparen kann. Eine erforderliche Reisetätigkeit muss hinsichtlich der Bereitschaft des Kandidaten ebenfalls im ersten Gespräch geklärt werden, da auch bei diesem Thema ein Nein oder ein deutliches Zögern bereits zu einer Absage führen sollten. Bei einer Führungsaufgabe muss etwas zu den Mitarbeitern gesagt werden.

Selbstverständlich ist auch der geplante Einstellungstermin für beide Seiten von entscheidender Bedeutung für eventuelle weitere Verhandlungen. Ist das Unternehmen beispielsweise darauf angewiesen, dass eine Vakanz spätestens in drei Monaten besetzt wird, die Kündigungsfrist eines Kandidaten aber deutlich länger ist, kann man allenfalls noch danach fragen, ob es voraussichtlich eine Chance für ein früheres Ausscheiden geben wird. Sonst können sich weitere Gespräche erübrigen. Zum Abschluss des ersten Gespräches sollte, wenn irgend möglich, seitens des Unternehmens darüber Auskunft gegeben werden, wie der weitere Verlauf geplant ist, wie viele Gespräche insgesamt geführt werden und bis wann der Kandidat Bescheid bekommen wird. Wenn das positive Urteil überwiegt, sollte kein Kandidat das Unternehmen ohne gezielte Rückmeldung verlassen. Diese Rückmeldung kann im Übrigen durchaus Schwachstellen, über deren Gewichtung für die erfolgreiche Besetzung nachgedacht werden muss, enthalten, zumal sie meist in der Diskussion schon an irgendeiner Stelle angeklungen sind. Trotzdem sollte naturgemäß das, was man im Gespräch als positiv erlebt und zur Kenntnis genommen hat, klar im Vordergrund stehen und auch nur artikuliert werden, wenn es wirklich als positive Botschaft gemeint ist.

Die Beschreibung von Firma, Organisationsstruktur, Unternehmenskultur und Aufgabe

Hier wird oft quantitativ mit endloser Selbstbeweihräucherung des Guten zu viel getan, auf der anderen Seite aber werden wesentliche Aussagen verschwiegen und damit auf eine bestimmte Art »unterschlagen« – ein Missverhältnis, das sich in der späteren Zusammenarbeit rächen kann. Jeder Kandidat hat ein Anrecht darauf, umfassend informiert das einladende Unternehmen zu verlassen. Und umfassend heißt auch: so ehrlich wie irgend möglich. Selbstverständlich gibt es Informationen, die in einem ersten Gespräch nichts zu suchen haben, da sie Interna preisgeben würden, die nur der potenzielle neue Mitarbeiter erfahren sollte. Doch wenn es wichtige Dinge gibt, die die Kandidaten der engsten Wahl für ihre eigene Entscheidung unbedingt wissen sollten, dann müssen sie sie auch frühzeitig erfahren, um unsinnige weitere Gespräche zu vermeiden.

Der Aspekt »Firma« umfasst vor allem die Beschreibung dessen, was dieses Unternehmen in der Vergangenheit geprägt hat: Ob es eine Traditionsfirma ist mit einem womöglich elitären Anspruch, ob es ein junges Unternehmen ist, das sich durch eine ausgezeichnete Geschäftsidee für eine Nische überzeugend positioniert hat oder der klassische Konzern, der über eine Vielzahl von nationalen und internationalen Tochtergesellschaften verfügt. Jede dieser Ausgangssituationen prägt maßgeblich die Unternehmenskultur, und der zukünftige Stelleninhaber muss wissen, worauf er sich einlässt. Wichtig ist in diesem Zusammenhang auch, wie gut es dem Unternehmen geht, welche strategischen Zielsetzungen es gibt und welchen Beitrag der »Neue« dazu leisten soll.

Bei der Darstellung des Organigramms ist ein wenig Philosophie erlaubt oder sogar geboten, weil die Strukturen für die gleiche Geschäftstätigkeit von Firma zu Firma durchaus unterschiedlich sein können. Erläutern Sie, warum man sich für diesen Aufbau entschieden hat oder was man damit bei optimalen Umständen bewältigen kann. Wenn es eine Einbindung in eine in- oder ausländische Muttergesellschaft gibt, dann nehmen Sie dazu Stellung, wie groß der Einfluss und die Weisungsbefugnis im Tagesgeschäft sind. Auch das schlägt in der Regel auf die Organisationsstruktur durch. Außerdem ist ein Organigramm auch immer sehr gut dazu geeignet, die Unterschiede zwischen Konzernen und Mittelstand oder Kleinunternehmen deutlich zu machen und herauszuarbeiten. Die Organisationsstruktur sagt allein schon durch die Anzahl der Hierarchieebenen etwas über die Unternehmenskultur und über die voraussichtliche Art der künftigen Zusammenarbeit aus. Der Berichtsweg und die Unterstellung sind für einen Mitarbeiter ein entscheidender Aspekt, besonders dann, wenn er statusorientiert ist.

Schließlich sollte sehr viel Sorgfalt auf die Beschreibung der Aufgabe und der Anforderungen gelegt werden. Hier muss die Messlatte der Ehrlichkeit besonders hoch hängen und der Bewerber muss wissen, was eigentlich die Ausgangssituation für die Stellenbesetzung ist. Geht jemand in den Ruhestand und gibt es noch eine Übergangs- und damit Einarbeitungszeit? Soll alles so bleiben wie es ist oder muss etwas verändert werden? Geht es um eine neu geschaffene Position? Und warum? Wenn sich ein Mitarbeiter aus der Gruppe Hoffnung auf die zu besetzende Führungsaufgabe gemacht hat, ist dies ebenso ein wichtiger Informationspunkt wie die Aussage, dass am Anfang überwiegend Routine- oder Assistenztätigkeiten stehen und es erst bei Bewährung Aufstiegschancen geben wird. Ob es sich um eine neu geschaffene Position handelt, ob nach einer Restrukturierung Aufgaben neu verteilt wurden oder ob man einfach nur ein bestehendes »Kästchen« mit einer vorhandenen Aufgabenfestlegung übernimmt, sind wichtige Entscheidungskriterien für einen zukünftigen Mitarbeiter. Man sollte deshalb keine Perspektiven aufzeigen, die es dann doch nicht gibt, und die Anforderung zukünftiger Mobilität deutlich aussprechen! Auch die Forderung nach Versetzungsbereitschaft in neue Aufgabenbereiche ist zu thematisieren. Beschreiben Sie die Kollegen im unmittelbaren Umfeld, um ein Gefühl dafür zu vermitteln, mit wem man es künftig zu tun hat. Ein Personalreferent kann und sollte auch etwas zur Personalstruktur im Allgemeinen sagen, beispielsweise ob die Leute mit langer Betriebszugehörigkeit überwiegen, was ja auch positive Rückschlüsse auf die Atmosphäre zulässt. Merken Sie sich: Mangelnde Ehrlichkeit mag vordergründig ein Verkaufsargument mit dem gewünschten Ergebnis sein. Letztlich wird es besonders bei den guten Kandidaten zum klassischen »Eigentor« werden, da sie aufgrund anderer Möglichkeiten Ihr Unternehmen rasch wieder verlassen können.

Abgesehen von den so genannten »Facts and Figures«, die man nicht nur im Internetauftritt, sondern auch in anderen Informationsquellen nachlesen kann, die aber in der Regel der Vollständigkeit halber nochmals zusammenfassend wiederholt werden, sind Organigramm und vor allem die Unternehmenskultur ein extrem wichtiges Thema. Spätestens an dieser Stelle geht es um die wahre

Situation des Unternehmens. Es ist schlimm, wenn immer wieder in Anzeigen behauptet wird, man sei »das größte und schönste Unternehmen« und »Marktführer«. Sollte Ihnen also ein Vertreter der Personalabteilung oder der Unternehmenskommunikation Ihnen eingeredet haben, diese Form der Unternehmensdarstellung sei angebracht, dann geben Sie wenigsten jetzt wichtige ergänzende Informationen, selbstverständlich keine geschäftsschädigenden, aber doch bitte so, dass die Realität wenigstens entfernte Ähnlichkeit mit dem hat, was dem Kandidaten im Vorstellungsgespräch erzählt worden ist. Häufig erfährt man von wechselwilligen Kandidaten in Vorstellungsgesprächen, wie sehr sie belogen worden sind. Seien Sie sich sicher: Es lohnt sich nicht!

Wichtig ist, einem Kandidaten ein Gefühl für Geschichte und Tradition und damit auch für die Herkunft eines Unternehmens zu geben. Man kann daran anschließen, welche Ziele man hat, was warum für diese Zielerreichung geändert werden soll und welchen Beitrag man vom neuen Mitarbeiter dafür erwartet. Unternehmenskultur ist etwas Gewachsenes und kein Wunschbild. Deshalb sagen gegebenenfalls auch Internetauftritte sehr wenig über die tatsächliche Unternehmenskultur aus, weil sie in aller Regel von PR-Spezialisten gemacht werden, die ganz andere Intentionen haben. Auch die Versuchung von Unternehmensvertretern über durchaus gewollte und ehrlich beabsichtigte Änderungen in einer Weise zu reden, als wären die schon in Angriff genommen oder gar schon umgesetzt, entspringt nicht selten reinem Wunschdenken oder fataler Taktik. Bereits überdeutlich erkennbare Widerstände werden dann einfach unter den Tisch gekehrt.

Es gibt noch eine Vielzahl anderer Aspekte, die man einen Kandidaten – unter Umständen noch nicht den Bewerber – *vor* der Unterschrift wissen lassen muss. Vergessen Sie bitte nie, dass Sie zwar die Interessen Ihres Arbeitgebers wahren müssen, dass Sie aber bei Personalentscheidungen immer auch Schicksal spielen und Verantwortung für zukünftige Mitarbeiter übernehmen. Außerdem sollte Ihnen ein Mitarbeiter lieber sein, der nach Schilderung von einzelnen Problemen »dafür brauchen wir Sie« anschließend mit dem Gefühl an seinen neuen Arbeitsplatz kommt: »Das wäre doch gelacht, wenn mir das nicht gelänge!«

Inhalt und Schwerpunkte weiterer Gespräche

Das Einladungsschreiben zum zweiten Gespräch kann entweder nach reiflicher Überlegung und intensiven Diskussionen versandt werden, oder der zweite Termin wurde bereits am Ende des ersten Gespräches mündlich vereinbart, weil der Kandidat einen hervorragenden Eindruck hinterlassen und der Entscheider bereits bei diesem ersten Gespräch am Tisch gesessen hat. Andererseits muss man sich als auswählende Führungskraft darüber im Klaren sein, dass bei insgesamt guten Kandidaten wahrscheinlich die Entscheidung in der Endrunde noch schwieriger werden wird, da jetzt nur noch zwei oder drei Kandidaten der engsten Wahl im Rennen sind, die ebenfalls alle bisherigen Hürden erfolgreich überwunden haben.

Die Entscheidung wird auch deshalb schwierig, weil entweder diese Endrundenkandidaten alle vergleichbar gut sind oder weil sie sehr unterschiedliche Stärken und Schwächen haben. Was bedeutet, dass ein Arbeitgeber oder Vorgesetzter seine Kompromisse beim jeweiligen Kandidaten an unterschiedlichen Stellen machen muss. Selbstverständlich kann für weitere Gespräche auch eine Rolle spielen, dass bisher noch nicht diejenigen am Tisch saßen, die letztlich die Befugnis zu einer endgültigen Entscheidung haben.

In diesem zweiten Gespräch spielen jetzt erstmals Kleinigkeiten eine Rolle und werden entsprechende Beachtung finden, die beim ersten Mal entweder großzügig übersehen wurden, weil die Gesprächspartner am Anfang schließlich nicht wussten, wer noch nachkäme und sie bewusst niemanden aussortieren wollten, auf den sie zuletzt womöglich angewiesen sein würden. Hinzu kommt, dass man Bewerber zwangsläufig im Vergleich zueinander sehen muss.

In jedem Falle stehen jetzt die formalen Kriterien im Vordergrund. Gehalt und Sozialleistungen werden im Detail besprochen ebenso wie die Kündigungsfristen, Art und Umfang der Einarbeitung einschließlich eventueller Weiterbildung. Es wird, sofern die Zusammensetzung der Gesprächsrunde bei diesem zweiten Termin eine andere ist als beim ersten Mal, sicherlich nochmals Kurzvorstellungen geben, ansonsten aber eher Diskussionen, die etwas damit zu tun haben, wie jemand die neue Aufgabe angehen würde, was ihn als Person ausmacht und was er hinsichtlich des Hinein-

Interview-Auswertung

Position/ Abteilung:	Name des Bewerbers:		Termin:
Eintrittstermin/ Kündigungsfrist:	Umzug:	Ist-Einkommen:	Gehaltswunsch:

Ausbildung/Studium

	hervorragend	durchschnittlich	schwach	nicht zu bewerten
Ausbildungsrichtung				
Unternehmen				
Studienschwerpunkt				
Hochschule				
Noten/Beurteilungen				
besondere Aktivitäten				

(Dauer: Jahre)

Berufspraxis/Fachwissen

einschlägig (Branchenkenntnisse)				

Einsatzbereiche: ____________________

____

____

(Dauer: Jahre)

Führungserfahrung

Ausmaß Verantwortung: ______________________________

____

(Anzahl Mitarbeiter:)

Intellektuelle Fähigkeiten

	hervorragend	durchschnittlich	schwach	nicht zu bewerten
logisches/analytisches Denkvermögen				
geistige Flexibilität Reaktionsvermögen				
Auffassungsgabe				
Artikulationsvermögen/ Darstellungsweise				
Überzeugungsfähigkeit				

Persönlichkeit

äußere Erscheinung				
Auftreten				
Dynamik/Initiative				
Kommunikations-/ Teamfähigkeit				
Anpassungsbereitschaft				
Flexibilität				
Urteilsvermögen				
Selbstbewusstsein/ Durchsetzungsvermögen				
Führungsfähigkeit				
Mobilität				

Berufsmotivation

	sehr wichtig	von untergeordneter Bedeutung	bedeutungs-los
persönliche Zufriedenheit mit der Aufgabe			
Gehalt/sonstige Leistungen			
Aufstieg/ Karriere			
Verantwortung/ Führung			
konkretes Berufsziel			

Familiäres Umfeld

Bedeutung der Familie			
Kinder			
Beruf/Beschäftigung des Partners			

Sonstige Erfahrungen

Fremdsprachen: ______________________________

____

außergewöhnliche Fachkenntnisse: ______________________________

____

Lehr-/Vortragserfahrung: ______________________________

____

Publikationen: ______________________

____

Sonstiges: ______________________

____

Freizeitaktivitäten: ______________________

____

Sonstige Zielvorstellungen: ______________________

____

Fazit

	optimal	zufrieden stellend	eher nicht
Passgenauigkeit zur Position			
Passgenauigkeit zu Kollegenkreis/Team/ Mitarbeitern			
Passgenauigkeit zum Unternehmen			

Bemerkungen

____

____

____

Interviewer Datum

____

findens in die Unternehmenskultur lernen und wissen muss. Auch die Fragen des Kandidaten werden detaillierter und konkreter werden, weil er sich inzwischen seine Gedanken zu der neuen Aufgabe gemacht hat, mit der er sich seit der Einladung zum zweiten Gespräch viel konkreter auseinander gesetzt haben wird als in der ersten Runde.

Der Umgang mit Pannen, Problemen und Besonderheiten

Was tun bei anstrengenden oder außergewöhnlichen Verhaltensweisen?

Es kann vielerlei Gründe geben, warum in einem Vorstellungsgespräch keine gemeinsame »Wellenlänge« gefunden wird. Darüber hinaus gibt es aber auch Vorstellungsgespräche, die aufgrund bestimmter Verhaltensweisen von Bewerbern einfach nur noch als enervierend bezeichnet werden können.

Eine ganz besondere Kategorie der anstrengenden Bewerber sind zum Beispiel Damen, die sich – ob bewusst oder unbewusst – daran gewöhnt haben, mit einer gewissen persönlichen Naivität und Weltfremdheit zu kokettieren. Sie appellieren damit vor allem an männliche Beschützerinstinkte, was die meisten Interviewer ganz besonders ärgerlich werden lässt, wenn sie merken, dass sie zunächst reflexartig entsprechend reagiert haben. Das wird berechtigterweise als unzulässige Manipulation gewertet, und die Reaktion ist entsprechend ablehnend. Um herauszufinden, ob es sich dabei um längst im Alltag als sinnvolle Vorteilsstrategie verinnerlichtes Verhalten handelt oder ob sich hier jemand bewusst Vorteile als Frau ausrechnet oder verschaffen will, erfährt man am besten durch einige gezielte ironische Bemerkungen. War es ein Versuch, wird eine intelligente Dame beidrehen und ihr Verhalten ändern. Ist dagegen die Weibchen-Rolle längst zur persönlichen Überzeugung geworden, dann wird Ironie gar nichts bewirken oder allenfalls eine beleidigte Reaktion auf »Nichtverstandenwerden« hervorgerufen. Beenden Sie das Gespräch höflich, aber bestimmt und vergessen Sie diese Kandidatin.

Ebenso negativ reagieren die meisten Interviewer auf eine Selbstdarstellung ohne Punkt und Komma, auf die Bewerber also, die in jeder Lebenslage die Größten sind und für die es nichts gibt, was sie nicht fest im Griff hätten. Dazu gehört für sie offensichtlich auch, dass sie selbst den Verlauf des Gespräches bestimmen und oft Antworten auf Fragen geben, die gar nicht gestellt wurden. Als Ausgleich dafür beantworten sie selten tatsächlich gestellte Fragen: Dafür hören sie gar nicht genau genug zu. Sie reden einfach da weiter, wo sie unterbrochen worden sind. Wer so selbst gar nicht mehr zu Wort kommt, hat zwangsläufig den Eindruck, eigentlich den Raum verlassen zu können; sicherlich nicht gerade die ideale Basis für ein Gespräch. Hier hilft nur noch die unmittelbare Konfrontation, indem man das nächste Luftholen dazu nutzt, deutlich zu fragen, ob man sich vorstellen könne, dass sich der Interviewer gerne aktiv am Gespräch beteiligen möchte. Manchmal helfen auch mehrfache Unterbrechungen mitten im Satz, verbunden mit dem Hinweis, dass solche »Unhöflichkeiten« normalerweise nicht zum Verhaltensrepertoire gehörten, man sich aber nicht anders zu helfen wisse. Wird der »Schuss vor den Bug« als solcher erkannt und wahrgenommen, kann noch ein ganz brauchbares Gespräch dabei herauskommen. Falls nicht: Abbruch des Gespräches mit der Begründung, die Zeit sei überschritten, und höfliche, aber gerne unterkühlte Verabschiedung.

Nervend sind auch die Bewerber, die mit einer mehrseitigen Frageliste ins Gespräch kommen. Eine gute Vorbereitung bekommt eher Pluspunkte. Aber nach einer halben Stunde ununterbrochenen Fragens und dem mehrfach erteilten Hinweis, dass diese oder jene Einzelheit doch einem weiteren Gespräch vorbehalten bleiben sollte, möchte jeder Interviewer den Bewerber nur noch loswerden. Diese Dauerfrager sind auf eine bestimmte Art unerbittlich und penetrant, weil sie ihrerseits ihre Gesprächspartner und deren Reaktionen ignorieren. Sie sollten nach den ersten, womöglich vom Tonfall her scherzhaften Hinweisen deutlich vermittelt bekommen, dass man das Interview hier und jetzt beenden möchte.

Weniger problematisch und eher schon – vielfach im negativen Sinne – überraschend sind die Bewerber, die im Vergleich zu den Vorgenannten scheinbar überhaupt nichts genauer wissen wollen. Ihnen Zeit für eigene Fragen einzuräumen beziehungsweise sie deutlich dazu zu ermuntern, ist meist vergebens. Ein letztes Beurteilungskriterium kann sein, dass der Interviewer auf die ausgehändigte Visitenkarte verweist und anbietet, dass man ihn jederzeit wegen konkreter Fragen anrufen könne. Kommt dann auch in den nächsten Tagen kein Lebenszeichen, ist das ein klar negativer Punkt, sofern so jemand dann überhaupt noch in Betracht gezogen wird.

Eine weitere anstrengende Spezies sind die Bewerber, die nach einer Frage, die sie eigentlich zum Reden animieren soll, in einem vollständigen Satz antworten, dann einen »hörbaren« Punkt setzen und ihren Gesprächspartner erwartungsfreudig ansehen. Bei diesen Kandidaten kann ein Interviewer verzweifeln und seine mehr oder minder mühsam erlernten Gesprächstechniken vergessen, da sie anscheinend nicht wirken. Ich habe hin und wieder ganz gute Erfahrungen damit gemacht, dass ich längere Pausen bewusst zulasse – wozu allerdings gute Nerven gehören –, um die Einseitigkeit des Gespräches deutlich werden zu lassen. Oder ich habe dieses Verhalten einfach thematisiert, indem ich darauf hingewiesen habe, dass diese Art der Kommunikation von mir eine reine Fragetechnik verlangt, die nicht meine Vorgehensweise in einem solchen Gespräch sein kann und darf.

Als sehr schwierig werden auch Bewerber empfunden, die – vielleicht aufgrund negativer Erfahrungen – permanent auf der Hut sind und bei jeder normalen Verständnisfrage leicht gereizt reagieren. Sie machen vor allem durch ihre Körpersprache deutlich, dass sie sich ungerechtfertigt in der schwächeren Position fühlen, das eigentlich überhaupt nicht mögen und deshalb nach dem Motto »Wehret den Anfängen« vorgehen. Diese Abwehrhaltung, die sich oft auch in einem aggressiven Tonfall äußert, kann ein Gespräch stark belasten. Hier kann man nur noch fragen, ob der Bewerber bei seinen Gesprächspartnern bisher so viele schlechte Erfahrungen gemacht habe. Möglicherweise ist jemandem sein Verhalten gar nicht bewusst, und er kann nach Ermunterung über seine tatsächlichen schlechten Erfahrungen sprechen. Damit wird sein Verhalten verständlich. Manchmal fällt die Reaktion noch aggressiver aus. Ich glaube, dass kein Unternehmen chronisch misstrauische Menschen gebrauchen kann.

Bewerber, die vor lauter Angst schon nicht mehr klar denken können, sind eine weitere Problemgruppe. Sie sitzen auf der Kante des angebotenen Sitzplatzes, halten sich womöglich an der mitgebrachten Tasche fest oder machen auf andere Art deutlich, wie verkrampft und nervös sie sind. Hier ist es nicht mehr mit einigen netten, einführenden und entkrampfenden Sätzen getan, hier helfen vielfach nur noch psychologisch geschulte Interviewer, oder es kommt – im schlimmsten Fall – zum Abbruch des Gespräches, weil man als Interviewer unter diesen Rahmenbedingungen keinen vernünftigen und realistischen Eindruck bekommt.

Frauen- und Männertypisches im Vorstellungsgespräch

Eine Schwarz-Weiß-Darstellung, die nicht auf die Zwischentöne und -nuancen eingeht, soll deutlich machen, dass bestimmte Verhaltensweisen in die eine oder andere Richtung ausgeprägter sind oder einfach statistisch gesehen häufiger vorkommen. Es gibt nicht nur höchst sensible, sondern auch ängstliche Männer, die Forderungen nicht anmelden können. Auf der anderen Seite gibt es viele nicht nur hoch qualifizierte, sondern auch ehrgeizige und karrierebewusste Frauen, denen keine berufliche oder sonstige Chance entgeht.

Obwohl sich aber das Qualifikationsniveau von Frauen schon seit vielen Jahren in sehr bemerkenswerter Weise entwickelt hat, scheinen zumindest einige Frauen doch nach wie vor Probleme zu haben, sich zu »verkaufen«. Dazu gehört nicht nur die Selbstdarstellung, sondern auch das Anmelden von Forderungen und das Erkennen und Wahrnehmen von Chancen und Vorteilen. Große Probleme in Vorstellungsgesprächen verursachen aber auch mangelhafte Vorbereitung in Bezug auf das eigene Wollen und der häufig dadurch bedingte fehlende »rote Faden« im Lebenslauf. Frauen lassen sich in ihren beruflichen Entscheidungen immer wieder von anderen, ihnen nahe stehenden Personen beeinflussen und zeigen dadurch einen Mangel an Selbstbewusstsein, den sie nicht selten durch permanente Fortbildung auszugleichen bemüht sind. Zertifikate scheinen sie geradezu zu sammeln. Dies lässt unter Umständen erkennen, dass damit nicht nur etwas für das Selbstbewusstsein, sondern auch für den beruflichen Aufstieg getan werden sollte. Einzelne berufliche Entscheidungen haben oft mit Rücksichtnahme auf bestimmte Personen zu tun und sind daher für Außenstehende nicht ohne weiteres nachvollziehbar.

Zur mangelhaften Verkaufstechnik und Eigenwerbung gesellt sich eine falsch verstandene Neigung zum Understatement, die sich zum Beispiel in Formulierungen zeigt. Wird frau dann schließlich mit einer größeren und verantwortungsvollen Aufgabe betraut, möchte sie oft von ihren Vorgesetzten die Bestätigung haben, dass sie die zukünftige Aufgabe auch tatsächlich schaffen wird, was sie wiederum zur anstrengenden Nachwuchsführungskraft machen kann. Der bei Frauen sehr ausgeprägte Hang zum Perfektionismus lässt sie in Tagesproblemen und der perfekten Erledigung der auf dem Schreibtisch liegenden Arbeiten stecken bleiben, sodass sie wirkliche berufliche Chancen oft gar nicht erkennen, geschweige denn, ihre Karriereplanung in die Hand nehmen. Erschwerend kommen eine zu geringe Klarheit über die eigenen beruflichen Pläne und das häufig familiär bedingte wechselnde Engagement im Beruf hinzu, eine gewisse Risikoscheu und daraus resultierende übergroße Vorsicht bei Entscheidungen und beim Wahrnehmen von Chancen.

Andererseits gibt es natürlich auch frauenspezifische Vorzüge. Ihre stärkere Menschenorientierung und die Bereitschaft, Lorbeeren zu teilen oder gar weiterzureichen, verhelfen ihr zu einer besseren Rückendeckung durch ihre Mitarbeiter. Ihre vielfach größere Sensibilität für Atmosphärisches lässt sie gegensteuern, bevor eine Situation völlig verfahren ist oder eskaliert. Ein weiterer Vorteil besteht darin, dass Frauen in der Lage sind, zugunsten einer Gruppe auch einmal in die zweite Reihe zu treten.

Um die Unterschiede zu Männerspezifischem deutlich zu machen, ist wohl gerade der letztgenannte Punkt eine sehr gute Überleitung. Männer wollen in der Regel ständig und in erster Linie Sieger sein. Zu diesem Zweck – damit ein entsprechender Eindruck entsteht beziehungsweise gewahrt bleibt – tun sie im Vorstellungsgespräch Dinge, die mich – als Frau – fatal an Balzverhalten oder Pfauenrad-Schlagen erinnern. Es ist manchmal anstrengend, als Interviewer monologisierenden Selbstdarstellungen geduldig zuzuhören. Männer wollen offensichtlich zunächst einmal den Eindruck erwecken, dass es wenig gibt, was sie nicht beherrschen, und sie sind der festen Überzeugung, dass eventuelle Schwächen entweder gar nicht erst auffallen oder sie mit Leichtigkeit zu einem gegebenen Zeitpunkt ausgleichen werden. Dieser systemimmanente Optimismus, der durch kein noch so gutes Sachargument zu erschüttern ist, kann ausgesprochen anstrengend sein. Das, was vielen Frauen an Selbstbewusstsein fehlt, hat ein großer Teil der Männer manches Mal ungerechtfertigt im Übermaß.

Vergleichbares gilt für ihren ausgeprägten Opportunismus. Wird ein Mann im Interview nach einer eventuellen beruflichen Niederlage gefragt, aus der er bestimmte Dinge gelernt haben könnte, denkt er meist sehr überrascht mehrere Sekunden intensiv und angestrengt nach, um dann mit strahlendem Lächeln zu versichern, er habe richtige Niederlagen eigentlich bisher nicht erlebt. Bei Männern hat man häufig das Gefühl, dass die meisten eigentlich nur noch in Karriere-Aspekten denken können, sich daher viel zu wenig mit wirklicher Detailarbeit beschäftigen, und folglich von allem etwas wissen, aber nichts Genaues. In diesem Zusammenhang habe ich bereits mehrfach erlebt, dass ein männlicher Bewerber, der deutlich macht, dass er an einem weiteren Aufstieg nicht interessiert ist, sondern die interessante Aufgabe sucht, von männlichen Interviewern wegen dieses mangelnden Ehrgeizes sogar erhebliche Minuspunkte bekommt. Weitere Mankos bei Männern sind ihre fehlende Sensibilität im Gespräch und dadurch eingeschränkte Wahrnehmungsfähigkeiten. Auch kann man ihnen in der Regel nicht vorwerfen, dass sie sonderlich risikobewusst oder gar übervorsichtig wären. Selbst wenn man ihnen im Vorstellungsgespräch im Detail nachweist, dass sie bei Übernahme dieser Position wegen fehlender Kenntnisse oder Erfahrungen an mindestens vier Fronten gleichzeitig kämpfen müssten, reagieren sie meist so, als sei das nun wirklich kein Problem und man habe ihnen während des Gespräches offensichtlich nicht zugehört.

Doch selbstverständlich haben Männer auch eine Menge positiver Eigenschaften, so zum Beispiel ihre große Zielstrebigkeit, ihre wesentlich stärkere Konzentration auf Zukunftsperspektiven und ihre durchaus sinnvollen Kosten-Nutzen-Überlegungen im Hinblick auf Aufwand und Ergebnis. Hinzu kommt ihre Befähigung, in Netzwerken zu denken und zu agieren und auf Zukunft gerichtete Beziehungen aufzubauen. Auch die größere Sensibilität für »Firmenpolitik« oder »Fettnäpfchen« sind Vorteile. Bewundernswert ist darüber hinaus die Bereitschaft, Situationen eher unter dem Aspekt der Chance als unter dem des Risikos zu betrachten, oder sie zumindest für gleichwertig zu halten.

Schließlich spielt für den gesamten Gesprächsverlauf und die nachfolgende Beurteilung auch heute noch eine entscheidende Rolle, ob sich die auswählenden Führungskräfte eine Frau oder einen Mann auf der Position vorstellen können. Selbstverständlich kann es auch heute noch gute Gründe dafür geben, warum eine Frau in einer bestimmten Funktion nicht glücklich würde und das Unternehmen ein Problem hinzubekommt und nicht löst.

Aus der Praxis

In einem konkreten Fall wollte ein mittelständischer, sehr technisch orientierter Betrieb einen Produktmanager im Bereich Marketing neu einstellen. Auch die zu betreuenden Produkte waren als technische Gebrauchsgüter zwangsläufig mit der Notwendigkeit einer engen Kooperation mit der technischen Entwicklung verbunden. Man hatte im Unternehmen seitens der Marketingleitung erste Ansätze mit einer sehr engagierten Junior-Produktmanagerin unternommen, deren Arbeitseinsatz durch eine Beförderung honoriert werden sollte. Trotz enormen Engagements und fachlicher Qualifikation im Marketing hatte diese junge Frau im operativen Tagesgeschäft gegenüber den übermächtigen Technikern keine Chance. Hier wäre es nun gänzlich verfehlt gewesen, eine weitere

Frau in einen vorläufig noch so aussichtslosen Kampf zu schicken. Man entschied sich schließlich für einen Ingenieur, der sich frühzeitig für Marketing und für die Entwicklung nicht nur funktionaler, sondern auch designorientierter Produkte interessiert hatte. Solche Überlegungen sind im Vorfeld anzustellen, oder sie reifen während einer Vorstellungsrunde.

Die Vorbereitung auf unbequeme Fragen der Kandidaten

Nicht nur Bewerber können bei bestimmten Gesprächssituationen äußerlich oder auch nur innerlich ins Schwitzen geraten, sondern auch Firmenvertreter, die plötzlich Fragen gestellt bekommen, die man nur richtig und damit womöglich ungewollt ehrlich beantworten kann, oder bei denen man – sofern man sich für eine Lüge oder zumindest Halbwahrheit entscheidet – zu einem späteren Zeitpunkt bei dem Kandidaten in einem sehr schlechten Licht dasteht. Dabei ist sicherlich noch zu unterscheiden, ob diese bewusst falsche Antwort »nur« denjenigen beschädigt, der sie artikuliert hat, oder ob das Unternehmen Schaden leidet, weil herauszuhören war, dass diese falsche Antwort einer Anweisung entsprach. Der Mittelweg kann eigentlich nur sein, entweder mit allen Risiken, die das für die Bewertung dieser Situation für den Kandidaten bedeuten kann, einer Antwort auszuweichen und wenig zu einer konkreten Frage zu äußern, die Wahrheit diplomatisch, aber ohne Lügen zu verpacken oder die ehrliche Antwort nur demjenigen zu geben, der letztlich den Vertrag unterschreiben soll. »Bad news« zu verbreiten, ist sicherlich nicht nur nicht jedermanns Sache, sondern will auch geübt sein.

Sicherlich gibt es bei unangenehmen Fragen Unterschiede. Hierzu einige Beispiele, um Ihnen ein Gefühl dafür zu vermitteln, was Ihnen in einem Vorstellungsgespräch passieren kann.

Wenn jemand wissen will, wie denn die aktuelle Marktsituation der Firma ist, oder darauf hinweist, dass er einige negative Dinge über diese Firma der Presse entnommen habe und nun fragt, ob diese Berichte oder Gerüchte stimmen. Ein anderer hinterfragt die Gründe für die nachweislich erhebliche Mitarbeiter-Fluktuation, oder er will wissen, ob die Verkaufsgerüchte Wahres enthalten. Oder rund um einen Börsengang hat ein Vorstandsvorsitzender vor einiger Zeit vollmundige Aussagen zur weiteren Entwicklung des Unternehmens gegeben, die in keiner Weise eingehalten werden konnten. Die Frage, ob ein Unternehmen gesund ist, scheint aus Sicht des Kandidaten sicherlich mehr als berechtigt, und das gilt auch für die Frage nach dem dritten Geschäftsführerwechsel in nur zwei Jahren.

Ebenso unangenehm können Fragen sein, die die Position unmittelbar betreffen: Warum die Stelle denn seit längerer Zeit unbesetzt ist? Warum es denn keinen geeigneten Kandidaten aus den eigenen Reihen gibt, obwohl doch die Personalentwicklung und die Nachfolgeplanung nach den vorherigen Ausführungen so ernst genommen werden? Warum die so anspruchsvolle Aufgabenstellung nicht mit einer Linienverantwortung verbunden ist, obwohl doch Entscheidungen gefällt und Budget- und Mitarbeiterverantwortung getragen werden sollen? Auch bei der Frage nach den persönlichen Entscheidungsfreiräumen und ob Mitarbeiter das Recht haben, einem nächsthöheren Vorgesetzten Ideen vorzutragen, die der unmittelbare Chef unterdrückt, fallen unter die kritischen Punkte.

Aus der Praxis

Neben diesen unangenehmen Fragen gibt es auch noch weitere überraschende und unmittelbare Stellungnahmen erfordernde Situationen. Dazu zählt beispielsweise, dass Sie zwar vielleicht schon bei der Einladung eines bestimmten Bewerbers den Eindruck aus den schriftlichen Unterlagen gewonnen hatten, dass dieser womöglich für die Aufgabe zu erfahren sein könnte. Andererseits bot er so viele wesentliche Berührungspunkte zum Anforderungsprofil, dass man nicht umhinkonnte, ihn sich anzusehen. Das Gespräch läuft wie erwartet ausgezeichnet. Sie sind immer mehr von den Antworten des Kandidaten und von seinem Auftreten beeindruckt, haben ihn im Geiste schon eingestellt und ihn deshalb auch spontan und ohne weitere Überlegungen zum zweiten Gespräch eingeladen. Nun nutzt dieser die am Tisch versammelte Runde der Entscheidungsträger aus, um, nachdem er offensichtlich in der engsten Wahl ist, nunmehr seine eigenen Vorstellungen einer für ihn geeigneten Position zu skizzieren und dies selbstverständlich in aller Höflichkeit und mit der Bitte, dass Sie doch darüber nachdenken mögen.

Da solch eine Wendung nicht eingeplant war, gibt es natürlich einige überraschte Gesichter am Tisch und auch der leise Vorwurf, dass Sie solch einen Kandidaten überhaupt zum Gespräch eingeladen haben, wo doch jeder sofort erkennen kann, dass der in dieser Position nicht glücklich würde – was er ja nun auch noch persönlich und unmittelbar kundgetan habe. Sie sind nun Ihren Kollegen und insbesondere dem eigenen Chef eine Erklärung schuldig, die, damit sie nicht nur als Rechtfertigung klingt, nicht ganz einfach werden wird.

Eine Argumentationslinie kann die sein, dass über das bisherige Anforderungsprofil im Sinne einer Modifikation nachgedacht werden kann. Sie können mit einem günstigen Preis-Leistungs-Verhältnis argumentieren, und dass man für wenig mehr Geld sehr viel mehr Leistungsfähigkeit und eine deutlich geringere Anlaufzeit einkaufen kann. Sie können auf zukünftige Perspektiven verweisen und Sie können telefonisch ein ernstes Wort mit dem Kandidaten reden. Was geht und wie Sie sich verhalten können, hängt sicherlich von Ihrem eigenen Einfluss in diesem Unternehmen ab, aber natürlich auch von den allgemeinen Rahmenbedingungen, die auch Sie nicht beeinflussen können.

Die vorzeitige Beendigung eines Interviews

Was hält Sie – selbstverständlich nach einiger Übung – davon ab, einem Kandidaten zu erläutern, dass Sie zwar das richtige Firmenumfeld für ihn haben, dass aber die Aufgabenstellung und die zu besetzende Position nicht richtig für ihn sind? Oder Sie machen jemandem, der sich zu früh in seiner beruflichen Entwicklung auf eine bestimmte Position beworben hat, klar, dass man auch besonders talentierte und pflichtbewusste Mitarbeiter durch zu hohe Anforderungen entmutigen und letztlich zerstören kann. Das sind sozusagen die angenehmen, weil konstruktiven und damit positiven Varianten der Beendigung eines Gespräches.

Daneben gibt es auch unerfreuliche Varianten. Einzukalkulieren sind Reaktionen auf extrem anstrengende Kandidaten. Darüber hinaus wird es natürlich immer Gesprächsabbrüche geben, die damit zu tun haben, dass die Abweichungen zwischen dem, was das Unternehmen sucht und benötigt, und dem, was der Kandidat zu bieten hat, einfach zu groß sind. Es mag auch so sein, dass der Kandidat es an entscheidenden Stellen in seiner Bewerbung mit der Wahrheit nicht so ganz genau genommen hat und Sie falsche Schlüsse daraus gezogen haben. Dann sollte allenfalls eine Höflichkeitsfrist eingehalten werden, die dem Kandidaten eine Selbstdarstellung erlaubt, damit die nachfolgende negative Beurteilung und der damit verbundene Gesprächsabbruch auch einigermaßen fair klingen. Das gilt vor allem dann, wenn die Negativbeurteilung ausschließlich persönliche Gründe hat, die aber nicht artikuliert werden können, um die Grenzen der Höflichkeit nicht zu verletzen.

Manchmal sind auch negative Entscheidungen mit Rahmenbedingungen verbunden, die vom Interviewer einfach nicht zu beeinflussen sind. Ein konkretes Beispiel kann sein, dass das Unternehmen einen Key Account Manager sucht, der auf Top-Ebene zu verhandeln versteht und von den Vertretern der obersten Management-Ebene auch akzeptiert wird. Nun sitzt da ein hervorragender Kandidat, der womöglich gemessen an seinem Alter erhebliche Meriten vorzuweisen hat, von dem Sie als Insider aber leider ganz genau sagen können, dass ein über fünfzigjähriger Unternehmer diesem Vertriebsrepräsentanten die angebotenen komplexen Dienstleistungen nicht abkaufen würde. Hier den Gesprächsabbruch zu begründen ist nicht ganz einfach. Am besten dürfte hier die Frontalstrategie sein, indem man offen über diesen Punkt spricht. Ein wirklich guter Vertriebsmann wird diesen Aspekt aus konkreter Erfahrung vermutlich sogar akzeptieren können.

Es ist denkbar, dass ein Vorstellungsgespräch ehrlich und offen damit abgebrochen wird, dass man einem Kandidaten sagt, wegen dieser oder jener fachlichen Defizite käme er nicht infrage oder es sei ihm nicht gelungen, Zweifel auszuräumen. Hier kann es dann schon einmal erfreuliche Überraschungen geben, wenn ein Missverständnis aufgeklärt werden kann oder wenn ein Fachmann auf einem bestimmten Gebiet bestimmte Fähigkeiten und/oder Fertigkeiten bei seinem Werdegang als selbstverständlich vorausgesetzt und sie deshalb auch auf Nachfragen nicht ausreichend erläutert hat. Wird dann darauf hingewiesen, dass diese oder jene Punkte des Anforderungsprofils nicht genügend abgedeckt werden, kann durch die vorzeitige Beendigung des Interviews sogar noch alles zur Zufriedenheit geklärt werden.

In jedem Falle kann bei einem vorzeitigen Gesprächsabbruch auf die ausführliche Darstellung des Unternehmens und der Aufgabenstellung verzichtet werden.

»Todsünden« und Pannen

Zu den unentschuldbaren und höchst blamablen Todsünden, die bedauerlicherweise alle schon passiert sind, zählt, dass die Einladung an einen Kandidaten zwar per Post versandt, aber anschließend vergessen oder nicht an die involvierten Personen in der Firma weitergeleitet wurde. Nun ist der Kandidat eingetroffen, aber keiner steht zur Verfügung, der ein auch nur annähernd angemessenes fachliches Gespräch führen könnte. Hier hilft nur Offenheit, eventuell verbunden mit der Notlüge, dass der einzige Gesprächspartner, der ein sinnvolles Gespräch führen könnte, kurzfristig erkrankt sei und der Personalleiter, der gerne eingesprungen wäre, wegen einer Verhandlung mit dem Betriebsrat so kurzfristig nicht zur Verfügung stehen könne. Kommt der Kandidat von weit her, hat er sich mit Sicherheit einen Tag Urlaub genommen. Dann sollte alles darangesetzt werden, für den gleichen Tag doch noch einen Gesprächspartner zu organisieren, egal woher er geholt werden muss. Hier könnte ein Imageschaden entstehen, der durch entsprechende Äußerungen im Freundes- und Bekanntenkreis unangenehme Auswirkungen haben kann. Vielleicht kann bei einem kleineren Unternehmen ein Mitglied der Geschäftsleitung oder eine andere wichtige Führungskraft diesen Kandidaten zum Essen ausführen; auch das macht Terrain gut.

Eine weitere unangenehme Situation entsteht, wenn ein Bewerber gerade sein Vorstellungsgespräch hat und die Runde die Zeit noch gar nicht oder geringfügig überzogen hat. Nun kommt die Sekretärin ins Zimmer und verkündet, dass der nächste Kandidat bereits da sei. Zu allem Unglück hat sie ihm im Vorzimmer einen Platz angeboten, sodass der letzte Bewerber beim Hinausgehen fast über den nächsten stolpert. Dies ist natürlich ein außerordentlich unsensibles Vorgehen, aber es sollte eigentlich ohnehin selbstverständlich sein, dass die nachfolgenden Bewerber in einem Büro warten können, sofern es keinen Warteraum gibt. Auch Warten im Foyer ist in Ordnung, da der dort wartende Kandidat in der Regel nicht wissen kann, dass derjenige, der das Haus verlässt, sein Mitbewerber ist. Denn obwohl jeder der Bewerber weiß, dass er selbstverständlich nicht der Einzige ist, muss er ja nicht ständig mit der Nase darauf gestoßen werden.

Eine vergleichbare Situation könnte auch für die Bewerbungsunterlagen der für den gleichen Tag eingeladenen Kandidaten eintreten. Nicht selten wird der gesamte Stapel von allen vier oder fünf Eingeladenen auf den Tisch gelegt, was dazu führt, dass sich der jeweilige Bewerber wie eine Nummer fühlt, die an diesem Tag »abgearbeitet« wird. Gleiches gilt für die vorbereiteten Informationsunterlagen, die der Bewerber mitnehmen kann. Kommt dann noch hinzu, dass der für das Vorstellungsgespräch vorgesehene Zeitrahmen eng bemessen ist, wird dieser Eindruck noch verstärkt. Auch das nicht weggeräumte Geschirr, die schmutzige Tasse oder das Glas, das noch auf dem Tisch vor dem Kandidaten steht, machen einen sehr schlechten Eindruck. Eher am Rande sei vermerkt, dass eine Lüftungspause nach jedem Besucher sinnvoll ist, damit nicht der vierte Kandidat mit der Nase ausrechnen kann, wie viele Mitbewerber es wohl gibt.

Eine weitere Unsitte ist es, während des gesamten Vorstellungsgespräches demonstrativ in den Bewerbungsunterlagen des Kandidaten zu »blättern«. Vielfach wird weder gelesen, noch Informationen aufgenommen oder nachgeschlagen, sondern es werden einfach ohne Sinn und Verstand Seiten umgeschlagen. Damit wird mehr als deutlich signalisiert, dass man die Bewerbungsunterlagen eben nicht – wie es immer so schön heißt – »gründlich durchgearbeitet hat«. Dieses Defizit kann man nicht einmal im Gespräch ausgleichen. Wegen fehlender Vorbereitung und mangelnder Konzentration auf den Kandidaten werden Fragen gestellt, deren Antworten entweder in den Unterlagen zu lesen gewesen wären oder die im Gespräch bereits erläutert wurden, aber die der Interviewer wegen des Blätterns nicht aufgenommen hat.

Immer wieder passiert es, dass der Zeitrahmen der aufeinander folgenden Einladungen viel zu eng gewählt wurde und ein Kandidat oder gar mehrere unverhältnismäßig lange warten muss, weil vielleicht sein Vorgänger einen guten Eindruck macht oder weil sich einer der Gesprächspartner an einem interessanten Hobby festgebissen hat. Ist der Terminplan des Tages dann erst einmal ins Rutschen gekommen, kann nur noch eine längere Mittagspause als zeitlicher Puffer dienen, sodass man am Nachmittag wieder pünktlich beginnen kann. Unverhältnismäßig lange bedeutet mehr als zwanzig Minuten, da man immer die besondere Situation des Bewerbers in dieser speziellen Gesprächssituation berücksichtigen muss. Je länger er wartet, desto nervöser oder einfach wütender wird er, was ihm, weil er das ja nicht artikulieren kann, es aber mit Sicherheit ausstrahlen wird, einen schlechteren Start beschert. Das ist einfach unfair.

Eine im wahrsten Sinne des Wortes »unmögliche« Situation entsteht, wenn zwei Führungskräfte im Beisein eines Kandidaten wegen unterschiedlicher Standpunkte eine Auseinandersetzung vom Zaun brechen. Anschließend dürfte nur ein Bewerber seine Unterschrift unter den Vertrag setzen, der unbedingt einen Job benötigt.

Zu den Pannen, die man mit einiger Freundlichkeit und mit einem gewissen Improvisationsvermögen auszugleichen vermag, zählt beispielsweise die versehentliche Einladung von zwei Kandidaten zur gleichen Uhrzeit. Hier kann von großem Vorteil sein, dass mehrere Gesprächspartner vorgesehen sind. Unter diesen Voraussetzungen müssen dann die beiden Bewerber mit etwas Glück und Souveränität der »Mitspieler« gar nichts von diesem Missgeschick bemerken, weil man die Interviewer in unterschiedliche Zimmer setzt und die Kandidaten wechseln lässt. Der eine fängt mit dem ersten Bewerber an, der zweite nimmt den zweiten

Kandidaten. Nach einer Stunde oder nach fünfundvierzig Minuten werden dann die Gesprächspartner ausgetauscht.

Bei »Terminvereinbarungen« passiert es auch immer wieder, dass ein Bewerber »für Mittwoch, den 12. Mai« eingeladen gewesen ist, aber die beiden Informationen nicht zusammenpassen, denn der 12. Mai ist ein Dienstag. In vielen Fällen merkt der Eingeladene den Widerspruch, ruft an und fragt nach. Genauso gut kann aber auch geschehen, dass er beim Lesen der Einladung sofort die Woche zuordnet und sich dann – wie die meisten Menschen – am Wochentag orientiert und sich darauf einstellt. Das kann zu dem Ergebnis führen, dass er unerwartet am Empfang steht. Sollten an dem Tag ebenfalls Vorstellungsgespräche geplant sein, kann als Lösung die Mittagspause gestrichen und ein anderes Gespräch früher beendet werden, damit zumindest eine Stunde für dieses eingeschobene Gespräch bleibt. Dies dürfte reichen, um einerseits dem Kandidaten entgegenzukommen – es handelt sich ja immer noch um den Fehler der Firma –, andererseits kann man den Kandidaten dann aber auch vielleicht noch eine Stunde auf einen Spaziergang oder in die Stadt schicken. Selbstverständlich kann man dem Bewerber auch einen Ersatztermin anbieten, dann muss aber betont werden, dass die Reisekosten selbstverständlich ein zweites Mal übernommen werden.

Die Verspätung eines Interviewers kann dadurch ausgeglichen werden, dass jemand einen Firmenrundgang mit dem Bewerber unternimmt. Sogar die gestern noch vorhandenen, aber heute verschwundenen Bewerbungsunterlagen können durch eine gute Gesprächsführung und schriftliche Notizen überspielt werden. Manchmal hat man dann das Glück, dass man entweder noch die E-Mail-Version findet oder dass der Kandidat wegen der Bewerbung per E-Mail gebeten wurde, seine komplette Bewerbungsmappe zum Gespräch mitzubringen. Gleiches gilt auch, wenn der eigentlich gebuchte Raum eben nicht gebucht worden ist oder es hier eine Überschneidung gibt und schon eine Gruppe darin tagt. Mit Improvisation und Souveränität kann auch diese Panne überspielt werden.

Der Beurteilungsprozess

Beurteilungskriterien

Der *fachlichen Passgenauigkeit* kann ein sehr hoher oder gar der höchste Stellenwert beigemessen werden. Dabei gilt die Faustregel: Je niedriger die zu besetzende Position angesiedelt beziehungsweise je näher sie am operativen Geschäft ist, desto höher ist zwangsläufig die Bedeutung der Fachkompetenz. Bei Vakanzen gibt es höchst unterschiedliche Ausgangssituationen und/oder Rahmenbedingungen, die ihrerseits keine Kompromisse bei den Fachkenntnissen zulassen. Dazu können beispielsweise zählen:

- Der jetzige Stelleninhaber ist kurzfristig versetzt worden und die Position, die fundiertes Fachwissen erfordert, muss mit einer nur sehr geringen Übergabefrist wieder besetzt werden.
- Ein neuer Geschäftsbereich soll aufgebaut werden, der für die zukünftige Marktposition des Unternehmens sehr wichtig ist. Das Know-how für die Ausgestaltung und Positionierung am Markt ist jedoch nicht im Unternehmen vorhanden und muss »eingekauft« werden.
- Mit den Ergebnissen einer bestimmten Aufgabenstellung müssen nachfolgende Abteilungen in gewohnt zuverlässiger Weise weiterarbeiten können.
- Nach einem Todesfall ist eine Vakanz in einer Führungsfunktion so rasch wie möglich zu besetzen und die Mitarbeiter sind durch einen fachlich sehr versierten Vorgesetzten, den man immer um Rat fragen konnte, »verwöhnt«. Der neue Stelleninhaber wird nun zwangsläufig am bisherigen Chef gemessen und hat wenig Anlaufzeit.

Treffen diese oder ähnlich gelagerte Beispiele nicht zu, können beim Fachwissen akzeptable Kompromisse eingegangen werden. Das heißt, es kann auf herausragende Fachkenntnisse verzichtet werden, wenn der neue Mitarbeiter von einem Vorgänger eingearbeitet werden kann, es sich unter Umständen um eine Nachfolgeregelung mit einer zeitlich begrenzten Vertretungsfunktion handelt, wenn das Unternehmen über genügend Möglichkeiten der

Fortbildung verfügt oder wenn man bereit ist, den Kandidaten in seinen eigenen Bemühungen um entsprechende Weiterbildung zu unterstützen und ihm auch die damit verbundene Anlaufzeit gewähren kann. In jedem Falle handelt es sich bei überschaubaren Defiziten in Bezug auf die Fachkenntnisse sehr häufig um Kenntnisse, die man sich in einem akzeptablen Zeitraum aneignen kann. Dies gilt in besonderer Weise, wenn der Kandidat deutlich an der Vakanz interessiert ist und den angesprochenen »Lücken« zustimmt. Dann wird es in seinem Interesse sein, das fehlende Wissen so schnell wie möglich zu erwerben. Solche Menschen entwickeln manchmal weit mehr Engagement als das jemand tun würde, der sich unter Umständen das eine oder andere Mal fragt, wo denn für ihn die Herausforderung steckt.

Ein recht typisches Beispiel hierfür sind fehlende verhandlungssichere Fremdsprachenkenntnisse. Ich habe hier schon einige Male erlebt, dass der ausgewählte Kandidat bis zum Dienstantritt sogar auf eigene Kosten noch einen Crash-Kurs in England absolviert hat, um sich auf diesem Gebiet den optimalen Start nicht zu verderben.

Persönliche Wertmaßstäbe eines Menschen sind weit weniger formbar, insbesondere dann, wenn ein Mitarbeiter mit höherem Alter und einiger Lebenserfahrung eingestellt wird. Hier sollten die Anforderungen an die Passgenauigkeit ungleich viel höher sein und auch nachdrücklich eingefordert werden. Beruhigend ist sicherlich in diesem Falle, dass Bewerber wegen der nicht übereinstimmenden »Chemie« dann ohnehin viel häufiger und vor allem viel schneller abgelehnt werden als aufgrund fehlender Fachkenntnisse. Aus Erfahrung kann ich sagen, dass bei Kandidaten, die meinen Auftraggebern auf Anhieb sympathisch waren, die Fachkenntnisse sogar von fast schon bedrohlich untergeordneter Bedeutung waren. Deutliche Hinweise, dass der Bewerber nicht sehr bewandert in Kostenrechnung ist, wurden dann ebenso bagatellisiert wie die vorab so wichtigen verhandlungssicheren Fremdsprachenkenntnisse.

Wertmaßstäbe eines Kandidaten haben auch gravierende Auswirkungen darauf, wer mit wem gut zusammenarbeiten kann. Der

Perfektionist oder extrem strukturierte Mensch wird mit dem kreativen Chaoten nur schwer zurechtkommen. Und der Karrierist und ehrgeizige Leistungsträger wird unter Umständen sehr verächtlich mit demjenigen umgehen, der keine klaren Perspektiven hat, wo er in fünf Jahren sein will, oder der eben primär an den Aufgabeninhalten interessiert ist. Jeder Mensch hat seine mehr oder weniger ausgeprägten Wertmaßstäbe, die in der Regel auch nach außen gelebt werden. Toleranz ist dabei nicht jedermanns Sache, obwohl in bestimmten Funktionen genau diese Eigenschaft wesentlich wäre. Die herausragenden, unübersehbaren Eigenschaften gehen in aller Regel einher mit den persönlichen Anforderungen an andere Menschen und natürlich auch an eine Organisation. Und man kann Menschen sehr unglücklich machen, wenn man sie in ein falsches berufliches Umfeld bringt. Dafür sind die heutigen Anforderungen an Job und Einsatz zu hoch. Stellen Sie sich vor, dass Sie bisher in einem Konzernumfeld für alle denkbaren Probleme Spezialisten heranziehen konnten und dies immer begrüßt haben. Nun arbeiten Sie bei einem Mittelständler, der von Ihnen mindestens einmal pro Woche Mut zur Lücke verlangt, externen Rat für Geldverschwendung hält und darüber hinaus von Ihnen erwartet, dass Sie auch an Stellen mit anfassen, die eigentlich nicht zu Ihrem Arbeitsgebiet gehören. Oder Sie sind jemand, der aus persönlicher Überzeugung keinem Konflikt aus dem Weg geht, und Sie kommen nun in ein Umfeld, in dem Harmonie herrschen soll und in dem eine Aussprache bereits als Aggression gewertet wird.

Zielen Sie als Beurteilungskriterium auch die *Körpersprache* des Kandidaten heran. Erste wichtige Eindrücke ergeben sich im Vorstellungsgespräch schon aus der Sitzordnung; der Gastgeber kann sie im Vorfeld steuern und dadurch den Gesprächsverlauf positiv oder negativ beeinflussen. Die meisten Menschen haben bestimmte »Sitz-Vorlieben«, ein bevorzugtes räumliches Verhalten, das sich – häufig unbewusst – immer wiederholt. Übertragen auf das Vorstellungsgespräch bedeutet das, dass man dem Kandidaten – da er sich normalerweise in der angespannteren Situation befindet – die Sitzwahl überlässt, die für sein persönliches Wohlbefinden in dieser Ausnahmesituation wichtig ist. Dabei sollte jedoch darauf geachtet werden, dass er von seinem Platz aus einen guten Überblick über den gesamten Kreis der Gesprächspartner hat. Ich würde hinsichtlich der Bedeutung der Körpersprache sogar so weit gehen, dass man dem Bewerber die Platzwahl mit genau dieser Argumentation anbieten sollte. Nervosität und Anspannung machen sich – auch bei gestandenen Managern – außerdem in einer verkrampften Sitzhaltung bemerkbar, die aufgrund der unbequemen Sitzposition sowohl das Nachdenken als auch die persönliche Souveränität beeinträchtigen können. Sobald man dies beobachtet, hat man als Gastgeber vielfältige Möglichkeiten, mit etwas Einfühlungsvermögen gegenzusteuern.

Die Sitzordnung ist eine wichtige Voraussetzung für einen guten Gesprächsverlauf, weil die Selbstdarstellung/Präsentation und die Antworten allen anwesenden Gesprächspartnern gegeben werden können und nicht nur denjenigen, die konkrete Fragen gestellt haben oder durch ihre Mimik sympathisch erscheinen. Menschen neigen dazu, sich per Blickkontakt an denjenigen zu orientieren, die sie freundlich anlächeln, die zu ihren Ausführungen bestätigend nicken oder die schon vom Äußeren her offen und sympathisch wirken. In jedem Falle sollte die Befähigung des Kandidaten, eine größere Gesprächsrunde per Blickkontakt in eine Unterhaltung einzubeziehen, ein wichtiges positives Auswahlkriterium für alle Kontaktberufe und zwangsläufig auch für Managementfunktionen sein.

Der Blickkontakt kann im Vorstellungsgespräch im Extremfall dazu führen, dass ein einzelner – als wohlwollend und sympathisch eingestufter – Gesprächsteilnehmer durch entsprechende Konzentration des Blickkontaktes sogar Antworten auf die Fragen erhält, die er gar nicht gestellt hat. Umgekehrt heißt das: Wird ein inquisitorischer Interviewer vom Bewerber instinktiv aufgrund seiner Fragen als bedrohlich erlebt, versucht er häufig, diese Bedrohung durch fehlenden Blickkontakt regelrecht auszugrenzen. Eine Ausnahme von der Regel ist, dass Menschen gegebenenfalls auch dann zeitweise den Blickkontakt abbrechen, wenn sie sich auf komplexere Ausführungen oder die Beantwortung einer besonders schwierigen Frage konzentrieren wollen.

Andererseits können versierte Vorstellungsprofis durch intensiven Blickkontakt oder lebhaftes Kopfnicken einen Unternehmensvertreter derart manipulieren, dass dieser mit der Darstellung von Unternehmen und Aufgabenstellung gar nicht mehr aufhört und kaum mehr lästige Fragen stellt, trotzdem aber nach der Verabschiedung überzeugt ist, einen höchst angenehmen und selbstverständlich hoch qualifizierten Gesprächspartner kennen gelernt zu haben. Wie wenig er über den Kandidaten tatsächlich erfahren hat, stellt sich meistens dann heraus, wenn er die Einstellungsempfehlung einem anderen Entscheidungsträger gegenüber differenziert begründen muss.

Auch die Mimik spielt im Vorstellungsgespräch eine wichtige Rolle. Der Bewerber wird sich in der Regel sehr genau kontrollieren, um möglichst wenig Nervosität oder andere Gefühlsregungen zu zeigen. Der Interviewer dagegen wird sich aufgrund seiner (vermeintlich) überlegenen Position weit weniger kontrollieren, sodass ein aufmerksamer Bewerber im Gespräch viele Hinweise aufnehmen kann; Stirnrunzeln im Sinne des Nichtverstehens oder Ablehnens, ein Lächeln als Zeichen der Zustimmung oder Nicken als Aufforderung, auf dieser einvernehmlichen Wellenlänge doch weiterzumachen.

An der Mimik ist auch ablesbar, ab wann man seine Zuhörer langweilt, wenn man zum Beispiel zu sehr ins Detail geht oder abschweift. Schließlich kann man mit Mimik und Gestik Langeweile, Überdruss, Ärger, aber auch Fluchtgedanken ausdrücken, und daher ist beiden Gesprächsparteien dringend zu empfehlen, solche Gesprächssignale zu beachten und ernst zu nehmen. Bedauerlicherweise sind viele Bewerber in einer solchen Gesprächssituation so sehr mit sich selbst beschäftigt, dass sie ihre Gesprächspartner im wahrsten Sinne des Wortes aus dem Auge verlieren. Dann reden sich viele Kandidaten um Kopf und Kragen, weil sie nicht wahrnehmen, dass sich ihr Gegenüber genervt fühlt oder abschaltet, zum Beispiel bei einer viel zu detaillierten, monotonen Selbstdarstellung oder weil die Frage überhaupt nicht konkret beantwortet wird.

Es gibt auch typische körpersprachliche Anzeichen dafür, dass ein Gesprächspartner inhaltlich nicht (mehr) folgen kann oder will, weil man zum Beispiel zu schnell oder zu leise spricht, der

Gesprächspartner eine wichtige Information nicht verstanden hat oder mit einem Standpunkt nicht einverstanden ist und diesen noch hinterfragen möchte. Typische Merkmale dafür sind starkes Stirnrunzeln, leichtes Kopfschütteln, merkliches Luftholen, um zum Reden anzusetzen, sowie deutliches Zurücklehnen, um demonstrativ auf Abstand zu gehen.

Im Falle mehrerer Interviewer ist es sinnvoll, vorab eine gewisse Rollenverteilung abzusprechen, die dem Kandidaten zu Beginn des Gesprächs auch mitgeteilt werden sollte. Dies erleichtert ihm die Einschätzung seiner Gesprächspartner und vermittelt gleichzeitig einen professionellen Eindruck. Dabei ist es allerdings fraglich, ob man einem Kandidaten bereits im Erstinterview das gesamte Aufgebot an Mitarbeitern vorführen sollte, denn er wird erhebliche Mühe haben, sich auf alle Gesprächsteilnehmer gleichermaßen einzustellen und eine Vielzahl an Fragestellern wird den notwendigen Tiefgang eher stören. Lässt sich eine solche Gesprächssituation dennoch aus Termingründen nicht vermeiden, kann man beiden Seiten nur empfehlen, Gehörtes und Diskutiertes zu rekapitulieren mit dem Ziel, klare und eindeutige Informationen, Meinungen und Ergebnisse mitzunehmen. Häufig praktiziert und von Bewerbern als sehr negativ erlebt wird es, wenn während des Interviews die Unternehmensvertreter immer wieder den Raum verlassen, um anscheinend Wichtigeres zu erledigen. Der Eindruck beim Bewerber muss negativ sein: Hat er die Erwartung seines Gesprächspartners enttäuscht, hat man ihn bereits abgeschrieben oder handelt es sich einfach nur um schlechten Stil?

Man sollte sich immer wieder bewusst machen, dass Kommunikation und Wahrnehmung im Vorstellungsgespräch subjektive Größen sind. Je mehr Menschen beteiligt sind, desto vielfältiger sind die Möglichkeiten von Missverständnissen und Fehlinterpretationen.

Zur *Einschätzung des persönlichen Auftretens* kann man nur sehr wenige nützliche Hinweise geben. Die einzige einigermaßen objektive Messlatte ist sicherlich die Position und ihr Anforderungsprofil. Neben den allgemeinen, von Höflichkeit und gesellschaftlichen Spielregeln gekennzeichneten Übereinstimmungen, dass man sich zum Beispiel nicht in den angebotenen Sitzplatz hineinlegt und die

Beine weit von sich streckt oder dass auch ein Kandidat seinen Gastgeber ausreden lassen sollte, wird alles Übrige meist sehr unterschiedlich bewertet. So sinnvoll das Mehraugen- und -ohrenprinzip ist: In der Regel hat man viele Meinungen im Anschluss an ein Vorstellungsgespräch. War ein Zuhörer von der Lebhaftigkeit des Bewerbers begeistert, fühlte sich der andere Interviewer davon gestört, dass er nicht stillsitzen konnte und dauernd unterbrach.

Habe ich eine Position beziehungsweise Aufgabe mit Publikumsverkehr oder anderen Außenkontakten zu besetzen, kann ich mir – ein wenig überspitzt ausgedrückt – nicht erlauben, jemanden einzustellen, der bei einem Satz nicht über Subjekt, Prädikat und Objekt hinauskommt und auch dafür immer seine Zeit braucht. Benötige ich jemanden, der, da er keine Weisungsbefugnis hat, grundsätzlich für Ideen werben und andere begeistern können muss, sollte man das im Vorstellungsgespräch bemerken können. Habe ich dagegen eine klassische Sachbearbeiterfunktion zu besetzen, dann kann es wichtig sein, dass derjenige nicht sofort am Stuhl seines Chefs zu sägen beginnt, sondern mit der gegebenen Aufgabe möglichst längere Zeit zufrieden ist. Ob überschäumende Dynamik wichtig ist oder ob ein »ordentlicher und zuverlässiger Arbeiter« benötigt wird, sollte die Beurteilung des Auftretens unmittelbar beeinflussen. Bitte vergessen Sie nicht, dass sich die Weisheit »Stille Wasser gründen tief« oft bewahrheitet und dass viele Menschen eine Anlaufzeit benötigen. Verläuft das Gespräch anfangs zäh, sollten Sie als Interviewer keinesfalls den Fehler machen, den Bewerber nach zwanzig Minuten »abzuhaken«. Nach einer halben Stunde können Sie einen anderen Menschen vor sich haben, der sein volles Wissen und seine Persönlichkeit erst offenbart, wenn er sich als Mensch sicher und gut aufgehoben fühlt. Als Faustregel ist zu empfehlen: Wenn Sie Ihren Kandidaten aus dem Wartezimmer abholen und spontan »oh Gott« denken, dann führen Sie bitte ein besonders sorgfältiges Interview. Sie werden in vielen Fällen Ihre Überraschungen erleben!

Ein sehr ernst zu nehmender Aspekt der Bewertung ist es, wenn sich ein Kandidat im Laufe mehrerer Vorstellungsrunden in seinem *Verhalten verändert*. Die markantesten Veränderungsprozesse ergeben sich dabei im Umgang mit den verschiedenen Gesprächskonstellationen und Gesprächspartnern, oder wenn ein Kandidat, der in der engsten Wahl ist und dann hört, dass man sich die Zusammenarbeit mit ihm gut vorstellen kann, plötzlich vom bescheidenen Fragesteller zum arroganten Forderer wird.

Weitere gewichtige Indizien sind, ob der Bewerber sich beispielsweise bei Terminvereinbarungen oder -verschiebungen der Sekretärin gegenüber anders – vielleicht arroganter oder zumindest wesentlich selbstbewusster – verhält als gegenüber den Gesprächspartnern, bei denen zu unterstellen ist, dass sie die Entscheidungen fällen. Meine Sekretärin weiß, dass sie auf den Bewerbungsunterlagen notieren soll, ob der Bewerber sich ihr gegenüber arrogant oder tendenziell unverschämt beziehungsweise schwierig verhält. Ist der gleiche Mensch im Umgang mit mir dann sanft wie ein Engel, in jeder Hinsicht kompromissbereit und zuvorkommend, habe ich ein wesentliches Beurteilungsindiz für sein voraussichtliches Verhalten im Berufsleben.

Dann gibt es auch noch die Kandidaten, die in einem Zweier-Gespräch lebhaft und kommunikativ sind, die aber in einer größeren Runde plötzlich sehr wortkarg werden und mit dieser Gesprächssituation nicht mehr so recht umgehen können. Ein Umstand, den man auch sehr gut an der Körpersprache – deutliche Anspannung, die Runde nicht im Blickkontakt einbeziehen – ablesen kann. Dann muss vor dem Hintergrund, ob größere Gesprächsrunden im späteren Berufsalltag Ausnahmen darstellen oder ob solche Situationen Teil des zukünftigen Jobs sein werden, entschieden werden, ob dieser Kandidat trotz hervorragender Zeugnisse und Fachkenntnisse überhaupt in Betracht kommt.

Neben diesen eher negativen Veränderungsprozessen sei aber deutlich darauf hingewiesen, dass man eine konstruktive Veränderung vom anfänglichen Bewerber über den Kandidaten der engsten Wahl bis hin zum (potenziellen) zukünftigen Mitarbeiter erwarten muss. Damit meine ich eine erkennbar zunehmende Identifikation eines Bewerbers über die verschiedenen Stadien des Auswahlverfahrens mit seiner zukünftigen Aufgabe, die ihm ja auch zusammen mit den Spielregeln des Unternehmens immer weitreichender erklärt worden ist. Meist wurden auch Firmenunterlagen ausgehändigt, die Grundlage seiner präziser werdenden Fragen und seines Wissens um seine zukünftige Tätigkeit werden müssen.

Das Gehalt – ein unbeliebtes Thema

Das Stichwort »Gehaltsdiskussion« löst meist auf beiden Seiten des Tisches ungute Gefühle aus. Kandidaten haben oft das Gefühl – sofern sie zuerst eine Gehaltsvorstellung äußern sollen –, sich zu schlecht zu verkaufen. Unternehmensvertreter haben die Gehaltsstruktur der Firma im Kopf und wissen nicht, ob der Bewerber hineinpasst. Erschwerend kommt hinzu, dass heute die »Vergütungspakete« je nach Unternehmen sehr unterschiedlich geschnürt und zusammengesetzt sein können. Unter Umständen muss auch jemand gebeten werden, seine Gehaltsvorstellungen oder sein Ist-Gehalt zugunsten der angebotenen Aufgabe zu überdenken – selbst wenn die Gesamtsumme identisch ist, mag das beabsichtigte Fixum bei einem Unternehmen niedriger sein –, und es wird für die meisten Interviewer zur echten Herausforderung, jemanden »herunterhandeln« zu müssen. Andererseits weiß ich aus der Praxis, dass sich zu gewagte Klimmzüge eines Unternehmens, das einen ganz bestimmten Kandidaten haben will, nicht lohnen beziehungsweise sich später rächen, weil es zu den Naturgesetzen zu gehören scheint, dass über kurz oder lang jeder in der Abteilung weiß, was der neue Mitarbeiter »gekostet« hat. Der Vorgesetzte läuft dann Gefahr, nach der Einstellung dieses »Top-Kandidaten« drei Kündigungen der Altgedienten zu erhalten, die dem Neuen fachlich zunächst allein durch ihr Insider-Wissen überlegen sind. Selbst, wenn es zu diesen Kündigungen nicht kommt, können die »lieben« Kollegen den neuen Mitarbeiter durch Vorenthalten wichtiger Informationen im Tagesgeschäft leicht »verhungern« oder »auflaufen« lassen – was dann wiederum nachdrücklich beweist, dass »der sein Geld zu keinem Zeitpunkt wert war«. Man hat als Chef dann eher mehr als weniger Probleme.

Trotzdem ist die Reaktion eines Kandidaten auf das Firmenangebot nicht gerade unerheblich. Dazu zählt vor allem, wenn mit guter Begründung keine Steigerung des Ist-Gehaltes möglich ist oder wenn die Zusammensetzung des Gehaltes deutlich verändert wird. Die Firmenvertreter beziehungsweise der Vorgesetzte könnte darauf hinweisen, dass noch Defizite zu füllen sind, bevor jemand zu einem vollwertigen Mitarbeiter auf seinem Posten wird. Auch die Reaktion auf den Wunsch nach Überprüfung der Leistungsfähigkeit, was sich beispielsweise darin niederschlagen kann, dass dem Kandidaten der Einsteig zum Ist-Gehalt angeboten und eine Überprüfung beziehungsweise Erhöhung nach erfolgreicher Probezeit in Aussicht gestellt wird, sagt einiges über seine Einstellung zu Leistung und über sein Selbstbewusstsein aus. Manche Kandidaten fangen auch an zu pokern, sobald sie merken, dass sie in der engsten Wahl sind, und nicht selten lernt man beim Thema Gehalt plötzlich ganz andere charakterliche Seiten des bis dahin so überaus sympathischen Menschen kennen. Interessant ist in diesem Zusammenhang auch der Kampf um einen ganz besonderen Gehaltsbestandteil: der Firmenwagen. Auf diesem Gebiet tun sich oft jüngere männliche Bewerber höchst negativ hervor. Hier wird gefeilscht, gekämpft und endlos argumentiert und ich habe bereits unterschriebene oder unterschriftsreife Verträge an einer verweigerten Anhängerkupplung scheitern sehen. Es gibt wohl kaum einen Bereich, der in einem solchen Ausmaß zum Prestige zählt. Also wappnen Sie sich für entsprechende Diskussionen oder seien Sie froh, wenn die zu besetzende Position nicht im Vertrieb angesiedelt ist.

Das Thema Gehalt und die gegebenenfalls erforderliche Kompromissfähigkeit sollte als wichtiges Entscheidungskriterium in die Gesamtbewertung einfließen.

Fehlerquellen

Fehler werden bei der Personalauswahl immer passieren. Hier die wesentlichsten und häufigsten Quellen für falsche Entscheidungen:

- fehlendes, ein nur fortgeschriebenes oder gar falsches Anforderungsprofil;

- inkompetente oder falsche Entscheidungsträger;
- Rahmenbedingungen, Bedeutung und Konsequenzen der Stellenbesetzung werden falsch eingeschätzt und unter Umständen falsch oder beschönigend dargestellt;
- Dominanz »politischer« Entscheidungskriterien: Man einigt sich auf den schwächsten Kandidaten, der nicht gefährlich werden kann, der Anordnungen kritiklos befolgen wird, oder ein Protegé bekommt die Stelle;
- ausschließliche Orientierung an der fachlichen Qualifikation;
- Einstellung eines Sympathieträgers ohne ausreichende Berücksichtigung der fachlichen Qualifikation;
- schnelle Entscheidung mit zu viel Spontaneität.

Daneben gibt es psychologisch zu erklärende Beurteilungsfehler:

- Dominanz des ersten oder des letzten Eindrucks: Wenn – wie allgemein üblich – mehrere Kandidaten an einem Tag interviewt werden, hat manchmal nur der erste oder der letzte Kandidat eine echte Chance, weil die Eindrücke von den Bewerbern dazwischen insbesondere, wenn sie sich vielleicht nicht so gut präsentieren und damit verkaufen konnten, einfach untergehen.
- Der so genannte Halo-(»Heiligenschein-«)Effekt: eine besonders hervorstechende Eigenschaft eines Kandidaten zeichnet ihn so sehr aus und führt zu seiner so positiven Bewertung, dass davon alles andere überlagert wird.
- Aus einer sehr positiven und persönlich als wichtig eingestuften Eigenschaft wird ungeprüft auf andere positive Eigenschaften geschlossen; so wie man zu früheren Zeiten Brillenträger für belesen und damit für grundsätzlich intelligent hielt.
- Ausgeprägte selektive Wahrnehmung: Man nimmt etwas wahr, verbindet es mit einer Erfahrung und wird im weiteren Gesprächsverlauf nur noch die Aspekte registrieren, die zu diesem konkreten Bild passen; dies wird bei der Beurteilung gefährlich.
- Ein konkretes Persönlichkeitsbild, Sympathie für bestimmte Persönlichkeitstheorien: dicke Menschen sind gemütlich, dünne Menschen sind besonders zäh, Menschen mit eng zusammenstehenden Augen sind ...

- Attraktivität durch Ähnlichkeit: Menschen, die auf der gleichen Wellenlänge liegen, sind nun einmal sympathischer, weshalb praktisch alle Chefs nach Ähnlichkeit einstellen, obwohl man in dem einen oder anderen Fall eigentlich dringend einen Querdenker benötigen würde.
- Ablehnung wegen zu großer Andersartigkeit.
- Überlagerung aller weiteren Eindrücke durch die äußere Erscheinung: Das ist sowohl positiv als auch negativ zu sehen; das Phänomen kommt beispielsweise besonders zum Tragen bei sichtbaren Merkmalen wie Schielen oder einer Narbe.
- Spontane emotionale Sympathie, die keine gründliche Prüfung mehr zulässt.
- Irgendein ausgeprägtes persönliches Vorurteil, wie beispielsweise Siegelringträger sind eitle Menschen.
- Neigung zu Extremurteilen: das typische Schwarz-Weiß- beziehungsweise Entweder-Oder-Denken, das Differenzierungen und Abwägen nicht zulässt, weil man von sich ein klares Urteil verlangt.
- Die Gewohnheit, sich nicht festlegen zu wollen und deshalb im ständigen Sowohl-als-auch stecken zu bleiben. Je länger man dann abwägt, desto weniger klar wird die Entscheidung. Letztlich hätte man das Ergebnis auch durch Würfeln ermitteln können.

Schließlich gibt es bei den ohnehin schon zahlreichen Fehlerquellen zu allem Überfluss auch noch die Tagesform: Der Bürotag bis zum Vorstellungsgespräch, wie wichtig Ihnen Vorstellungsgespräche sind, ob es um Ihre eigene Abteilung geht oder ob Sie nur hinzugezogen wurden, ob Sie Gesprächen dieser Art überhaupt etwas abgewinnen können oder ob sie in erster Linie Pflichtprogramm sind. All dies hat nicht zu unterschätzende Auswirkungen auf die Personalauswahl.

Besonderheiten bei internen Bewerbungen

Viele Führungskräfte sind hoch erfreut, wenn für eine Vakanz einer oder gar mehrere interne Kandidaten zur Verfügung stehen.

Handelt es sich dabei um einen »Aufsteiger« aus der eigenen Abteilung, mit dem man seit längerer Zeit zusammenarbeitet, dann mag das Risiko, die richtige Wahl zu treffen, begrenzt sein. Wird dagegen jemand im Zuge einer funktionierenden Personalentwicklung innerhalb eines Konzerns oder einer Unternehmensgruppe empfohlen, dann sollten bei der Personalauswahl die gleichen Kriterien und Maßstäbe gelten, die auch bei externen Bewerbern angewandt werden.

Als überzeugter Anhänger einer guten und initiativen Personalentwicklung berate ich auch Unternehmen dahingehend, dass es eine ausgewogene Mischung zwischen Quereinsteigern mit Erfahrungen aus anderen betrieblichen Umfeldern und Internen geben muss, bei denen man es mit der persönlichen Weiterentwicklung ernst meint. Mitarbeiter reagieren höchst sensibel darauf, wenn es dafür keinerlei Beispiele im Unternehmen gibt. Sicherlich kann man sich bei einem internen Kandidaten auch gewisse, das heißt überschaubare und in einem vernünftigen Zeitraum auszugleichende fachliche oder persönliche Defizite erlauben, da dieser Mitarbeiter das Unternehmen gut kennt und daher auf diesem Sektor keine Anlaufzeit benötigt. Gefährlich wird eine interne Stellenbesetzung immer dann, wenn aus Zeit- oder Aufwandsgründen gar keine richtige Selektion vorgenommen wird und objektive Kriterien, das heißt wichtige Anforderungen, die mit dieser Position verbunden sind, nicht mehr ausschlaggebend sind.

Ein weiterer, wenn nicht noch gefährlicherer Punkt ist das vermeintliche Kennen eines langjährigen Kollegen. Da erinnert man sich vorrangig daran, dass derjenige immer so freundlich grüßt, wenn man ihn auf dem Flur trifft, oder immer hilfsbereit ist und nie Nein sagt, wenn es um Zusatzaufgaben geht. Unter psychologischen Gesichtspunkten ist es bemerkenswert, dass Menschen, die man als besonders nett erlebt, in einem Gespräch, das einer Stellenbesetzung dient, so gut wie überhaupt nichts Kritisches gefragt werden. Ist die Ausgangssituation dagegen eher negativ geprägt, gibt es immer einige Vorgesetzte, die sich – meist trotz überragender fachlicher Leistung oder weil man so kurzfristig keinen anderen Kandidaten hat – doch noch mit dem internen Stellenbewerber auseinander setzen wollen, bevor sie endgültig ein negatives Urteil fällen. Ob jedoch der allseits beliebte Kollege der Aufgabe und den neuen Anforderungen tatsächlich gewachsen ist, wird oft gar nicht erst infrage gestellt. Darüber hinaus scheint es für viele Führungskräfte besonders schwierig zu sein, bei solchen »Sympathieträgern« Fähigkeiten zu hinterfragen oder gar anzuzweifeln. Dabei liegt auf der Hand, dass derjenige Kollege, der nie Nein sagt, zwar vordergründig bequem für seinen zukünftigen Chef sein mag, diesen Chef jedoch bei jedem noch so kleinen Konflikt braucht, weil er sich unter Umständen nicht durchsetzen kann.

Selektive Wahrnehmung funktioniert bei Menschen perfekt, die man vermeintlich gut kennt, weil man sie vielleicht jeden Morgen auf dem Firmenparkplatz oder an der U-Bahn-Haltestelle trifft. Da hat jemand einen ähnlichen Geschmack wie man selbst oder verhält sich in bestimmten Situationen so wie man sich selbst verhalten hätte. Prompt erhält er Pluspunkte wegen der »Auswahl nach Ähnlichkeit«. Es ist ein psychologisches Phänomen, dass Menschen, die sich ähnlich wie man selbst verhalten und denen man deshalb vergleichbare Wertmaßstäbe unterstellt, sympathisch wirken. Viele Unternehmen leiden darunter, dass zu wenige Mitarbeiter mit anderen Ansichten und Ideen eingestellt werden. Diese spezielle Art der »Inzucht«, die durch Personalauswahl nach Ähnlichkeit weit verbreitet ist, ist besonders in der heutigen Zeit mit täglich geforderter Flexibilität und Veränderungsbereitschaft sehr kritisch.

Vor allem bei Beförderungen kann es sehr nützlich sein, einen externen Berater damit zu beauftragen, auf neutralem Terrain ein ganz normales Vorstellungsgespräch beziehungsweise ein (Management-)Audit mit einem oder zwei internen Kandidaten zu führen, um etwas mehr Objektivität in die Personalentscheidung zu bringen.

Checkliste

1. Notieren Sie die Zielsetzung der demnächst anstehenden Interviews, und zwar getrennt nach erstem Gespräch und weiteren Gesprächen.

2. Legen Sie anschließend den Zeitrahmen für die Gespräche fest sowie den Teilnehmerkreis und die Rollenverteilung.
3. Entwerfen Sie auf einem separaten Blatt Papier einen ungefähren Ablaufplan für die Interviews. Notieren Sie für jede Phase, welche Fragen zu klären sind und welche Beurteilungskriterien abgearbeitet werden müssen.
4. Prüfen Sie, ob Sie auch tatsächlich nur zulässige Dinge erfragen wollen!
5. Rekapitulieren Sie kurz vor den Interviews, wie sich mit möglichen Pannen und Problemen besser umgehen lässt. Hilfreich für den Ernstfall ist eine schriftlich fixierte Kurzübersicht in Form einer Tabelle (eine Spalte »Unwägbarkeiten«, eine Spalte »mögliche Lösungen«).
6. Nach Abschluss jedes einzelnen Gesprächs bietet es sich an, ein Gedächtnisprotokoll anzufertigen. Stichworte können sein: Gesamteindruck, Positives, Negatives, noch offene Fragen, Beurteilung des eigenen Gesprächsverhaltens.

Kapitel 6
Weitere Möglichkeiten für eine sichere Entscheidung

Allgemeine Testverfahren werden nur noch selten eingesetzt. Dabei bilden Unternehmen – in der Regel große Konzerne – , die mit diesen meist für ihre eigenen Belange von Psychologen adaptierten Verfahren schon seit vielen Jahren arbeiten, eine Ausnahme. Sie können aus ihrer Erfahrung heraus die Möglichkeiten und Grenzen der Testverfahren exakt beurteilen. Als junge Führungskraft sollten Sie zumindest einen Überblick über die möglichen Tests und Methoden haben; sollten in Ihrem Unternehmen solche Verfahren zur Personalauswahl eingesetzt werden, nehmen Sie auf jeden Fall Rücksprache mit der zuständigen Personalabteilung.

Psychologische Testverfahren

Für einige Bewerber sind Tests eine Art von Sport, für die meisten jedoch Angstauslöser, was sehr viel mit Unkenntnis und daraus resultierender Unsicherheit zu tun hat. Mehrere Faktoren spielen dabei eine Rolle. Als Bewerber fühlt man sich in der eindeutig schwächeren Position. Tests werden deshalb als künstliche Hürde oder gar als Schikane eingeschätzt. Der Bewerber wird voraussichtlich mit Fragestellungen und Verfahrensweisen konfrontiert, die für ihn zumindest nicht alltäglich sind, deren Sinn und Zweck der Laie nicht auf Anhieb durchschaut und denen er sich dadurch eher hilflos ausgeliefert fühlt. Aus der Sicht des Arbeitgebers liegt der Nutzen des Tests im Überraschungsmoment für den Bewerber.

Hinzu kommt noch die normale Prüfungsangst zu versagen, zumal es für den Einzelnen häufig um ziemlich viel geht. Jeder Mensch reagiert aufgrund seiner Persönlichkeit und bisher gemachten Erfahrungen auf Stress bei Testverfahren unterschiedlich. Angstgefühle oder Lampenfieber sind allerdings völlig normale Begleiterscheinungen. Das weiß im Prinzip auch jeder Arbeitgeber. Daher bemühen sich Personalspezialisten und Psychologen, die Atmosphäre positiv zu beeinflussen.

Es ist sinnvoll, einiges Grundsätzliches über Tests zu wissen und ein wenig tiefer in Aufbau und Zielsetzungen einzusteigen. Warum also Testverfahren? Was will man damit erreichen? Wenn zwangsläufig ausgewählt werden muss, dann soll das Auswahlverfahren für alle möglichst gleich und damit zumindest relativ objektiv sein. Würde beispielsweise das Los entscheiden, dann würden Eignungskriterien nicht zuletzt zum Schaden des einzelnen Bewerbers völlig wegfallen, und manch einer würde sich vermutlich noch ohnmächtiger fühlen, weil er das Auswahlergebnis praktisch nicht beeinflussen kann. Es liegt auf der Hand, dass Schul- und Hochschulabschlüsse beziehungsweise Ausbildungszeugnisse bei unserem extrem komplexen Bildungssystem nur noch relativ wenig aussagekräftige Informationen bieten. Hinzu kommt, dass Noten in den seltensten Fällen eine sichere Prognose für den Berufserfolg ermöglichen. Es ist andererseits ein legitimes Interesse eines jeden Arbeitgebers, geeignete Bewerber und zukünftige Mitarbeiter zu finden und unter seinen Mitarbeitern die richtigen zu fördern. Außerdem soll nach Möglichkeit vermieden werden, dass übertragene Aufgabenstellungen und Verantwortungsbereiche über- oder unterfordern. Die Ausübung bestimmter beruflicher Tätigkeiten verlangt bestimmte Fähigkeiten.

Es ist unbestritten, dass Testverfahren zur Personalauswahl nicht der Weisheit letzter Schluss sind und die geforderte Eignung mit der erforderlichen wissenschaftlichen Sicherheit nicht festgestellt werden kann. Oft wird von wissenschaftlicher Seite der Ableitung und Vorhersagbarkeit von Testerfolgen auf den späteren Berufserfolg sogar direkt widersprochen, vor allem dann, wenn Tests nicht von Fachleuten durchgeführt und kontrolliert werden. Außerdem müssen manchmal auch geeignete Kandidaten abgelehnt werden. Schließlich kostet die Besetzung eines Arbeitsplatzes beziehungsweise eine Einstellung – je nach Einarbeitungszeit und Hierarchieebene – sechs- bis siebenstellige Beträge; es geht somit um erhebliche betriebliche Investitionen.

Im günstigsten Fall entsteht bei Tests ein Eignungsprofil, das Aussagen über die persönlichen Stärken und Schwächen erlaubt und deren Kenntnis die Orientierung erleichtert. Wenn bei jemandem ein unterdurchschnittliches räumliches Vorstellungsvermögen festgestellt wird, sollte er darauf basierende berufliche Einsatzgebiete künftig meiden und Sie sollten ihn nicht als Konstrukteur einstellen. Dieses Beispiel zeigt einen weiteren wesentlichen Gesichtspunkt eines Testergebnisses: Testergebnisse messen Relationen auf einer vorgegebenen Skala. Sie unterscheiden also nicht zwischen fähig und unfähig, sondern zwischen mehr oder weniger geeignet, ermöglichen also Aussagen über den Grad von Fähigkeiten. Diese Ergebnisse werden dann mit den Erfordernissen einer ganz bestimmten Funktion verglichen. Kein Test wird sich anmaßen, eine ganze Persönlichkeit erfassen zu wollen oder berufliche Prognosen stellen zu können.

Will man Inhalt und Ablauf solcher Auswahlverfahren kurz zusammenfassen, so lässt sich sagen: Ein Test besteht in der Regel aus drei Bestandteilen: den Aufgaben/Fragen, deren Lösungen/Antworten und der möglichst korrekten Interpretation und Bewertung, um darauf aufbauend zu Rückschlüssen auf Vorhandensein oder Fehlen von Fähigkeiten, Kenntnissen, Neigungen und Charakterzügen zu kommen.

Die hauseigenen Testbatterien vieler Unternehmen sind in der Regel abgewandelte und/oder ergänzte Standard-Tests, die zunächst etliche Stufen der Testentwicklung bis hin zu einer umfangreichen und langfristigen Bewährungskontrolle durchlaufen haben. Zum Teil verfügen Firmen wie die Deutsche Lufthansa über eine mehr als dreißigjährige Testerfahrung. Solche Zahlen belegen, dass dort bei der Personalauswahl großer Aufwand betrieben wird und fundierte Erfahrungswerte vorliegen.

Um Ihr Bild über Tests klarer zu machen, sollen die grundsätzlichen Testkategorien und ihre Zielsetzungen kurz vorgestellt und erläutert werden. Dies scheint vor allem deshalb erforderlich, weil es *den* Test nicht gibt. Vielmehr übernehmen Unternehmen oder Behörden Testprogramme und stellen sie für ihre Bedürfnisse anders zusammen. Deshalb ist eine allgemein verbindliche oder auch exemplarische Darstellung fast unmöglich. Die nachfolgende Charakterisierung wäre also durchaus auch in anderer Form denkbar.

Es gibt

- Wissenstests,
- Intelligenztests,
- Konzentrations-/Belastungstests,
- Persönlichkeitstests,
- biografische Fragebögen und
- Assessment-Center.

Die Gewichtungen dieser einzelnen Testverfahren sind – wenn sie denn überhaupt Eingang in Personalentscheidungen finden – von Arbeitgeber zu Arbeitgeber sehr unterschiedlich. Tests, die den Stand der Allgemeinbildung prüfen (Wissenstests), sind Bestandteil sehr vieler Testprogramme. Sie haben in dem Maße zugenommen, in dem Vergleiche unter den einzelnen Bewerbern kaum noch sachgerecht nach Zeugnisnoten und Fächer-Inhalten möglich sind.

Die großen Intelligenztests, wie der Intelligenz-Struktur-Test (IST), gehören zu den ältesten Testverfahren und nehmen für sich in Anspruch, ein relativ großes Fähigkeitsspektrum zu überprüfen. Speziell beim IST geht es also weniger um den berühmt-berüchtigten »Intelligenzquotienten« als um Stärken beziehungsweise Schwächen im sprachlichen Ausdruck, bei der Abstraktionsfähigkeit oder im logischen Denken, im räumlichen Vorstellungsvermögen, im Rechnen und in der Merkfähigkeit. Intelligenztests sind – anders als Wissenstests – weitgehend unabhängig von erworbenem Wissen, zumal die zugrunde liegenden Standardisierungen auf der Basis von Alter oder Schulbildung vorgenommen worden sind und die entsprechenden Vergleichswerte der jeweiligen Zielgruppen zur Auswertung und Einstufung zur Verfügung stehen. Durch die lange Zeit der Anwendung und strikte Beachtung bestimmter Test-Gütekriterien gehören Intelligenztests zu den qualitativ guten Testverfahren. Fast alle in Firmen und Behörden angewandten Testprogramme stützen sich zumindest in Teilbereichen auf Struktur und Elemente des IST.

Konzentrations- oder Belastungstests sind völlig unabhängig vom persönlichen Vorwissen. Wie der Name schon sagt, überprüfen diese Tests unter Zeitdruck – man kämpft immer gegen die Stoppuhr – die Konzentrationsleistung, die Aufnahmekapazität und die Fehlerquote in Stresssituationen. Ein typischer Vertreter dieser Gattung ist der Konzentrationsleistungstest (KLT), der darin besteht, über mehrere Seiten hinweg Zahlenkolonnen zu addieren und dabei das Zwischenergebnis im Kopf behalten zu müssen. Gerade bei diesen Testverfahren ist es meist für deren erfolgreiche Bewältigung wichtig, das Anliegen dieser Tests zu kennen, um angesichts der Aufgabenstellungen das Ganze nicht als Schikane zu empfinden.

Motorische Leistungstests sollen sowohl Hand- und Fingergeschick als auch das Reaktionsvermögen auf Umweltreize überprüfen. So muss zum Beispiel ein Fluglotse in sehr kurzer Zeit möglichst richtig auf eine Vielzahl optischer und akustischer Signale reagieren können. Die hier zu Testzwecken eingesetzten Materialien beziehungsweise Geräte können sehr unterschiedlich sein. Diese Testverfahren werden ausschließlich bei Berufen eingesetzt, die entsprechende Fertigkeiten voraussetzen.

Sehr verbreitet sind auch Persönlichkeitstests. Es sind hierbei die so genannten projektiven und nicht-projektiven Verfahren zu unterscheiden. Projektive Verfahren bestehen zum Beispiel im Vorlegen von Klecksbildern oder Farbskalen, zu denen der Proband spontan assoziieren soll. Selbstverständlich gehört die Auswertung ausschließlich in die Hand erfahrener Psychologen. Trotzdem sind die Interpretationsmöglichkeiten so vielfältig, dass der Objektivitätsgrad höchst umstritten ist. Die nicht-projektiven Verfahren arbeiten mit Fragebögen, in denen Aussagen zu Vorlieben und Abneigungen, persönlichen Meinungen und Einstellungen meist in Multiple-Choice-Form vorgegeben werden, die möglichst wahrheitsgemäß angekreuzt werden sollten. Versucht der Proband nämlich, sich bei der Beantwortung an den vermeintlichen Wunschantworten des Arbeitgebers zu orientieren, fällt das meist spätestens bei den Kontrollfragen (die gleiche Frage wird sinngemäß an anderer Stelle wiederholt) auf. Insbesondere diese Testkategorie ist in vielfältiger Weise abgewandelt, individuell verändert oder auf bestimmten Grundprinzipien neu konzipiert worden, wobei unter diesen vermeintlich maßgeschneiderten Testbatterien in der Regel die Validierung an entsprechend großen Vergleichsgruppen gelitten hat. Trotzdem haben solche Abwandlungen für bestimmte Personengruppen ihre Daseinsberechtigung, weil es wichtig sein kann, damit ein solcher Test zum Beispiel auch von Führungskräften akzeptiert wird.

Unnötige Ängste werden auf Bewerberseite oft besonders dadurch ausgelöst, dass man bei der Bearbeitung der Aufgaben praktisch so gut wie nie bis ans Ende kommt. Dazu muss man einfach wissen, dass qualitativ gute Testverfahren an einer so breiten Bevölkerungsmenge ausprobiert und gemessen (validiert) wurden, dass mit dem Zeitrahmen der jeweiligen Aufgabenstellung theoretisch auch der einzige Überflieger erfasst werden kann. Hat ein Kandidat im Durchschnitt 60 bis 75 Prozent der Aufgabenstellungen gelöst, gehört er bereits zu den Besseren. Insofern ist unter Umständen ein wichtigeres Entscheidungskriterium, ob der Proband »intelligent« mit den Testanforderungen umgegangen ist und sich auf die Aufgaben konzentriert hat, mit denen er auf Anhieb zurechtgekommen ist.

Biografische Fragebögen sind innerhalb der Versicherungsbranche entstanden. Dort begann man sich nach einigen verfehlten Einstellungen für den Außendienst der Frage zu stellen, warum einige Mitarbeiter in diesem Beruf außerordentlich erfolgreich waren und andere gar nicht oder allenfalls in Maßen. Da vor allem die Lebensläufe – neben dem persönlichen Gespräch – zur Einstellung geführt hatten, begann man, diese miteinander zu vergleichen – eine Art repräsentativen Querschnitt der Erfolgreichen und weniger Erfolgreichen zu erstellen –, um herauszufinden, welche Gemeinsamkeiten und welche signifikanten Unterschiede es gäbe. Anscheinend zeigten sich verblüffende Übereinstimmungen zwischen den Lebensläufen bis hin zu den Familienverhältnissen bei den alten und neu eingestellten erfolgreichen Verkäufern. Was lag also näher, als künftig bei der Einstellung einen Fragebogen einzusetzen, der die wesentlichen Kriterien aus den Lebensläufen der erfolgreichen Außendienstmitarbeiter enthielt. Die Auswertung dieser Fragebögen entscheidet – da, wo dieser »Test«, der eigentlich keiner ist, überhaupt angewandt wird – darüber, ob Bewerber zum Vorstellungsgespräch eingeladen werden oder ob einem Versetzungswunsch entsprochen wird.

Das Assessment-Center

Das Assessment-Center (AC) gehört laut entsprechender Untersuchungsergebnisse zu den psychologischen Testverfahren und Vorhersage-Instrumenten mit der höchsten Trefferquote im Rahmen der Personalauswahl. Selbstverständlich gibt es auch hierzu durchaus kritische Stimmen – nicht zuletzt, weil die Auswertung mit der Qualität der Beobachter steht und fällt –, doch die positiven Wertungen der Unternehmen mit langjährigen Erfahrungen überwiegen. Und das hat dazu geführt, dass es trotz hohem personellen Aufwands und nicht unbeträchtlicher Kosten vor allem in Großunternehmen – viele mittelständische Unternehmen können und wollen es sich nicht leisten – verbreitet ist und in der Praxis »überlebt« hat. Von Bedeutung in der positiven Beurteilung des Assessment-Centers ist, dass es (neben relativ unbekannten Methoden wie dem Biografischen Fragebogen) als quasi einziges Testverfahren vom konkret auszuübenden Beruf beziehungsweise den Erfordernissen der zu besetzenden Position oder zumindest von bestimmten Aufgaben-/Verantwortungsbereichen ausgeht und sich nicht – wie die übrigen Testverfahren – am Individuum beziehungsweise einer repräsentativen Gruppe von Individuen bestimmter Alters- und Bildungsschichten orientiert. Die bei Tests stets erforderliche Standardisierung erfolgt hier auf der Basis des beruflichen Einsatzgebietes.

Assessment-Center werden in den meisten Fällen in zwei konkreten beruflichen Situationen eingesetzt: Zum einen bei Hochschulabsolventen, die ihre erste Position suchen, das heißt bei Bewerbern ohne Berufserfahrung und damit weniger Beurteilungsmöglichkeiten, deren vergleichsweise hoher Qualifikationsgrad jedoch andererseits den späteren Einsatz in wichtigen und mittelfristig verantwortungsvollen Positionen nach sich ziehen soll; vielfach gilt es auch als Einstieg in ein Trainee-Programm. Zum anderen werden Assessment-Center für die unmittelbare Einstellung in Führungspositionen und eben im Rahmen von Potenzial-Analysen und/oder vor internen Beförderungen in wichtige Managementpositionen veranstaltet. In diesem Sinne gehört dieses Verfahren bei etlichen Großunternehmen bereits zur firmeninternen Kultur im Rahmen der Personalförderung und -entwicklung.

Bei einem Assessment-Center handelt sich um ein normalerweise ein- bis maximal dreitägiges Auswahlverfahren, das – sehr stark verallgemeinert – die zukünftige berufliche Arbeitsrealität der betreffenden Vakanz so wirklichkeitsgetreu wie möglich simuliert. Der Kandidat wird also mindestens einen ganzen Tag lang mit wechselnden Übungen und Aufgaben konfrontiert, die – teils konkret, teils abstrakt – helfen sollen, zu überprüfen und herauszufinden, ob dies ein potenzieller Mitarbeiter mit Entwicklungspotenzial für zukünftige Führungsaufgaben ist. Je weniger Berufserfahrung jemand hat, desto vager und risikoreicher sind zwangsläufig die Prognosen. Und über Zeugnisse oder bisherige Beschäftigungsverhältnisse ergeben sich kaum überprüfbare Anhaltspunkte für eventuelle zukünftige »Heldentaten«.

Ein wichtiges Beispiel für die konkreten Aufgaben ist die so genannte Postkorb-Übung. Man erhält einen Ablagekorb mit einer ganzen Zahl von Schreiben, die reale geschäftliche Vorgänge darstellen, also Anfragen von Kollegen, Beschwerden von Mitarbeitern, Aufträge eines Vorgesetzten etc. Diese müssen, nachdem die Rolle – zum Beispiel als neu eingestellter Marketing-Leiter – erläutert worden ist, in einer vorgegebenen Zeit bearbeitet werden. Dabei gehört zu den Rahmenbedingungen dieser Übung, dass man niemanden fragen kann. Die Regieanweisung lautet beispielsweise: Sie kommen gerade von einem mehrtägigen Seminar und stehen kurz vor einem Kurzurlaub. Als Führungskraft ist es für Sie wichtig, am Freitag noch einmal in Ihr Büro zu kommen, um zu sehen, was in der Zwischenzeit liegen geblieben ist. Ihre Mitarbeiter sind schon ins Wochenende gegangen, die Sekretärin nicht da, und Sie müssen jetzt in kurzer Zeit veranlassen und entscheiden, was während Ihrer künftigen Abwesenheit zu tun ist. Bearbeiten heißt, auf den Schriftstücken zu vermerken, was damit passieren soll, also eine Entscheidung zu fällen. Den ersten Fehler, den viele begehen, ist, den Postkorb in der vorgegebenen Zeit Blatt für Blatt von oben nach unten abzuarbeiten, statt ihn als Erstes ganz durchzusehen, um dann eine Prioritätenliste zu erstellen und entsprechend sinnvoll entscheiden zu können. Weitere »Tücken des Objekts« liegen in vorgegebenen, sich überschneidenden Terminen oder mehreren, sich widersprechenden Weisungen, die es zu beachten gilt. Oder es liegen mehrere Beschwerden über einen fiktiven Mitarbeiter vor, die unter Umständen in einem späteren Rollenspiel aufgegriffen werden, um zu prüfen, ob sich der Anwärter auf die Führungsposition beim Lesen dieser Schreiben bereits ein solides Vorurteil gebildet hat und ob ihn die Erklärungen des Mitarbeiters überhaupt noch interessieren.

Andere Rollenspiele: In der Gruppe der eingeladenen Bewerber werden als Rollen verschiedene Führungspositionen in einem Unternehmen verteilt. Die Aufgabenstellung lautet dann zum Beispiel: Der Vorstandsvorsitzende oder Geschäftsführer hat in einem Rundschreiben an seine Führungskräfte angeordnet, dass im Unternehmen dringend die Kosten gesenkt werden müssen. Nun sind in der Runde Vorschläge zu erarbeiten, um diese Vorgabe umzusetzen. Dies ist ein sehr beliebtes Spiel, um herauszufinden, welche Bewerber Fantasie haben, auf konstruktive Zusammenarbeit oder ausschließlich auf ihr Wohl bedacht sind und vieles mehr. Eine andere Einzelübung ist zum Beispiel die Vorgabe, dass man konkrete Vorschläge für eine Erweiterung der Produktpalette des Unternehmens gemacht hat, der Vorstand zumindest interessiert ist und man nun nach einer Vorbereitungszeit von vielleicht 30 Minuten die Gelegenheit erhält, ihm in zwanzig Minuten vorzutragen und zu begründen, warum das Unternehmen eine solche Entscheidung treffen sollte. Es liegt auf der Hand, dass an diesem

Spiel-Ergebnis überprüft werden kann, ob und wie konzentriert der Kandidat unter Zeitdruck arbeitet, wie es um seine Fähigkeit zur Präsentation bestellt ist und wie er mit Widerspruch oder mangelnder Akzeptanz umgeht.

Bei den hier kurz beschriebenen Übungen, die wirklich nur einen kleinen Ausschnitt darstellen, ist der Kandidat oft im Kreis mehrerer anderer Bewerber, lernt also die Konkurrenz kennen und wird von Psychologen und der auf jeden Fall vorher in dieser Art der Observation geschulten Führungskraft beobachtet. Erfahrungsgemäß vergessen Bewerber die Beobachter im Eifer des Gefechtes schon nach kurzer Zeit; es geht also verhältnismäßig normal und lebendig zu. Ein weiterer Vorteil bei einem Assessment-Center ist, dass der Kandidat am Ende des Tages eine persönliche Rückmeldung von einem Psychologen erhält, das heißt, keinen Standard-Absagebrief, wenn es nicht geklappt hat, sondern eine recht differenzierte Erläuterung über Stärken und Schwächen und wertvolle Hinweise, wo und auch wie man noch an sich arbeiten muss und kann. Darüber hinaus kann jeder Bewerber davon ausgehen, dass das Ergebnis im Kreis der Beobachter bisweilen zu heftigen Diskussionen führt und damit zwangsläufig objektiver ist, als wenn er oder sie einem einzigen Interviewer mit mehr oder weniger selektiver Wahrnehmung und Vorurteilen gegenübergesessen hätte. Für die Verlierer ist das vielleicht ein gewisser Trost, für die Gewinner ein außerordentlicher Ansporn.

Es gibt sowohl Gruppen-ACs als auch Einzel-ACs. Aus Kostengründen werden meistens Gruppen eingeladen, wenn größere Mengen von Bewerbern/Berufsanfängern beurteilt werden sollen und wenn damit eine regelrechte Personalauswahl vorgenommen werden soll, sicherlich auch bereits im Hinblick auf die Potenzialentwicklung. Einzel-ACs werden meistens dann eingesetzt, wenn man sich bei einem Kandidaten für die Übernahme einer Führungsfunktion nach den vorherigen »normalen« Interviews schon sicher ist und um kein oder zumindest ein geringeres Risiko einzugehen, sich diese Entscheidung nochmals bestätigen lassen will. Möglicherweise zeigen sich noch Schwachstellen, die in allernächster Zeit beispielsweise durch gezieltes Training ausgeglichen werden sollten.

Praktikum oder »Besuchstage«

Der Vorschlag, sich einen Betrieb einige Tage oder für ein etwas längeres Praktikum genauer anzuschauen, kann durchaus von beiden Seiten kommen. Ob das eine gute Idee ist, hängt meines Erachtens von der Person und ihrem Erfahrungshintergrund einerseits und von der jeweiligen Ausgangssituation und den Rahmenbedingungen des Unternehmens andererseits ab. Eine solche Maßnahme ist denkbar, wenn es sich um einen Bewerber handelt, der seinerseits ganz begeistert von einem Wechsel in Ihr Unternehmen ist, von dem Sie aber in den Gesprächen den Eindruck gewonnen haben, dass er – vielleicht mangels Erfahrung oder Vergleichsmöglichkeiten – zu vorschnell positiv urteilt und die realen Arbeitsbedingungen oder die Spielregeln der neuen Branche nicht richtig einschätzen kann. Oder Sie haben den Eindruck, dass die Kollegen in der Fertigung mit diesem Typ Mensch nicht klarkommen werden. Oder Sie unterstellen generelle Blauäugigkeit, was die konkreten Anforderungen der Stelle und des Umfeldes angeht. Handelt es sich eher um einen sehr jungen und in der Praxis noch unerfahrenen Bewerber, würde sich ein Praktikum von vielleicht drei bis vier Wochen anbieten – sofern das für beide Seiten machbar ist.

Geht es dagegen um Unsicherheiten darüber, wie ein bereits erfahrener Kandidat auf bestimmte Kollegen wirken wird und/oder ob er sich in dem Umfeld zurechtfinden wird, sind zwei bis drei Besuchstage, für die unterschiedliche Begleiter ausgewählt werden können, hilfreich für eine Entscheidung. Es sollte dann keinesfalls länger sein, um den zukünftigen Kollegen nicht dadurch zu »demontieren«, dass Sie hinsichtlich der Entscheidung unsicher sind oder dass die übrigen Kollegen ein vermeintliches Mitspracherecht bekommen. Jedoch allein die Art der Fragen, die gestellt werden – beispielsweise bei der Ausgangssituation, dass es um eine für den Kandidaten neue Branche oder anderes neues Umfeld geht –, können eine Entscheidung in die eine oder andere Weise stark beeinflussen.

Wichtig ist aber in jedem Fall, dass eine ausgezeichnete Organisation der Besuchstage vorausgeht; zum einen wegen der Informationsgewinnung, zum anderen, weil solch eine Vorgehensweise sonst rasch ins Peinliche abrutschen kann, wenn keiner so recht etwas mit diesem Kandidaten anfangen kann.

Einladungen zu wichtigen Ereignissen

Unter Umständen ist eine Einladung zu einem besonderen Ereignis des Unternehmens sinnvoller. Einladungen werden zwar immer dann besonders gerne ausgesprochen, wenn der Vertrag bereits unterschrieben ist – ganz im Gegensatz zu den genannten Besuchstagen oder dem Praktikum –, aber es ist natürlich auch verständlich, dass man einen Kandidaten bei dieser Gelegenheit in das Innere eines Unternehmens hineinschauen lässt. Der Messebesuch ist neutraler und unverbindlicher zu bewerten; es darf dabei jedoch nicht übersehen werden, dass ein Kandidat in der Hektik einer Messe allein schon durch die kleinen Plaudereien der Kollegen, die sich über einen Vorgesetzten – vielleicht gerade der zukünftige eigene – lustig machen oder über andere Interna austauschen, einen durchaus abweichenden Eindruck von den Vorstellungsgesprächen erhalten kann. Auch der zwangsläufige Kundenkontakt sollte in seiner Bedeutung keinesfalls unterschätzt werden.

In der Zeit vor der Unterschrift muss man sich Gedanken darüber machen, wie eine solche Einladung den Kollegen oder auch der gesamten Mitarbeiterschaft einer kleineren Firma im Vorfeld kommuniziert wird. Der Mittelweg wird darin liegen, dass man auf der einen Seite um Offenheit wirbt und dafür sorgt, dass der Besuch überhaupt Sinn macht. Auf der anderen Seite darf bei den Mitarbeitern und zukünftigen Kollegen nicht der Eindruck entstehen, dass es Zweifel an der Einstellung dieses Kandidaten gibt oder dass die Kollegen anschließend um ihr Votum gebeten würden beziehungsweise die Einstellung sogar mit ihrem Veto verhindern könnten.

Kapitel 7
Die Entscheidung und ihre Konsequenzen

Personalentscheidungen sind immer sehr aufwändig, kosten viel Geld und gehören allein schon wegen der arbeitsrechtlichen Rahmenbedingungen in Deutschland zu den echten Investitionsentscheidungen. Hinzu kommen psychologische Momente, wie beispielsweise die, dass eine Gruppe oder Abteilung lange ohne einen Vorgesetzten auskommen musste und die Mitarbeiter nun nur durch einen überragend kompetenten und souveränen Chef an die neue Situation zu gewöhnen sind. Oder ein Mitarbeiter hat sich so unbeliebt gemacht, dass mit der neuen Stellenbesetzung ein echtes »Kontrastprogramm« angestrebt wird, das den Realitäten der Abteilung jedoch gar nicht gerecht wird. In jedem Falle gibt es mehr oder weniger vorhersehbare Reaktionsmuster auf eine konkrete Personalentscheidung, die es zu bedenken gilt.

Vertragsentwurf oder »Letter of Intent«

Unterstellen wir also, man ist sich einig geworden, und nun möchte der zukünftige Mitarbeiter verständlicherweise so bald wie möglich etwas Schriftliches in Händen halten. Um einen sehr guten Kandidaten nicht durch zu lange Wartezeiten oder unachtsam ausformulierte Verträge abzuschrecken, ist es in der Regel sehr nützlich, bereits beim letzten Vorstellungsgespräch einen Vertragsentwurf anzukündigen, der auf der Basis der bereits besprochenen und vereinbarten Rahmenbedingungen wie Gehalt oder sonstige Leistungen noch ergänzt oder auch partiell korrigiert werden darf. Hat Ihr Unternehmen für bestimmte Positionen Standardverträge, dann kann man dem Kandidaten einen solchen Standardvertrag als Entwurf zusenden oder mitgeben mit der Bitte, ihn kritisch zu prüfen und eventuelle Wünsche schriftlich oder mündlich anzubringen. Der Kandidat kann beim letzten und entscheidenden Vorstellungsgespräch auch gebeten werden, etwas mehr Zeit mitzubringen, um dann in der Personalabteilung in Ruhe den Entwurf durchzulesen. So erhält man bereits ein erstes Feedback oder Anmerkungen, die spätere »Reklamationen« vermeiden helfen. Man sollte nie unterschätzen, wie angenehm es ist, eventuelle Rückfragen sofort stellen zu können.

Steht man als Unternehmen dagegen unter Zeitdruck oder will man einem besonders begehrten Kandidaten vermitteln, dass man ihn unbedingt einstellen will, dann kann es durchaus eine wichtige Geste sein, den Vertrag bereits unterschrieben zu versenden. Diese Vorgehensweise ist jedoch nur dann praktikabel, wenn wirklich alle wesentlichen Punkte bereits zur Zufriedenheit beider Seiten geklärt worden sind – am besten durch ein gemeinsam erarbeitetes Protokoll im letzten Gespräch – und es deshalb keine Überraschungen mehr geben kann. Fatal ist, wenn ein solcher einseitig unterschriebener Vertrag begründet nachgebessert werden muss, weil bestimmte Absprachen vergessen oder anders dargestellt wurden. Daher ist es wichtig, ob man sich in diesem Punkt auf die Personalabteilung beziehungsweise einen Personalreferenten verlassen kann und dass dieser an den entscheidenden Gesprächen teilgenommen hat. Ich habe in meiner Praxis schon mehrere Fälle erlebt, bei denen alles geregelt schien. Weil der Vertrag dann schon das zweite Mal aufgrund von Korrekturen zurückgeschickt werden musste, hat sich der begehrte Kandidat doch noch für ein anderes Angebot entschieden.

Zum Zeitablauf müssen zwei wesentliche Aspekte berücksichtigt werden. Zum einen, ob in der allernächsten Zeit einer der üblichen Kündigungstermine – beispielsweise das Ende eines Quartals – ansteht, der dann je nach gewünschtem Einstellungstermin zu einer gewissen Eile drängt; zum anderen, ob ein sehr überzeugender Kandidat, der sich unbedingt beruflich verändern will, unter Zeitdruck wegen anderer Verhandlungen steht. Spielen diese Aspekte keine Rolle, dann sollte dem ausgewählten Kandidaten, der womöglich je nach Hierarchieebene und Bedeutung der Position bereits mehrere Gespräche hinter sich hat, im zeitlichen Rahmen von einer bis maximal zwei Wochen ein konkretes Vertragsangebot vorgelegt beziehungsweise zugeschickt werden.

Da gerade der Jahreswechsel ein beliebter Zeitpunkt für einen beruflichen Neubeginn ist, passiert es immer wieder, dass wegen der Feiertage eine ordnungsgemäße Vertragserstellung nicht mehr möglich ist, der Kandidat aber für seine Kündigung eine schriftliche Grundlage benötigt. In solchen Fällen hilft dann ein so genannter »Letter of Intent«, mit dem eine Firma rechtsverbindlich deutlich macht, dass sie den Kandidaten zum bestimmten Zeitpunkt oder früher einstellen wird. Hinzu kommen die wesentlichen Eckdaten des Gehaltes sowie wichtige Zusatzleistungen wie ein Firmenwagen, unter Umständen auch noch der Urlaubsanspruch. Da es bei diesem schriftlichen Dokument nur um die vereinbarten Punkte geht, kann dieser Brief auch vom Sekretariat der Führungskraft verfasst werden, und der gewünschte Mitarbeiter kann auf dieser Basis noch rechtzeitig kündigen, damit keine wichtigen Fristen versäumt werden. Ein solches Schriftstück – bitte in zweifacher Ausfertigung wegen der Aufforderung zur Gegenzeichnung – sollte damit enden, dass der zukünftige Arbeitgeber einen Termin setzt, bis wann er sich an dieses Vertragsangebot gebunden fühlt. Diese Aussage ist auch in einem Begleitschreiben zum normalen Arbeitsvertrag üblich. Man kann dann allerdings die Gegenzeichnung auch per Fax erbitten.

Reaktionen auf den Vertrag

Abgesehen von den Zweifeln an der korrekten Arbeitsweise eines Unternehmens und an seiner Vertrauenswürdigkeit, die entstehen, wenn ein Vertragsangebot in mehreren Punkten von den Absprachen abweicht, gibt es auch immer wieder überaus fadenscheinige Argumente des Kandidaten, warum nach mündlicher Zusage und nachdem allen anderen Kandidaten abgesagt worden ist, plötzlich ein anderes und natürlich besseres Angebot ins Spiel gebracht wird. Ein in manchen Branchen oder bei gefragten Berufsgruppen nicht unübliches Verhalten. Kandidaten reden dann plötzlich – meist sehr gestelzt – davon, dass man es der Familie schuldig sei, ein finanziell besseres Angebot anzunehmen, obwohl man selbst natürlich lieber hier unterschreiben würde. Man gibt dem Unternehmen damit sozusagen noch eine letzte Chance zur »Nachbesserung«. Ebenso »erstaunlich« ist, dass nach womöglich drei Gesprächen und Vertragsverhandlungen auf einmal Kandidat und vor allem Familie merken, dass ein Umzug stattfinden müsste. Ebenso plötzlich protestieren leider die Kinder oder die Ehefrau, der gerade jetzt eine interessante Beförderung angeboten wurde.

Man muss sicherlich trotz Wut und Ärger auch Art und Stil der vorgebrachten Argumente abwägen, bevor man von Emotionen geleitet ein endgültiges Urteil fällt. Das »Pokern« eines Kandidaten bei den am Auswahlprozess beteiligten Führungskräften hat in der Regel Langzeitwirkung. Hat man bei der Gehaltshöhe – und meist geht es darum – oder bei den Zusatzleistungen erst einmal zähneknirschend nachgegeben, wird dieser Erpressungsversuch – und als solcher wird er von den meisten Firmenvertretern berechtigterweise gewertet – nicht mehr vergessen.

Meist gibt es für dieses Verhalten des Spitzenkandidaten die gleichen Argumente:

- Der derzeitige Arbeitgeber, der nun mit der Kündigung konfrontiert wird, versucht, jemanden durch Geld oder die angestrebte Beförderung zu halten, und das verändert dann gerade bei vielen jungen Leuten die Geschäftsgrundlage.
- Die demnächst tatsächlich anstehende Gehaltserhöhung wurde während der Verhandlungen vergessen und nun fällt auf, dass man sich daher nicht so verbessert wie geplant.
- Das Gespräch mit Freunden und/oder dem Partner führt dazu, dass die bisherige Begeisterung für den neuen Job deutlich relativiert wird. Sei es, dass ein guter Freund auf ganz andere Marktkonditionen für das vorhandene Fachwissen hinweist; sei es, dass der Ehepartner, der sich bedingt durch den erforder-

lichen Umzug eine neue Stelle suchen muss, ausrechnet, dass bei zumindest vorläufigem Verlust des zweiten Gehaltes womöglich weniger übrig bleibt als vor dem Wechsel.

- Es geht auch nicht immer nur um Gehalt, sondern es können die Rahmenbedingungen eines Umzuges sein, die nachgebessert werden sollen.
- Auch der variable Anteil eines Gehaltspaketes kann in diesem Zusammenhang eine wichtige Rolle spielen.
- Ein nahezu neurotisches Thema – insbesondere bei männlichen Kandidaten – ist der Dienstwagen, sofern er mit einer bestimmten Funktion wie beispielsweise einer Vertriebstätigkeit verbunden ist.
- Eine relativ lange Probezeit oder die besonderen Spielregeln eines befristeten Vertrages können, wenn auch deutlich seltener, eine Rolle spielen.
- Unter Umständen stehen im Vertrag Vereinbarungen, die vorher so nicht besprochen waren, wie eine Versetzungsklausel, die in das Ermessen des Arbeitgebers gestellt ist.

Zu dieser sicherlich nicht vollständigen, sondern nur beispielhaften Aufzählung konkrete Ratschläge für das Verhalten zu geben, ist äußerst schwierig, weil es hin und wieder tatsächlich (Nachbesserungs-)Argumente gibt, die nicht bedacht worden sind und die beispielsweise der Ehepartner als Betroffener und Neutraler sofort entdeckt und thematisiert. Ich denke, dass man sich bei diesem Punkt sehr gut auf die eigenen »Bauchgefühle« verlassen kann. Wird das innere Zähneknirschen zu dominant, weil beispielsweise immer neue »Kleinigkeiten« auftauchen, die noch zu klären sind, kann ich nur empfehlen, abzusagen und die Suche zu wiederholen. Manche Kandidaten merken spätestens dann, dass sie zu weit gegangen sind und den Bogen überspannt haben, und dann kann womöglich – entsprechende Einsichten vorausgesetzt – doch noch eine gedeihliche Zusammenarbeit zustande kommen.

Bitte um weitere Gespräche oder Bedenkzeit

Eine solche Bitte habe ich bisher fast immer als sehr gutes Zeichen interpretiert. Meist ist es ein Hinweis auf Rückgrat, Prinzipien und überzeugendes Kommunikationsverhalten und echte Auseinandersetzung eines Kandidaten mit wichtigen Entscheidungen, dass er bemüht ist, auf diese Weise Probleme offen anzusprechen.

Wenn man als Arbeitgeber spürt, dass hier jemand ernsthaft um Entscheidungen ringt, dass er womöglich feststellt, dass die Informationsgrundlage noch nicht überzeugend genug ist, dass es Irritationen irgendwelcher Art gab oder dass man wesentliche Fragen wegen allzu großer Begeisterung für den Gesprächspartner und/oder die Aufgabe nicht besprochen hat, spricht eine Bedenkzeit unbedingt für den potenziellen neuen Mitarbeiter. Dieses gemeinsame Ringen um die richtige Entscheidung kann darüber hinaus außerordentlich zusammenschweißen, bevor man die offizielle Zusammenarbeit begonnen hat. Und selbst, wenn diese Auseinandersetzung trotz oder wegen der weiteren Diskussionen zu einem für das Unternehmen negativen Ergebnis führt, hat es sich meist gelohnt, weil es in diesem Fall richtig ist, dass man nicht zusammenkommt.

Häufig jedoch hat es Missverständnisse gegeben oder der Kandidat ist mit einer Wahrnehmung nach Hause gefahren, die als zukünftige Arbeitsgrundlage so nicht stehen bleiben darf. Jede Bitte um Bedenkzeit sollte unbedingt positiv und konstruktiv beantwortet werden. Die investierte Zeit wird sich immer lohnen, weil ein solches Anliegen darauf hinweist, dass der Kandidat gerne annehmen möchte, aber aus welchen Gründen auch immer derzeit »Störgefühle« hat, die vor einer zukünftigen Zusammenarbeit unbedingt beseitigt werden müssen. Wäre er nicht positiv eingestellt, könnte er sich schließlich die Entscheidung viel einfacher machen.

Der Anruf nach einer Absage

Da hat man sich nun nach vielen Diskussionen zu einer endgültigen Entscheidung durchgerungen, die Übermittlung der »bad news«, also die Absagen an die Verlierer des Auswahlprozesses, erfolgreich der Personalabteilung übertragen, und nun ist ein Kandidat, der eine Absage erhalten hat, so hartnäckig und ruft mehrfach an, um die Gründe für die Ablehnung zu erfahren. Häufig können gestandene Führungskräfte mit Konflikten und wenig erfreulichen Mitteilungen nicht umgehen. Und es ist immer wieder erstaunlich, was sich Leute in gehobenen Positionen einfallen lassen, um beispielsweise mit der soeben beschriebenen Situation nichts zu tun zu haben. Ich bin jedoch davon überzeugt, dass ein Kandidat, der, womöglich nach mehreren Gesprächen, eine Absage erhält, ein Anrecht darauf hat, zumindest in den Grundzügen zu erfahren, woran es gelegen hat.

Mit ein wenig gutem Willen und einiger Übung kann man durch eine gute Absage jemanden dazu motivieren, sich zu einem späteren Zeitpunkt nochmals zu melden. Auch derjenige, der fachlich oder wegen seiner Persönlichkeit beziehungsweise seines Verhaltens durchgefallen ist, kann und sollte auf diese Weise einige Hilfestellung bekommen. Natürlich ist es angebracht, dabei die Frage zu stellen: Wie viel Offenheit und Ehrlichkeit ist erlaubt? Da ich mündliche Absagen schon seit sehr vielen Jahren erfolgreich praktiziere, mag es beruhigend sein zu hören, dass die meisten Kandidaten nicht nur einiges verkraften, sondern bei einigermaßen geschickten und ein wenig diplomatischen Formulierungen auch ausgesprochen dankbar auf konkrete Hinweise reagieren.

Aus der Praxis

Ich hatte kürzlich einen Kandidaten, dem ich in meinem Bericht nach dem Vorstellungsgespräch wegen seines Auftretens unter anderem »eine gewisse intellektuelle Arroganz und überzogenes Selbstbewusstsein« bescheinigt hatte. Da er für eine bestimmte Position aufgrund sehr spezieller Fachkenntnisse ausgezeichnet passte und weil den potenziellen zukünftigen Vorgesetzten und gleichzeitig meinen Auftraggeber wohl beim Lesen so etwas wie Führungsehrgeiz überkam, wollte er ihn trotzdem kennen lernen. Das nachfolgende zweite Gespräch war dann jedoch überraschenderweise nicht das erwartete Kräftemessen zwischen zwei starken und selbstbewussten Persönlichkeiten, die überdies altersmäßig weniger weit auseinander lagen als von der Position her. Sondern der Kandidat verkaufte sich völlig unter Wert und je deutlicher mein Auftraggeber ihm dies signalisierte, desto weniger konkret und überzeugend wurden seine Antworten. Schließlich hatte ich ihm – weil das zu meinem Job gehört – die Absage zu übermitteln. Da ich ihn leider telefonisch nicht erreichen konnte, schrieb ich ihm einen individuell gestalteten Brief, in dem ich ihm mitteilte, dass es ihm bedauerlicherweise nicht gelungen sei, seine Fachkenntnisse und seine Fähigkeiten in der gebotenen Form glaubhaft zu vertreten. Ich machte ihn auf eine besonders schwache Antwort auf eine wichtige Frage aufmerksam und wies auch noch darauf hin, dass er das Selbstbewusstsein, das er bei mir etwas zu deutlich gezeigt habe, in diesem zweiten Gespräch vermissen ließ. Obwohl ich ihn also ziemlich »rupfen« musste, um ihm letztendlich eine Hilfestellung bieten zu können, erhielt ich einen sehr positiven Brief zurück. Er teilte mir mit, dass er meine und die Ansichten meines Auftraggebers teile und bat mich darum, ihm einen Coach zu empfehlen, der ihm beim Beseitigen dieser Schwachstelle helfen könne. Nach diesem Bekenntnis wurde mir der Kandidat nachträglich wesentlich sympathischer, und ich lernte auf diese Weise völlig neue Seiten an ihm kennen.

Die meisten Absagen sind jedoch wesentlich einfacher zu beantworten. In vielen Fällen gibt es bei den Kandidaten der engsten Wahl klare fachliche Unterschiede, die etwas mit der Berufserfahrung, der Ausbildung oder sehr speziellen Erfahrungen zu tun haben können. Bei zwei oder drei fachlich ähnlich guten Kandidaten kann man sich als Chef erlauben, nach spontaner Sympathie zu entscheiden. Und ich wüsste nicht, warum man einem Kandidaten nicht sagen sollte, dass man sich mit demjenigen, der den Job nun bekommt, einfach in der Kommunikation und im Verhalten wohler gefühlt hat. Ebenso gibt es auch die Ausgangssituation, dass es nur Kandidaten gibt, bei denen man als Unternehmen beziehungsweise als Chef an irgendeiner Stelle Kompromisse machen muss. Sind dann die Kandidaten der letzten Runde menschlich-persönlich alle sehr angenehme potenzielle Kollegen, wird in der Regel danach entschieden, welcher Kompromiss aufgrund des speziellen Positionsumfeldes am ungefährlichsten für die Aufgabenbewältigung sein wird. Alle diese Gründe und Argumente, die nur eine kleine, wenn auch am häufigsten vorkommende Auswahl darstellen, können ohne weiteres in freundlicher Form kommuniziert werden. Die meisten Führungskräfte scheinen vergessen zu haben, wie man sich als Bewerber fühlt, wenn man unter Umständen mehrfach sein Leben und auch bei guter Gesprächsatmosphäre sehr viele persönliche Dinge von sich preisgegeben hat und dann einen Dreizeiler oder einen Textbaustein als schriftliche Absage erhält. So etwas ist der denkbar schlechteste Abschluss eines womöglich mit sehr viel Sorgfalt durchgeführten Auswahlverfahrens und gleichzeitig keine gute Visitenkarte für ein Unternehmen.

Absagen mit Zukunftsperspektive

In jedem Auswahlverfahren gibt es Kandidaten, denen man mit einem »weinenden Auge« absagt, weil die Entscheidung aus welchen Gründen auch immer denkbar knapp gewesen ist. Da gibt es beispielsweise den Kandidaten, dessen Wissen man im Unternehmen zum jetzigen Zeitpunkt nicht ausreichend nutzen könnte. Ein anderer hat sich, obwohl sein Potenzial unzweifelhaft zu erkennen war und ist, in gewisser Weise in einer zu frühen Phase seiner beruflichen Entwicklung auf die ausgeschriebene Position beworben. Wieder ein anderer ist zwar ein Traumkandidat, aber er würde in der angebotenen Aufgabe allenfalls ein Jahr lang zufrieden sein, weil er einfach schon zu weit in seiner eigenen Entwicklung ist; andererseits hätte man derzeit keine ausreichenden Perspektiven zu bieten, und daher wäre es nicht nur eine unfaire, sondern vor allem aus Sicht des Unternehmens auch eine kurzfristige Entscheidung gewesen. Ein konkreter Kandidat für eine anspruchsvolle Projektmanager-Stelle im IT-Bereich hat zwar viel Erfahrung im Projektmanagement und wäre menschlich ein absoluter Gewinn für die Firma, hat aber einen betriebswirtschaftlichen und keinen

IT-Hintergrund und würde daher in dieser Funktion nicht ernst genommen. In einem anderen Falle wäre eine Kandidatin die Beste gewesen, weil sie jedoch von Technikern, mit denen sie eng zusammenarbeiten müsste, nicht akzeptiert würde, wäre die Frustration für sie vorhersehbar.

Die Beispiele ließen sich noch lange fortsetzen. Die Gründe und wohl erwogenen Argumente, die dann letztlich in dem einen oder anderen Fall zu einer Absage führen, mögen in einem halben Jahr nicht mehr zutreffen, wenn sich die Rahmenbedingungen grundlegend geändert haben. Haben Sie einem Kandidaten die wahren Gründe der Ablehnung mitgeteilt, die neben Ehrlichkeit ja dann auch Verantwortungsbewusstsein gegenüber einem neuen Mitarbeiter und Kollegen erkennen ließen, wird er sich über einen Anruf vielleicht sehr freuen, und sie haben überdies zur Begeisterung Ihrer eigenen Vorgesetzten und der Personalabteilung Zeit und Geld für ein weiteres Auswahlverfahren gespart.

Ich habe immer wieder die Erfahrung gemacht, dass sich dieser Aufwand – vor allem einem abgelehnten guten Kandidaten das ehrliche ganz persönliche Bedauern zu übermitteln – in jeder Hinsicht auszahlt. Sei es vor dem Hintergrund der eventuellen späteren Kontaktaufnahme; sei es, weil es »nur« eine ausgezeichnete Visitenkarte für Ihr Unternehmen ist, insbesondere, wenn Sie selbst als Beinahe-Vorgesetzter anrufen oder den persönlichen Brief schreiben.

Wenn die Nummer eins absagt ...

Drehen wir nun den Spieß noch einmal herum und setzen uns damit auseinander, dass der Traumkandidat abgesagt und seine Bewerbung zurückgezogen hat. Oft bleiben bis zuletzt zwei Kandidaten übrig, und sei es zunächst überwiegend aus Sicherheitsgründen. Es ist nun von entscheidender Bedeutung, ob es sich tatsächlich um ein Kopf-an-Kopf-Rennen von zwei oder gar drei Kandidaten gehandelt hat, sodass es anfangs eigentlich gar keinen Bewerber auf Platz zwei gegeben hat. In solchen Fällen kann man immer leicht zum Alternativkandidaten übergehen, manchmal mit einer gewissen Erleichterung darüber, dass die schwierige Entscheidung durch »höhere Gewalt« gefallen ist.

Wenn es dagegen einen herausragenden Kandidaten gab, womöglich ein sehr sympathischer Mensch, und der Konsens mehrerer Personen, die an der Auswahl beteiligt waren, wurde mit diesem Kandidaten plötzlich sehr leicht und vor allem einstimmig erreicht, dann ist zwangsläufig die Enttäuschung groß, wenn derjenige nun doch nicht zur Verfügung steht. In dieser Situation stehen dann die Chancen für einen Zweiten ebenso schlecht wie in dem Fall, dass es zwei oder drei sehr gute Kandidaten gab, die alle die Aufgabe problemlos, wenn auch vielleicht mit unterschiedlichen Vorgehensweisen, hätten übernehmen können.

Bei einer solchen Ausgangssituation muss man sozusagen in die Feinheiten der Personalauswahl einsteigen, um zu einem einigermaßen tragfähigen Ergebnis zu kommen, das auch oft dem nächsthöheren Vorgesetzten zu begründen ist. Bei einer intensiven Diskussion muss man unter Umständen mit sehr viel Mühe und Aufwand nach negativen Punkten suchen, um zwei der drei Kandidaten überhaupt nach »objektiven« Kriterien aussortieren zu können. Hierbei läuft ein Prozess ab, der zuletzt zwei Kandidaten bewusst-unbewusst demontiert, die, sofern man sie isoliert betrachtet hätte, jeweils eine sehr gute Wahl gewesen wären. Das heißt, um eine einigermaßen vertretbare Entscheidung treffen zu können, werden Negativpunkte und/oder kritische Aspekte zwar nicht unbedingt konstruiert, aber in jedem Falle überpointiert dargestellt, um zu einer abgesicherten Entscheidung zu kommen. Sagt dann der Kandidat, der auf diese Weise mühevoll gewonnen wurde, ebenfalls ab, dann würde man keiner der beiden Seiten – weder dem Unternehmen, noch dem ausgewählten Alternativkandidaten – mit der Einstellung einen Gefallen tun. Eine solche Auswahl wäre höchst gefährlich und unfair einem Menschen gegenüber, der dann später bei jedem Fehler, den er begeht, mit der zwischenzeitlich künstlich idealisierten »ersten Wahl« verglichen wird. Schließlich gibt es keine Realitäten, die Behauptungen über den in der Erinnerung und Fantasie weit besseren Wunschkandidaten zerstören könnten.

Welche Entscheidung letztlich die richtige ist, lässt sich nur daran festmachen, wie sehr und vor allem wie lange man sich auf den Kandidaten auf dem ersten Platz festgelegt hatte. Der Zeitfaktor ist dabei von ganz entscheidender Bedeutung. Hat nämlich derjenige, dem man bereits den Vertrag zugeschickt hatte, seinerseits wegen anderer Verhandlungen auf Zeit gespielt, ist es fast gleichgültig, ob man den übrigen Kandidaten bereits abgesagt hatte oder nicht. Je länger der Zeitraum bis zum Wechseln zu einem der übrigen Kandidaten, desto ungünstiger für denjenigen, der dann eingestellt wird. In einer solchen Situation ist dringend zu raten, das Auswahlverfahren trotz zusätzlicher Kosten neu zu starten.

Endgültige Zusage und Vertragsunterschrift

Wenn Sie besonderen Wert darauf legen, dass der Augenblick der Vertragsunterschrift in positiver Erinnerung bleibt, kann es eine sehr wirkungsvolle Geste sein, wenn die Unternehmensvertreter den Kandidaten zur Vertragsunterschrift einladen und dass man bei wichtigen Positionen oder weil der Idealkandidat eine Zeit mit sich und einem anderen Angebot ringen musste, bis er Ihnen den Zuschlag gegeben hat, auch ein Glas zum Anstoßen bereithält. Ein solcher Auftakt eines Beschäftigungsverhältnisses wird insbesondere dann, wenn wegen einer längeren Kündigungsfrist noch einige Zeit zwischen Vertragsunterzeichnung und Dienstantritt liegt, nicht vergessen werden.

Ebenfalls nicht vergessen werden sollte nach Vertragsunterschrift die Übergabe weiterer Informationen, die dann zum einen der ersten Einarbeitung in die Produktpalette und technische Spezifikationen dienen können. Zum anderen sollte mit der Weitergabe interner Zahlen und strategischer Pläne dem neuen Mitarbeiter das deutliche Gefühl vermittelt werden, dass er ab sofort dazugehört und dass man bereit ist, Vertrauensvorschuss zu geben. Dies gilt in besonderer Weise, wenn der neue Kollege eine wichtige Funktion im Hause einnehmen wird, beispielsweise im Rechnungswesen oder als Key Account Manager im Vertrieb.

Spätestens zu diesem Zeitpunkt müssen neue Mitarbeiter zum Beispiel zum nächsten Sommerfest oder zur Weihnachtsfeier eingeladen werden, um auch auf diese Weise zu zeigen, dass derjenige oder diejenige ab sofort dazugehört. Damit besteht auch eine ausgezeichnete Möglichkeit, einen Neuen informell einer größeren Runde vorzustellen. Hier können bereits die ersten Sympathiewerte »erarbeitet« werden.

Kontakt zum künftigen Kollegen

Wegen langer Kündigungsfristen oder besonderer Pläne für die Zeit zwischen Ausscheiden und neuem Anfang kann der Dienst oft erst nach einer Weile angetreten werden. Sie sollten besprechen, wie und wodurch der Kontakt in der Zwischenzeit gehalten werden kann. Natürlich ist die Einladung zur Betriebsfeier immer ein wichtiger Anlass und möglicher Aufhänger sich wiederzusehen.

Nehmen wir den Fall, dass Sie den hochkarätigen Fachmann eingestellt haben. Was hält Sie davon ab, bei einem bestimmten Problem Ihren neuen Mitarbeiter anzurufen und um ein kurzes abendliches Treffen zu bitten, weil Sie gerne seine Fachkompetenz nutzen und ihn als wertvollen Sparringpartner in Anspruch nehmen möchten. Laden Sie Ihren neuen Gebietsrepräsentanten auf die nächste Messe ein, um ihm seine zukünftigen Kunden vorstellen zu können. Oder nehmen Sie sich zumindest vor, einmal im Monat mit ihm zu telefonieren und sich nach dem Befinden zu erkundigen, vielleicht auch, ob er eine harte Zeit nach seiner Kündigung hatte. In den Monaten danach kann sich viel ereignen, eventuell steht jemand dann auch früher zur Verfügung oder Sie erfahren, dass der neue Mitarbeiter gerade einen Sprachkurs absolviert, und Sie können nun ruhiger schlafen, weil ein bestimmtes Defizit ausgeglichen wird. Der regelmäßige Kontakt kann durchaus auch Vorzüge für Sie haben.

Wichtig ist, dass für Sie der »Fall« nicht mit der Unterschrift unter einen Vertrag und der administrativen »Inventarisierung« abgeschlossen ist. Sie haben einen Menschen eingestellt, an dem

Sie möglichst lange – sofern sich die Erwartungshaltungen beider Seiten decken – Freude haben möchten. Sehen Sie in dieser Betreuung Ihr persönliches Anliegen.

Kapitel 8
Die erste Zeit mit dem neuen Mitarbeiter

Die folgenden Vorschläge, Empfehlungen und Aufzählungen helfen Ihnen, die Einarbeitung Ihres neuen Mitarbeiters möglichst effektiv und angenehm zu gestalten.

Die Erwartungshaltung bei Dienstantritt

Zu einer positiven Erwartungshaltung können Sie durch Ihr Verhalten maßgeblich beitragen. Sicherlich gibt es Unterschiede bei der Begeisterung für eine neue Aufgabe, abhängig davon, ob es nur um die Fortführung der langjährigen Sachbearbeitung geht oder ob die Chance geboten wird, seine Fähigkeiten zu beweisen. Dazwischen liegen Gefühls- und Erwartungsschattierungen, die je nach individueller Ausgangssituation sehr unterschiedlich sein können.

Die ersten Wochen entscheiden darüber, wie die Arbeit in den folgenden Jahren angegangen und bewertet wird. Dies wird oft übersehen oder zumindest bagatellisiert, obwohl Erinnerungen an diese erste Zeit erhalten bleiben.

In jedem Fall soll bei Dienstantritt das Gefühl vermittelt werden, als Gast in Empfang genommen zu werden. Nach Möglichkeit sollten ein Schreibtisch und auch ein Raum zur Verfügung stehen. Wenn der Arbeitsplatz erst bei Dienstantritt geschaffen werden muss, bleibt ein nachhaltig schlechter Eindruck zurück. Sind Sie eher ein spröder und nüchterner Mensch, wirkt ein zu freundschaftlicher Empfang unehrlich. Haben Sie dagegen eine sehr menschliche und offene Ausstrahlung, werden automatisch auch andere – vielleicht besondere – Aktivitäten von Ihnen erwartet, die dieser Ausstrahlung Rechnung tragen.

Der wichtige erste Tag

Sie müssen sich darüber im Klaren sein, dass der erste Tag und die ersten Wochen für einen neuen Mitarbeiter – gleichgültig welchen Alters und welcher Hierarchieebene – in gewisser Weise prägend sind. Wird der Empfang positiv erlebt, entsteht dadurch die Basis für eine vertrauensvolle Zusammenarbeit, und künftige Schwierigkeiten, Probleme und Pannen werden anders bewertet, als wenn der neue Mitarbeiter bereits nach der ersten Woche seine Entscheidung bereut. Daher sind Kleinigkeiten, die vielleicht überflüssig scheinen, von weitreichender Wirkung. Es ist immer wieder zu hören, wie lange ein guter erster Eindruck im Gedächtnis haften bleibt.

Bereiten Sie den Empfang Ihres neuen Mitarbeiters mindestens eine Woche im Voraus vor. Die Personalleitung sollte gemeinsam mit der Geschäftsleitung überlegen, wer sich wann mit dem neuen Mitarbeiter zusammensetzt und sich mit ihm beschäftigt. Es ist am Anfang für den neuen Mitarbeiter sicher einfacher, sich mit wenigen zu treffen und dafür intensive Gespräche mit diesen führen zu können. Achten Sie unbedingt darauf, dass Sie den so erstellten Aktionsplan auch an den Empfang weiterreichen, damit man dort zielstrebig weiterhelfen kann, wenn es zu einer Verzögerung kommen sollte. Genauso wichtig ist es, den neuen Mitarbeiter namentlich am Empfang beziehungsweise an der Zentrale anzukündigen. Auf diese Weise vermitteln Sie, dass er willkommen ist und man sich allerseits auf sein Kommen freut.

Ebenso frühzeitig und sorgfältig sollten Sie seinen Arbeitsplatz vorbereiten, damit der Neue gleich von Anfang an »seinen Platz« im Unternehmen hat.

Eine ganz besondere Aufmerksamkeit, um ihn auf das neue

Unternehmen einzustimmen, ist es, ihm einen kleinen Blumenstrauß auf den Tisch zu stellen. Ein Mittagessen mit einem Mitglied der Geschäftsleitung betont ebenfalls, wie wichtig einem der neue Mitarbeiter ist. Sie müssen jedoch unbedingt darauf achten, dass das hierarchische Gefälle nicht zu groß wird und sich der Mitarbeiter am Ende nicht durch die nette Geste eingeschüchtert fühlt.

Es bewährt sich immer wieder, wenn am Ende des ersten Tages ein Kollege aus der Personalleitung oder Sie selbst, als direkter Vorgesetzter, zusammen mit dem neuen Mitarbeiter den ersten Arbeitstag noch einmal rekapitulieren. Vielleicht hat Ihr Mitarbeiter ja auch noch spezielle Wünsche für den Ablauf der nächsten Tage?

Zwei Dinge sollten Sie jedoch nicht tun: Zum einen sollten Sie darauf achten, den neuen Mitarbeiter nicht bereits am ersten Tag alleine an seinem Schreibtisch sitzen und womöglich erste Akten wälzen zu lassen. Zum anderen rate ich sehr davon ab, den Neuen bereits zu diesem frühen Zeitpunkt durch das ganze Haus zu führen. Es stürmen so viele neue Eindrücke auf ihn ein, dass er sich die Namen der Kollegen keinesfalls merken können wird. Später ist es dann für ihn um so peinlicher, wenn er immer wieder nach den Namen der Kollegen fragen muss, die ihm ja bereits vorgestellt wurden.

Der Integrationsworkshop

Da durch Fehler im Auswahlprozess und durch Fehler im Umgang mit neuen Mitarbeitern in den kommenden Wochen und Monaten eine Menge schief gehen kann, ist ein Integrationsworkshop ein gutes Hilfsmittel. Hier können kritische Situationen aufgedeckt oder zumindest ansatzweise bereinigt werden.

Der Integrationsworkshop dient dazu, die Kennenlernphase von neuem Mitarbeiter und Kollegen beziehungsweise Mitarbeitern effektiver zu gestalten und zu beschleunigen. Um dieses Vorhaben möglichst erfolgreich umzusetzen, müssen Sie auf einige formale Aspekte achten: Der Workshop sollte unbedingt moderiert werden; das kann durch einen erfahrenen Personalberater geschehen, der bereits an der Kandidatensuche beteiligt war, das kann aber auch der jetzige Stelleninhaber, der seinen Nachfolger einführt, oder aber der direkte Vorgesetzte des neuen Mitarbeiters übernehmen. Damit eine effektive Gruppenarbeit stattfinden kann, ist es nötig, die Teilnehmerzahl zu begrenzen. Es sollten keinesfalls mehr als zwölf Personen an einem solchen Workshop teilnehmen. Falls es nötig ist, können Sie den Integrationsworkshop mit einer anderen Teilnehmergruppe wiederholen. Wer wird zu dem Workshop eingeladen? Das hängt sehr von der jeweiligen Position ab. Auf jeden Fall sollten die engsten Kollegen des neuen Mitarbeiters dabei sein, also die, mit denen er in Zukunft beruflich am häufigsten zu tun haben wird. Manchmal mag es sogar ratsam sein, ein Mitglied der Geschäftsleitung hinzuzuziehen. Das gilt vor allem dann, wenn es sich um die Besetzung einer sehr wichtigen Führungsfunktion handelt oder es zuvor zu Unruhe wegen hoher Fluktuation gekommen ist.

Das Treffen kann dann dazu genutzt werden, sich gegenseitig kennen zu lernen, die eigenen Erwartungen zu formulieren und zu erfahren, welche Erwartungen die anderen haben. Auch kann diese Runde ein Forum dafür sein, Befürchtungen anzusprechen.

In diesem Workshop, der mit einem Zeitrahmen von einem halben Tag bis maximal einem ganzen Tag anzusetzen ist, sollten die persönlichen Vorstellungen des neuen Mitarbeiters und die der Kollegen erörtert und diskutiert werden. Auch Ideen und Wünschen für eine möglichst konstruktive Einarbeitung sollte Raum gegeben werden. Die getroffenen Vereinbarungen sollten Sie unbedingt in einem Maßnahmenplan mit Zeitachse festhalten.

Ihrem neuen Mitarbeiter erweisen Sie auch einen Dienst, wenn Sie ihm helfen, durch Ratschläge und Tipps eventuelle firmenspezifische »Fettnäpfchen« zu vermeiden.

Für eine effektive Gestaltung des Workshops kann man sich zum Beispiel ein Flipchart zu Hilfe nehmen. Darauf können dann Vorgaben für gegenseitiges Kennenlernen festgehalten werden. Nur als Anregung seien hier die folgenden Punkte genannt:

- Name und Vorname
- Geburtstag und -ort
- den größten Teil des Lebens verbracht in ...
- kurzer Lebenslauf des neuen Mitarbeiters und der Kollegen
- wo und wie lebe ich
- was mir sonst noch wichtig ist
- was ich mir von meinen Kollegen erhoffe und wünsche
- meine Wahrnehmung meines neuen beziehungsweise jetzigen Arbeitgebers.

Leitlinien für ein Einarbeitungsprogramm

Ein Einarbeitungsprogramm ist nicht mit einem so genannten Trainee-Programm gleichzusetzen, obwohl es durchaus Elemente und Grundprinzipien daraus übernehmen kann und sollte. Mit einem Einweisungsprogramm ist an dieser Stelle der Versuch gemeint, einem neuen Mitarbeiter in möglichst effizienter Form und überschaubarem Zeit- und damit Kostenaufwand das Unternehmen einerseits und seinen speziellen Aufgabenbereich andererseits nahe zu bringen und die gelungene Eingliederung sicherzustellen, statt sie dem Zufall und der Zähigkeit des neuen Kollegen zu überlassen. Gleichzeitig soll damit eine solide Basis für die zukünftige Arbeitszufriedenheit und Motivation gelegt, den Kollegen ein Kennenlernen ermöglicht und Gerüchten vorgebeugt werden, indem sie möglichst durch konkretes Wissen ersetzt werden.

Aus all diesen Gründen muss es sich um eine *maßgeschneiderte Vorgehensweise* handeln, die die jeweiligen Besonderheiten des Unternehmens und des Mitarbeiters berücksichtigt. Trotzdem gibt es hierzu allgemein gültige Spielregeln und sinnvolle Bestandteile.

- Ein Einarbeitungsprogramm sollte frühestens in der zweiten Arbeitswoche starten, damit die erste Orientierung bereits abgeschlossen ist.
- Die Gesamtdauer der Einarbeitung ist vorab festzulegen, sollte die vereinbarte Probezeit jedoch in keinem Fall überschreiten.

Mögliche Relation: sechs Monate Probezeit, zwei Monate Einweisungsprogramm; bei dreimonatiger Probezeit maximal ein Monat Einweisungsprogramm.
- Gemäß der vorher zu treffenden Entscheidung, ob es für die zukünftige Tätigkeit des neuen Mitarbeiters wesentlicher ist, umfassende Produkt- beziehungsweise Dienstleistungskenntnisse zu erwerben oder so viele Leute wie möglich kennen zu lernen, ist auf den jeweiligen Aspekt der Schwerpunkt und damit auch der zeitliche Aufwand zu legen.

Ziel muss in jedem Falle sein, den Mitarbeiter mit der Geschäftstätigkeit, der Firmenphilosophie, dem Zusammenspiel der einzelnen Geschäftsbereiche und nicht zuletzt auch mit den »heiligen Kühen« des Unternehmens vertraut zu machen. Darüber hinaus wird mit einem Einarbeitungprogramm sowohl die Akzeptanz überprüft und verbessert als auch eine objektivere Beurteilung am Ende der Probezeit sichergestellt.

Je nach beruflichem Hintergrund und zukünftigem Einsatzgebiet bieten sich folgende Einzelelemente an:

- Zwei- bis dreitägige Anwesenheit beziehungsweise Mitarbeit in mindestens drei angrenzenden Bereichen/Abteilungen, mit denen auch zukünftig in der zu besetzenden Position kooperiert werden muss.
- Aktive Mitarbeit in einer Projektgruppe, die schon arbeitet und thematisch passend ist, oder Übertragung einer neuen Projektaufgabe, die nicht allein erledigt werden kann.

Muss der neue Mitarbeiter eine eigene Projektgruppe zusammenstellen, ist Hilfestellung zu leisten. Dieser Prozess bietet eine gute Möglichkeit, um zu prüfen, wie der neue Mitarbeiter auf Kollegen zugeht und sie für die Zusammenarbeit zu gewinnen versteht.

- Falls fachlich sinnvoll: Teilnahme an laufenden internen oder externen Fortbildungsmaßnahmen.
- Vermittlung von Produkt- und/oder Dienstleistungskenntnissen, zum Beispiel durch Begleiten von Kollegen im Vertrieb, einen mehrtägigen Einsatz in Verkaufsförderung, Marketing oder auch im Lager. Wenn der Kollege aus dem Bereich Service oder

Reklamationsbearbeitung kommt, dann kann man ihn dort auch einem »Härtetest« unterziehen. Sonst könnte er einen Tag lang neben einem erfahrenen Kollegen sitzen und ihn bei der Arbeit beobachten.

Gerade in diesen Bereichen dient der Einsatz nicht nur dem neuen Mitarbeiter, sondern bietet die Chance, von einem nicht »betriebsblinden«, sondern hoch motivierten Mitarbeiter Ideen, Anregungen oder auch nur intelligente Fragen zu hören.

Die kompetente Begleitung der Probezeit

Die Probezeit eines neuen Mitarbeiters wird von sehr vielen Unternehmen nach wie vor sträflich vernachlässigt und wohl eher als eine einseitige Möglichkeit gesehen, günstig aus einem Vertrag auszusteigen, bei dem man sich unglücklicherweise verschätzt hat; diese weit verbreitete Einstellung erinnert fatal an das Rücktrittsrecht bei Haustürverkäufen. Dabei ist die Probezeit eine Bewährungszeit für *beide* Seiten.

Wenig bewusst machen sich die meisten, was die Neuorientierung in einem Unternehmen für einen neuen Mitarbeiter bedeutet und dass es dabei auch eine Bringschuld des neuen Arbeitgebers gibt. Auf diese Weise werden Chancen für Korrekturen versäumt, die beispielsweise eine spätere Trennung hätten vermeiden können.

Die ersten Tage und die ersten sechs bis acht Wochen prägen das Bild eines Mitarbeiters über das neue Unternehmen sehr stark. Da wird er zum einen aufmerksam registrieren, über wie viele Dinge in den Vorstellungsgesprächen und Vertragsverhandlungen er entweder gar nicht oder sogar falsch informiert worden ist. Zum anderen ist diese Zeit ein Prüfstein dafür, ob man als Neuer das Gefühl vermittelt bekommt, man sei willkommen, und ob man auch Hilfestellungen erhält, wenn dies zur Orientierung und/oder Arbeitsbewältigung erforderlich sein sollte. Überwiegen bei einem neuen Mitarbeiter in den ersten Wochen die Erfahrungen der Enttäuschung wird er das Unternehmen entweder so rasch wie möglich verlassen oder, wenn er dies aus irgendwelchen Gründen nicht kann, seine Negativhaltung an andere weitergeben und vielleicht »Dienst nach Vorschrift« machen. Im positiven Fall ist überdurchschnittliches Engagement, gerade wenn es um die Lösung schwieriger Probleme geht, und die nicht zu unterschätzende interne und externe positive Mund-zu-Mund-Propaganda sehr viel wahrscheinlicher.

Um positive Akzente zu setzen, bedarf es zum einen einiger institutionalisierter Instrumente, zum anderen einer durch regelmäßige Gespräche sorgfältig begleiteten Probezeit. Ansprechpartner dafür sind normalerweise vier verschiedene Personen:

- Sie, als unmittelbarer Vorgesetzter
- der Personalreferent/Personalleiter
- ein Vertreter der Geschäftsleitung und
- der Mentor beziehungsweise ein erfahrener Kollege, zum Beispiel ein Teamleiter

Geht man von einer sechsmonatigen Probezeit aus, sollte ein erstes *Orientierungsgespräch* vor allem über die emotionale Befindlichkeit des neuen Mitarbeiters nach spätestens vier Wochen stattfinden.

Ein *weiteres Gespräch* ist nach spätestens drei Monaten fällig, bei dem es dann bereits um Details der Wahrnehmung des Unternehmens und des speziellen Aufgabengebietes und der Position des neuen Mitarbeiters geht.

Schließlich kommt dem *Abschlussgespräch* etwa drei Wochen vor dem Ende der Probezeit eine entscheidende Bedeutung zu.

Das erste Gespräch könnte mit einem Vertreter der Geschäftsleitung stattfinden, um dem neuen Mitarbeiter gerade jetzt das positive Gefühl von Wichtigkeit für das Unternehmen zu geben und um womöglich nach den ersten Eindrücken spontane Verbesserungsvorschläge oder auch nur andere Sichtweisen und Blickwinkel zu erfahren. Das Gespräch nach etwa drei Monaten wäre bei einem erfahrenen Kollegen oder auch bei dem unmittelbaren Vorgesetzten in guten Händen. Das Abschlussgespräch kann gemeinsam oder nacheinander von Vorgesetztem und Personalreferenten geführt werden.

Alle vier genannten Personen müssen an diesen Gesprächen zu irgendeinem Zeitpunkt beteiligt werden, und sie müssen in regelmäßigen Abständen der Geschäftsleitung berichten, um einen möglichst großen Entscheidungs- und Handlungsspielraum zu ermöglichen.

Die Gespräche während der Probezeit insbesondere mit verschiedenen Gesprächspartnern sind sehr wichtig. Zu keinem Zeitpunkt im Laufe der beruflichen Bindung an einen Arbeitgeber entstehen so leicht Enttäuschungen, Missverständnisse und Fehlurteile. Hinzu kommt die Angst, Schwächen oder Fehler zuzugeben. Immer wieder führt diese emotionale Situation zur vorzeitigen Trennung, weil viele Mitarbeiter oder Führungskräfte vor sich selbst besser dastehen, wenn sie ein Unternehmen nach kurzer Zeit wieder verlassen, als sich mit unausgesprochenen Dissonanzen lange Zeit herumzuschlagen. Außerdem hat der Arbeitgeber eine besondere Fürsorgepflicht neuen Mitarbeitern gegenüber, denen er durch diese regelmäßigen Gespräche nachkommt.

Um Ihnen diese vielleicht ungewohnte Disziplin zu erleichtern, finden Sie nachstehend einen inhaltlichen Leitfaden für die Gespräche im Rahmen der Probezeit.

Erstes Gespräch nach vier Wochen

- Wie fühlen Sie sich inzwischen in Ihrem neuen Umfeld?
- Welche ersten Eindrücke konnten oder mussten Sie bereits korrigieren?
- Gab es überwiegend positive oder negative Anpassungen durch die Realität?
- Stehen Sie jetzt noch auf der Grenze zwischen einem Externen und jemandem, der dazugehört? Können wir aus dieser Situation etwas lernen? Gibt es etwas Wesentliches, das Ihnen schon aufgefallen ist und das wir wissen sollten?
- Läuft Ihre Einarbeitung zufrieden stellend oder können wir irgendetwas für Sie tun beziehungsweise müssen wir etwas ändern?

- Wie würden Sie unser Unternehmen heute beschreiben? Was sind unsere Schwächen und unsere Stärken?
- Wie wirkt – in kurzen Worten skizziert – unsere Organisation auf Sie?

Zweites Gespräch nach drei Monaten

- Machen Sie Ihrer Meinung nach ausreichende Fortschritte in der Erarbeitung Ihres Aufgabengebietes?
- Woran arbeiten Sie gerade?
- Schlagen Sie sich bereits mit ersten Problemen und Hindernissen herum?
- Wie steht es mit dem Kennenlernen für Sie wichtiger Leute? Kommen Sie an jeden heran oder benötigen Sie Unterstützung?
- Sind Sie inzwischen mit unseren Produkten/Dienstleistungen und unseren Kunden ausreichend vertraut?
- Was von dem, was Sie sich selbst vorgenommen haben, konnten Sie noch nicht zufrieden stellend umsetzen? Hat das Gründe, die ein Eingreifen erfordern?
- Was wollen Sie als Nächstes in Angriff nehmen?
- Wie kommen Sie mit Ihren Kollegen und Mitarbeitern zurecht?
- Wie sähe eine jetzt gezogene Positiv- und Negativbilanz aus?
- Was könnten wir Ihrer Meinung nach tun, um noch erfolgreicher zu werden?

Drittes Gespräch drei Wochen vor Ablauf der Probezeit

- Wie sehen Sie den Erfolg/das Ergebnis der Probezeit, sowohl auf sich selbst und Ihre Leistungen bezogen als auch auf uns als Arbeitgeber?
- Würden Sie den Vertrag erneut unterschreiben?
- Welche zusätzlichen Fragen würden Sie heute im Vorstellungsgespräch stellen?
- Was erwarten Sie in den nächsten Monaten und Jahren von uns?
- Welchen Beitrag wollen und können Sie aufgrund Ihrer Fähigkeiten und der neu gewonnenen Erkenntnisse und Einblicke für unseren Unternehmenserfolg leisten?

- Auf welche Erfolgserlebnisse können Sie bereits zurückblicken?

Und dann das *eigene Urteil*:

- Wir sind zu folgendem Ergebnis und Urteil gekommen.
- Wir möchten Sie bitten, in der nächsten Zeit an ... zu arbeiten.
- Wir würden Ihre bisherigen Leistungen und die dank Ihres Einsatzes gelungene Integration gerne durch ... honorieren.
- Oder im schlechtesten Fall: Wir sind zu der Überzeugung gelangt, dass wir beiden Seiten – Ihnen und uns – keinen Gefallen tun würden, wenn wir dieses Arbeitsverhältnis weiter aufrechterhalten.

Schließlich ist zwangsläufig die Beurteilung zum Ablauf der Probezeit ein wesentlicher Aspekt, der in den letzten Fragen bereits angeklungen ist. Diese Beurteilung ist zwar einerseits eine Leistungsbeurteilung wie jede andere auch, andererseits sollte und muss sie bestimmte Kriterien berücksichtigen, die bei späteren Beurteilungen nicht in gleichem Maße eine Rolle spielen. Der wichtigste Punkt in diesem Zusammenhang dürfte die Option auf die Zukunft eines Mitarbeiters sein, denn nach einer durchschnittlich sechsmonatigen Zusammenarbeit hat man zwar einen soliden ersten Eindruck – sofern die aufgeführten begleitenden Elemente konsequent angewandt werden –, trotzdem kann es noch eine Vielzahl von Überraschungen geben, die wenig kalkulierbar sind. Wichtig ist also im Falle der Beurteilung vor Ablauf der Probezeit, möglichst viele Einzelbeurteilungen verschiedener Kollegen einzuholen, um zu einigermaßen gesicherten Erkenntnissen zu kommen.

Die wesentlichen Kriterien in diesem Stadium der Zusammenarbeit sind:

- *Integration ins Unternehmen:* Wie ist der neue Mitarbeiter zu diesem Zeitpunkt ins Unternehmen integriert? Kennt er oder sie genügend Leute, und hat er sich um das Kennenlernen auch selbst bemüht? Bezieht sich diese Kenntnis vorrangig auf Kollegen aus der unmittelbaren Umgebung oder wurden auch Vorstöße in angrenzende Bereiche unternommen?
- *Persönlichkeit und allgemeines Verhalten:* Passt seine Persön-

lichkeit in das Team und ins Unternehmen? Oder braucht man immer wieder einen »Übersetzer« für die Unternehmenskultur? Gibt es markante und auffällige positive oder negative Persönlichkeitsmerkmale, die entweder Vorbild sein können oder über die Sie reden möchten? Sind die zu korrigierenden Verhaltensweisen sehr konfliktbeladen oder können Sie darüber vergleichsweise problemlos sprechen? Erwarten Sie aufgrund des Alters des neuen Mitarbeiters, dass Änderungen möglich sind? Handelt es sich um grundlegende und damit viele Kollegen störende Verhaltensweisen, die außerdem nicht zur Firmenphilosophie passen? Gibt es eine Abneigung zwischen zwei Kollegen? *Fachliche Qualifikation und Umsetzung der Kenntnisse:* Welche Leistungen wurden erbracht? Wer hat sie beurteilt und auf welcher Basis? Welche fachlichen Schwachstellen wurden zwischenzeitlich erkannt, und können diese in einem akzeptablen Zeitraum ausgeglichen werden? In welchem Umfang hat der Neue Weiterbildungsangebote genutzt? Kamen auch Anfragen und Wünsche von ihm? Gab es Beispiele für im Auswahlverfahren behauptete Kenntnisse, die sich in der Praxis nicht gezeigt haben? Welche Gründe hat es dafür gegeben? Sind womöglich Talente und Kenntnisse vorhanden, die zunächst für die Stellenbesetzung keine Rolle gespielt haben, die aber nützlich für das Unternehmen wären? Macht es Sinn, über eine Modifikation der Aufgabenbeschreibung oder des Stellenprofils nachzudenken, um alle Fähigkeiten optimal zu nutzen?

- *Beiträge zum Erfolg des Unternehmens:* Gab es wesentliche Initiativen und/oder Ideen des neuen Mitarbeiters? Wenn ja, wie hat er sie vorgebracht und umgesetzt? Wurde für diese Ideen geworben oder diplomatisches Geschick angewandt? Waren Informationen überwiegend oder ausschließlich eine Bringschuld des Unternehmens?
- *Entwicklungsfähigkeit und Potenzial:* Gibt es solide Anzeichen für Potenzial zu mehr? Wenn ja, worin manifestiert sich dies? Ist nur ein Kollege dieser Meinung oder sagen das mehrere, die den neuen Mitarbeiter kennen gelernt und mit ihm zusammengearbeitet haben? Hat dieses Unternehmen überhaupt die Mög-

lichkeit, dieses Potenzial zu entwickeln, besitzt es genügend Perspektiven im Sinne beruflicher Weiterentwicklung oder ist jetzt bereits absehbar, dass man diesen Mitarbeiter verlieren wird?

Sollten bei den einzelnen Etappen des Auswahlverfahrens Protokolle oder sonstige Auswertungen angefertigt worden sein, müssen sie unbedingt zu der Beurteilung hinzugezogen werden, nicht zuletzt, um für zukünftige Einstellungen Erfahrungen zu sammeln und gezielt auszuwerten. Da es bei dieser Beurteilung am Ende der Probezeit um eine auch aus betriebswirtschaftlicher und vor allem arbeitsrechtlicher Sicht wichtige Entscheidung geht, sollte diese mit aller Sorgfalt getroffen werden. Mangelnde Kommunikation der jeweiligen Führungskräfte und Personaler untereinander kann unter Umständen sehr teuer werden.

Fehler, die man unbedingt vermeiden sollte

Bereits am ersten Tag eines Mitarbeiters können einen ganze Reihe von Pannen passieren:

Pannen am ersten Tag
Sehr unangenehm ist es, wenn sich der neue Mitarbeiter am Empfang meldet und niemand ist auf sein Kommen vorbereitet oder hat auch nur von ihm gehört. Einen ebenso schlechten Eindruck macht es, wenn der Neue sich des Gefühls nicht erwehren kann, er käme ungelegen oder würde gar stören, etwa weil kein Ansprechpartner für ihn da ist und der Neuling erst mal irgendwo »geparkt« wird. Eine weitere unschöne Situation ist, dass zwar eine Führungskraft gefunden wird, die kurz hereinschaut, den neuen Mitarbeiter begrüßt und seine Freude über dessen Kommen ausdrückt, dann aber auf seine Uhr schaut und sich mit den Worten empfiehlt, Kollege XY wisse viel besser Bescheid, was zu tun sei. Der Eindruck überflüssig zu sein, dürfte sich endgültig verfestigen, wenn dann noch nicht mal ein Arbeitsplatz für den Mitarbeiter vorhanden ist, sei es, weil er einfach noch nicht freigeräumt wurde

oder – noch schlimmer – weil man noch gar nicht entschieden hat, wo der neue Mitarbeiter sitzen soll.

Zu einer unangenehmen Situation trägt auch bei, wenn sich herausstellt, dass die Kollegen noch gar nicht wissen, dass die Personalauswahl abgeschlossen ist und ein Vertrag bereits unterschrieben wurde.

Pannen in den nächsten Wochen
Die möglichen Pannen der nächsten Wochen können vor allem in den Extremen der Unter- oder Überforderung gesehen werden. Wie eine Unterforderung mag es zunächst wirken, wenn der neue Mitarbeiter sich allein überlassen wird und er selber schauen muss, wie er sich nützlich machen kann. In Wirklichkeit handelt es sich hier aber um eine Überforderung, da ihm keine klaren Angaben und Strukturen als Hilfestellung gegeben werden. Genauso schwierig ist es für den Neuling, wenn er mit einem voll gepackten Terminkalender konfrontiert wird, der zum Ausdruck bringen soll, wie dringend er im neuen Unternehmen benötigt wird. Problematisch ist auch, ihm Aufgaben zu geben, für die ihm die notwendigen Hintergrundinformationen fehlen: »Halten Sie doch bitte Anfang nächster Woche einen kurzen Vortrag zu ...«. Besonders erschwerend ist in solchen Situationen, wenn wesentliche Arbeitsinformationen wie Betriebsgeheimnisse behandelt werden und man sie nur in »wohldosierter« Form erhält. Als entmutigend muss auch angesehen werden, wenn kaum Kooperationspartner und Kollegen zur Verfügung stehen oder diese auf Fragen und Ideen häufig mit Sätzen wie: »Arbeiten Sie erst mal so lange wie ich in diesem Unternehmen« oder »Sie haben einfach noch nicht den Überblick über die Zusammenhänge« reagieren.

Grundregeln eines möglichen Trainee-Programms

Ein Trainee-Programm ist im Gegensatz zum bereits erläuterten Einarbeitungsprogramm sehr viel strukturierter, in der Regel Bestandteil eines Gesamtkonzeptes des Unternehmens und von der

Personalabteilung zum Thema Personalentwicklung konzipiert. Vor allen konzeptionellen Überlegungen hat jedoch eine Grundsatzfrage zu stehen: Für welche Zielgruppe ziehen Sie ein Trainee-Programm in Erwägung?

Die typische Zielgruppe sind Hochschulabsolventen ohne oder mit nur geringer Berufserfahrung. Da es sich bei Trainee-Programmen um ein recht aufwändiges und damit teures Verfahren handelt, ist insbesondere für ein mittelständisches Unternehmen sorgfältig zu überlegen, ob die Zielsetzung, die damit verbunden wird, auch auf andere Art und Weise zu erreichen wäre.

Trainee-Programme, die normalerweise zwischen sechs und achtzehn Monaten dauern, können nach zwei Grundprinzipien ablaufen:

- In einem Unternehmen, das aufgrund seiner Geschäftstätigkeit auf eine sehr enge interdisziplinäre Kooperation mehrerer Bereiche angewiesen ist, wird Wert darauf gelegt, dass zukünftige Mitarbeiter und – aufgrund der Vorbildung dieser Zielgruppe – Führungskräfte alle oder zumindest die entscheidenden Aufgabengebiete und Bereiche des Hauses aus eigener Anschauung kennen lernen. Anders als bei einem Einweisungsprogramm geht es bei einem Trainee-Programm um die meist mehrmonatige Mitarbeit in verschiedenen Unternehmensbereichen und Einsatzgebieten.
- Für Mitarbeiter ohne Berufserfahrung und ohne ausgeprägte Studienspezialisierung und daraus klar abzuleitenden beruflichen Wünschen soll erst ein ihrer Eignung und Neigung entsprechendes Aufgabengebiet gefunden werden, um gleichzeitig zum Nutzen des Unternehmens die höchste Motivation und Einsatzbereitschaft zu erzielen. Die Auswahl von nur zwei bis maximal drei Bereichen entspricht zwei verschiedenen Grundbegabungen und Interessen des Trainees. Durch praktische Tätigkeit und den vertieften Einblick soll sichergestellt werden, dass der neue Mitarbeiter später an der richtigen Stelle eingesetzt wird, oder es soll für ein bereits feststehendes Aufgabengebiet die zukünftige enge Kooperation zu angrenzenden Bereichen vorbereitet werden.

In jedem Falle handelt es sich um eine Kombination von echter, wenn auch zeitlich befristeter Mitarbeit, die durchaus mit dem Muster von Ausbildungsberufen vergleichbar ist, und einer den Arbeitsprozess begleitender, unter Umständen sogar theoretischen, Fortbildung des Trainers.

Verstärkt werden kann dies alles durch Projektarbeit, entweder als gezielte Aufgabenstellung im Rahmen des Trainee-Programms oder aber als Teilnahme in bestehenden Projektteams, sofern diese Art der Lösung von Problemstellungen ohnehin im Unternehmen genutzt wird.

Wo jeweils die Schwerpunkte gesetzt werden – im praktischen Tagesgeschäft, in der Projektarbeit oder der gezielten Weiterbildung – bleibt der Zielsetzung und persönlichen Philosophie der Initiatoren überlassen.

Begleitet wird das Trainee-Programm durch die Personalleitung einerseits, die in diesem Falle auch durchaus die Rolle des Haupt-Mentors und Moderators übernehmen kann, und einen (weiteren) Vertreter der Geschäftsleitung. Gegebenenfalls können für die einzelnen zu durchlaufenden Bereiche besondere Ansprechpartner benannt werden.

Wesentlich ist die qualifizierte Beurteilung der einzelnen Stationen, also eine möglichst objektive Begleitung und Auswertung des Programms. Sowohl nach den wesentlichen Stationen als auch zum Ende des Programms sind ausführliche Gespräche mit dem Trainee zu führen, um den endgültigen Arbeitsplatz zu definieren. Günstig ist im Rahmen einer solchen Einarbeitungsmethode die Bereitschaft des Unternehmens und seiner Führungskräfte, mit einer gewissen Flexibilität auf die speziellen Wünsche des Absolventen einzugehen, das heißt, diesen nicht zur Übernahme eines vorgefertigten »Kästchens« im Organigramm zu zwingen.

Das Mentoren- oder Paten-Prinzip

Mentoren oder Paten können sowohl mit als auch ohne ein offizielles Einweisungsprogramm benannt werden. Ein erfahrener

Mitarbeiter oder eine Führungskraft mit einigen pädagogischen Fähigkeiten und der Bereitschaft, als Mentor zu fungieren, übernimmt eine solche Zusatztätigkeit und nimmt den neuen Mitarbeiter unter seine Fittiche. Ganz wichtig ist in diesem Zusammenhang die Vertrauensbasis zwischen Betreuer und Betreutem.

Mentoren beziehungsweise Paten können nach unterschiedlichen Prinzipien ausgewählt werden. Sie sollten jedoch nur in Ausnahmefällen mit dem unmittelbaren Vorgesetzten identisch sein und auch nur dann, wenn die gleichen Kriterien der Eignung und Neigung für die Auswahl zugrunde gelegt werden wie für andere Mentoren. Sie müssen das Einsatzgebiet oder die Position des neuen Mitarbeiters gut kennen, um sinnvolle Ratschläge geben zu können.

Die Auswahlkriterien für Mentoren sind:

- die Fähigkeit zum Zuhören,
- die langjährige Kenntnis eines Unternehmens und der dort beschäftigten Personen,
- Lebenserfahrung ohne Besserwisserei,
- die Neigung und generelle Bereitschaft, sich mit den Ansichten von (in der Regel) Jüngeren auseinander zu setzen,
- berufliche Neugier,
- ausreichende pragmatische Kreativität, um eventuelle Probleme zu lösen,
- diplomatisches Geschick und Sensibilität,
- und außerdem genügend Durchsetzungsvermögen und Mut, um Missstände und Konflikte offen anzusprechen und für Abhilfe zu sorgen.

Bei der sorgfältigen Auswahl der Mentoren muss sichergestellt sein, dass es eine Art Netzwerk solcher Personen im Unternehmen gibt, sodass für den neuen Mitarbeiter nicht nur fachliche Kriterien berücksichtigt werden können, sondern auch die »Wellenlänge« zwischen Mentor und zu betreuendem Mitarbeiter.

Selbstverständlich müssen den Mentoren zuvor Hilfestellungen in Form von eigenem Training und Einweisung gewährt werden. Sinnvollerweise ist eine solche Unterweisung von einem externen Coach zu leisten, der über umfassende Erfahrung verfügt und im Einzelfall auch nachher als Gesprächspartner oder Moderator für begleitende Gesprächskreise zur Verfügung steht. Trainiert werden müssen fast immer Gesprächstechniken und aktives Zuhören.

Besonders beliebte und engagierte Mentoren können zeitversetzt mehrere neue Mitarbeiter betreuen. Allerdings ist darauf zu achten, dass dadurch die wesentlichen Anforderungen an die Mentoren-Rolle nicht gefährdet werden.

Um seine Rolle als Mentor gut auszufüllen, ist es notwendig dem jeweiligen Mitarbeiter als Ansprechpartner wirklich zur Verfügung zu stehen. Dazu benötigt der Mentor außer der erforderlichen Zeit und der Fähigkeit des Zuhörens auch die Gabe zu erkennen, wann es angebracht ist, dem »Zögling« einen Ratschlag zu erteilen und wann er einfach nur zuhören sollte, ohne selbst aktiv zu werden. Die erste Aufgabe eines Mentors besteht sicherlich darin, dem Neuen kontinuierlich das jeweils nötige Hintergrundwissen zu vermitteln. Seine Unterstützung kann auch sehr hilfreich sein, wenn es darum geht, als Botschafter beziehungsweise »Übersetzer« zu dienen oder »Fettnäpfchen« aus dem Weg zu schaffen. Außerdem sollte es ihm gelingen, aufgrund seiner eigenen Erfahrungen bestimmte Ereignisse in die richtige Dimension zu bringen und dem Schützling auf diese Weise Halt und Orientierung bieten.

Stehen bei einem neuen Mitarbeiter für sein künftiges Aufgabengebiet die Fachkenntnisse im Vordergrund, sind diese Kenntnisse auch bei einem Mentor zumindest in Grundzügen erforderlich. Geht es dagegen eher um die erfolgreiche Eingliederung in ein bestehendes Team, ist unter Umständen die Kenntnis der verschiedenen Persönlichkeiten dieser Kollegen wesentlicher. Denkbar ist in diesem Zusammenhang auch, dass ein neuer Mitarbeiter sowohl einen fachlichen als auch einen persönlichen Mentor erhält. Eine solche Vorgehensweise hätte gleichzeitig den Vorzug, dass der einzelne Mentor zeitlich weniger in Anspruch genommen wird, und eine größere Anzahl von Mitarbeitern für diese Rolle zur Verfügung ständen, weil nicht alle Fähigkeiten in einer Person versammelt sein müssen.

Solch eine Mentoren-Rolle kann gegebenenfalls auch bei internen Stellenbesetzungen oder Versetzungen von großem Nutzen sein, wenn beispielsweise jemand aus einer Gruppe zum Leiter dieses Teams ernannt wird und nicht weiß, wie er mit dieser neuen Rolle zurechtkommen soll.

Schlusswort

Mit diesem Buch halten Sie 18 Jahre Personalberatungserfahrung und rund 30 Jahre berufliche Praxis komprimiert unter einer Überschrift in Händen. Ich habe im Laufe der Jahre aus zahlreichen eigenen Fehlern und abschreckenden Beispielen – aber auch positiven Vorbildern wichtige Erkenntnisse ziehen können, die ich mit diesem Buch an Sie weitergeben möchte. In meinem Berufsleben bin ich immer für meine persönlichen Überzeugungen eingetreten, sei es als einsame »Ruferin in der Wüste« bei meinen Kunden oder bei der Förderung meiner Mitarbeiter. Dabei war es mir immer wichtig, meine gewonnenen Erfahrungen und Kenntnisse weiterzugeben. Hoffentlich profitieren auch Sie davon.

Ich habe abschließend nur die Bitte, einen Rat im Hinterkopf zu behalten, nachdem Sie nun selbst Führungskraft geworden sind und Mitarbeiter führen, fördern und auswählen: Vergessen Sie nie, dass Ihnen Menschen anvertraut sind und dass Sie mit Ihren Entscheidungen Schicksal spielen, wenn Sie einen Kandidaten einladen, ablehnen oder ihn schlecht behandeln. Und hören Sie niemals auf, sich in die Situation der Gegenseite hineinzuversetzen! Dann werden Sie zwar immer noch nicht in jeder Situation die richtigen Entscheidungen fällen, aber man wird merken, dass Sie sich darum bemühen.

In diesem Sinne wünsche ich Ihnen ein gutes Gelingen bei Ihrer ersten Personalentscheidung und einen Gewinn an Weisheit, Menschenkenntnis und Souveränität!

Frankfurt, im Sommer 2003 Renate Ibelgaufts

Register